Borho

HUGO BURGHAUSER

Philharmonische Begegnungen

ERINNERUNGEN EINES
WIENER PHILHARMONIKERS

ATLANTIS

ATLANTIS MUSIKBUCH-VERLAG ZÜRICH/FREIBURG I. BR.

GESTALTUNG: HANS FREI, ZÜRICH
GESAMTHERSTELLUNG: BENZIGER AG, EINSIEDELN
ISBN 3 7611 0572 X PRINTED IN SWITZERLAND

Zum Geleit

Dieses Buch ist mein Versuch, das Erlebnis einer entschwundenen Musikepoche für jene festzuhalten, die beginnen, sie zu vergessen, und für solche, die sie nicht erleben konnten.

Mein Buch beginnt mit dem Ende des Ersten Weltkrieges, also kurz vor der technischen Vervollkommnung akustischer und visueller Wiedergabe. Es ist keine Autobiographie, es ist vielmehr der Rückblick eines Musikers aus der Perspektive des Orchesters.

Danken möchte ich Dr. Otto Fürth für seine wertvolle Hilfe sowie meinem philharmonisch gesinnten Verleger Dr. Daniel Bodmer für die sorgfältige Betreuung des Buches. Gewidmet sei es den Manen Arturo Toscaninis.

Hugo Burghauser

Hugo Burghauser als Soldat, 1916

VON RICHARD STRAUSS ZU ARTURO TOSCANINI

Als Heimkehrer aus dem Ersten Weltkrieg fand ein junger Musiker in Wien, inmitten allgemeinen Notstandes, ein Berufsparadies vor. Winterkälte herrschte zwar auch im Innern der Hofoper, die jetzt Staatsoper hieß und nur zum Wochenende mit einem Waggon Kohle spärlich geheizt wurde. Das Wärmedefizit ergänzte indessen eine enthusiastische Hörerschaft, deren Puls und Temperatur aus echter Passion kam. Musik, die immateriellste der Künste, erwies sich uns zugleich als seelisch und physisch wirksame Trösterin.

Was mich betrifft, so war mein Instrument überdies auf geheimnisvolle Weise zu einem Talisman geworden, der mir nicht nur das Leben gerettet hatte, sondern mich auch die Risiken der Kriegsjahre und manche später drohenden Umstände glücklich überwinden ließ. Statt einer zaubernden Flöte war es das weniger populäre Holzblasinstrument Fagott, das diese überraschende Schicksalsbegünstigung herbeiblies.

Im zweiten Kriegsjahr 1915 stand meine Marschkompanie am Bahnhof, zur Abfahrt an die Front bereit. Nur die Zeremonie der Verlesung des Tagesbefehls verzögerte noch das Besteigen der Last- und Güterwaggons, deren Aufschrift lautete: «40 Mann oder 8 Pferde» und für die im Innern reichliche Mengen von Stroh vorhanden waren, als die martialische Stimme des Feldwebels meinen Namen aufrief: «Der Gefreite Burghauser hat sich bei der Regimentskapelle als Ersatzmann zu melden.» Ich blieb als einziger meiner Kameraden zurück, und, wie sich später herausstellte, auch einer der wenigen Überlebenden meiner Kompanie, die in der Balkanoffensive in den «Schwarzen Bergen» Serbiens kämpfte. Der Fagottist der Regimentskapelle hatte sich in Ausübung seines Zivilberufes als Zuckerbäcker die Hände verbrüht und konnte auf lange Zeit den «Dulcian» nicht mehr blasen. So hieß in alten Zeiten das Instrument, das wegen seiner sanften und als süß empfundenen Töne beliebt war. Eine Klangcharakteristik schrieb der deutsche Bundespräsident Theodor Heuß «als Unzuständiger» seinem humoristischen Gratulanten Werner Finck: «Wenn ich mir das Orchester zu meinem 70. Geburtstage vorstelle, so würde ich sagen: ‹Finck spielt darin das Fagott›. Denn das hat immer seinen eigenwilligen Ton, der einen unmittelbar berührt, wenn es zu einem kleinen Solostück innerhalb der Instrumentation ansetzt, wenigstens im jokosen Part.» Übrigens ist es eines der wenigen Instrumente, die unter verschiedenen Himmelsstrichen andere Namen führen: in Italien Fagotto, in englisch sprechenden Ländern Bassoon. In Zeiten der Stadtpfeifereien und in den alten Musik-Lexica hieß der Spieler «Tieftonholzknüppelvergnügling».

Die verbrühten Finger des Zuckerbäckerfeldwebels erlangten auf lange Zeit nicht mehr die Spannweite, die erforderlich ist, um die komplizierte Klappentechnik zu bewältigen. Der linke Daumen zum Beispiel hat oft in schneller Folge acht verschiedene Klappen zu bedienen, von komplizierteren Griffen ganz zu schweigen.

Wie war es nun gekommen, daß ich, als ein der Musik ergebener Student, mich diesem Instrument verschrieb? Kein Geringerer als mein langjähriger Direktor und Kapellmeister Richard Strauss stellte mir diese Frage. In meinem Falle kam es so: ich hatte die Aufnahmeprüfung für Klavier und Violine an der Wiener Akademie für Musik bestanden. Mein Vater als Agronom und Sekretär an der k. k. Landwirtschafts-Gesellschaft fand das Musikstudium und das hohe Schulgeld unpraktisch. Der Akademiedirektor Wilhelm Bopp, dem es um einen Fagottisten für sein Schulorchester zu tun war, wußte Rat; er bewilligte mir einen Freiplatz für alle Fächer, wenn ich zusätzlich auch Fagott lernen wolle, um im Schulorchester regelmäßig mitzuspielen. Natürlich willigte ich mit Freuden ein. Bald spielte ich unter dem geistvollen Orchestererzieher und Hofkapellmeister Franz Schalk, zunächst beim Schlagzeug und dann, unter seinem untrüglichen Gehör, am Fagottpult. Er hörte nicht nur die kleinsten Intonationsfehler, sondern auch die Saiten- und Lagedifferenz eines entfernt spielenden Geigers. Sein scharfes Urteilsvermögen sorgte durch Jahrzehnte für geeigneten philharmonischen Nachwuchs.

Damals, vor Anbruch der atonalen «Wiener Schule», herrschte noch die klassische Disziplin des überlieferten Lehrgebäudes in der Musik, die auf den harmonischen Funktionen und deren Kadenzierung basierte. Manche unserer Lehrer hatten Anton Bruckner und Johannes Brahms noch persönlich gekannt und erzählten gelegentlich von deren Ansichten und Äußerungen. Eine dieser Mitteilungen oder vielmehr ein Dialog, der zwischen Brahms und Gustav Mahler stattfand, scheint mir besonders charakteristisch. Auf einem gemeinsamen Spaziergang in Ischl zeigte Mahler, der damals als der Modern-Fortschrittliche galt, auf den rauschenden Traunfluß mit den Worten: «Sehen Sie, hier fließt eben jetzt die letzte Welle.» Worauf Brahms erwiderte: «Und wer weiß, ob sie nicht am Ende in einen

Franz Schalk, 1918–1929 Direktor der Wiener Staatsoper, von 1919–1924 zusammen mit Richard Strauss. Ölbild von M. Loebell im Besitze der Gesellschaft der Musikfreunde, Wien

Sumpf münden wird.» Im Lehrsaal und auf den Proben blitzte es von Witz und geistreichen Bemerkungen, die gleich der Musik ihrer Zeit auch im Verklingen ihre Gültigkeit bewahrt haben.

Jetzt also, im ersten Nachkriegswinter 1918, bildete mein Fagott die Schwelle, über die ich als Mitwirkender den Bereich der Oper und der Philharmonie betreten durfte. Mein erster Abend als Substitut in der Staatsoper erschien mir als ein besonderer Glücksfall, verwandelte sich aber während der Aufführung in Hoffnungslosigkeit. Man spielte die «Salome», die bis vor kurzem wegen ihres sakrilegischen Inhalts von der Hofbühne verbannt gewesen war. Direktor Schalk dirigierte und selbstverständlich ohne Probe; denn bei einem Repertoire von etwa 60 Werken war Probenzeit nur für Premieren und Reprisen vorgesehen, allenfalls auch für Gastspiele prominenter Sänger, und bei diesen nur in Form sogenannter Quartettproben. Letztere sind ebenso ökonomisch wie auch erzieherisch wirksam; es spielen nämlich außer den vorgeschriebenen Bläsern nur je ein Pult Streicher. Die Geiger spielten somit ihren Part solistisch anstatt in der Gruppe, was für ein junges Mitglied gute Vorbereitung oder vorzügliches Blattlesen erfordert. Für den Neuling bleibt die Taktierart des Kapellmeisters das eigentliche Problem, selbst wenn er mit der Musik vertraut ist. Die Taktierart ist bei gleichen Tempi oft verschieden, vorausgesetzt, daß ein Dirigierschema überhaupt besteht. Manche Kapellmeister «stricken und häkeln», wie ihre beiläufige Handarbeit und Gestik im Musikerjargon heißt.

Unser verehrter und im Rückblick glorifizierter Meister Franz Schalk hatte eine scheinbar formlose, unschematische Taktierweise, von der Toscanini sagte, es sei ihm rätselhaft, wie ein Orchester sie verstehen könne. Ich war mit ihr aus den Tagen der Musikakademie gut vertraut, nicht aber mit der «Salome»-Musik, die außerhalb der Bühne kaum je zu hören war. Schalks Dirigieren deutete nur die peripheren Punkte der oft wechselnden Rhythmen an, die vielfach unsymmetrische 5/4 bis zu 7/8 Takte waren, und überdies in Abbreviaturen vereinfachtes Taktieren, wie sie ein gutes Orchester allen anderen Formen vorzieht, dem Neuling jedoch die Orientierung erschwert. Ein berühmter Strauss-Dirigent bemerkte zu dem großen Komponisten, daß sein oftmaliger Takt- und Zeitmaßwechsel die Führung schwierig mache, worauf Strauss meinte, daß es nur dem

Genie Richard Wagners gegeben war, seinen «Lohengrin» fast durchwegs in 4/4 zu schreiben.

An meinem ersten «Salome»-Abend hatte ich das Gefühl, zwischen Wellenbergen und abgründigen Tiefen hin und her geworfen zu werden, manchmal auf kleinen Rettungsinseln von Stichwörtern oder Pausen zu landen, vor denen man sich besonders hüten mußte, um nicht gerade dann – unfreiwillig – gehört zu werden. Schalks Ohren würden aber auch eine Mittelstimme vermißt haben; nur die Fortissimi boten Sicherheit zur Besinnung. Als der akustische Alptraum vorüber war, verharrte ich im Tumult des Applauses und der forteilenden Musiker auf meinem Platz. Ein Stimmkollege, der meinen Zustand bemerkte, fragte teilnahmsvoll nach meinem Befinden. Ich gestand, daß ich nach dem eben Erlebten hier keine Zukunft für mich sähe. Lächelnd tröstete er mich damit, daß das nur den besonderen Umständen dieses Abends zuzuschreiben sei. Es war in der Tat eine Schocktherapie, deren positiven Effekt ich schon in den folgenden Proben zu Richard Strauss' neuer Oper, «Die Frau ohne Schatten», feststellen konnte. Diese Uraufführung war die «Morgengabe» zu seiner Operndirektion, in die Richard Strauss sich mit Franz Schalk nunmehr teilte. Die Premiere am 10. Oktober 1919 dirigierte Franz Schalk. Dieser größten Richard-Strauss-Oper entsprach auch eine Besetzung, deren Rang und Homogenität noch heute gerühmt wird. Maria Jeritza als Kaiserin, die schattenlose Tochter des Geisterfürsten Keikobad, erlebte den einmaligen Triumph, vom Präsidenten der Völkerbundliga zum Ehrenmitglied ernannt zu werden. Seine Begründung: «Frau Jeritza hat durch ihre gottbegnadete Stimme, Schönheit und Kunst mehr für Österreich geleistet als alle Diplomaten und Politiker.» Diese Ehrung hätte allen Rollenträgern der «Frau ohne Schatten» gebührt: Lotte Lehmann als Färberin mit Richard Mayr als ihrem Barak, Aagard Oestvig als Kaiser, der dämonischen Amme Lucy Weidt und nicht zuletzt dem Dirigenten des Abends, Direktor Franz Schalk. Man war eben geneigt, das Gottesgnadentum der Herrscher, die es nicht mehr gab, auf die Heroen der Kunst zu übertragen, wie es bei dem berühmten polnischen Pianisten Ignaz Paderewski der Fall war, den sein Land mit der Würde des Ministerpräsidenten auszeichnete. Auch den Philharmonikern hat man gelegentlich eine kulturelle Mission zugeschrieben.

Obwohl Dichter und Komponist der «Frau ohne Schatten» an der Inszenierung tätigen Anteil nahmen und eine großartige Premiere zustande kam, war es erstaunlich, daß man ihrer Schöpfung keineswegs einstimmig Anerkennung zollte und es ein halbes Jahrhundert dauerte, bis sich, in den sechziger Jahren von Amerika ausgehend, der Welterfolg der «Frau ohne Schatten» einstellte. Dr. Karl Böhm, Ehrendirigent der Wiener Philharmoniker, erzielte diesen Triumph in der New Yorker Metropolitan Opera mit einem der Wiener Uraufführung vergleichbaren Ensemble. – Leonie Rysanek sang die Kaiserin und krönte mit ihren gloriosen Partnern im hymnischen Schlußgesang den Erfolg. Als philharmonischer Zeuge der Probenarbeit des Jahres 1919 und anderer Neuinszenierungen, möchte ich eine Regieanweisung Hofmannsthals zitieren: «Es muß sichtbar auf der Bühne gezaubert werden. Das Publikum muß sehen können, was als Text nicht immer verständlich gesungen wird.» In Alfred Rollers Bühnenbild von 1919 rauschten zum Beispiel die Lebenswasser in goldener Fülle, während sie seither oft als Rinnsal versickern oder als dünne gelbliche Strahlen an alles, nur nicht an wogende Lebenswasser denken lassen. Immer wieder scheint es, als ob Regisseure relativ moderne Autoren wie Hofmannsthal und Strauss für veraltet hielten, deren Symbolik und Wortsinn einer zeitgemäßen Umarbeitung und Neudeutung bedarf. Alfred Roller, nach Gustav Mahler selbst ein origineller Neuerer, hat die Vorstellungen Hofmannsthals jedenfalls ideal realisiert und die Bühne zum Schau-Platz einer Oper gemacht, wie Dichter und Komponist sie in ihrer Vorstellung erlebt haben. Richard Strauss empfiehlt im Ersten Weltkrieg, anstelle der Dichter, Regisseure mit eigenen Ideen als «Kanonenfutter».

1919, im Jahr der «Frau ohne Schatten», feierten die Wiener den 50jährigen Bestand ihres Opernhauses, dessen architektonisches Modell Palladios Stadthaus von Vicenza ist, wobei die geometrischen Formrelationen, ins Akustisch-Harmonische transponiert, in der österreichischen Klassik weiterwirkten.

Das Jubiläumsjahr 1919 brachte, trotz andauernder Nachkriegsnöte, eine Rekordernte österreichischer Opernpremieren: Julius Bittners «Musikant», Wilhelm Kienzls «Kuhreigen» und bald darauf Franz Schrekers «Die Gezeichneten». Dazu kamen eine Reihe italienischer Opern, die man während des Krieges nicht gespielt hatte. Zu ihren Neuinszenierungen kamen die Komponisten jetzt nach Wien: Umberto Giordano, Pietro Mascagni und Giacomo Puccini. Eugen d'Albert dirigierte zwischen seinen Klavierabenden seine Oper «Tiefland».

Hans Pfitzners «Palestrina» war von Franz Schalk als erste Nachkriegspremiere einstudiert worden. Er wußte das kirchentonale Melos weihevoll zu interpretieren. Später dirigierte Pfitzner, der Dichter-Komponist, sein Werk persönlich. Der unscheinbare, asketisch wirkende Mann mit dem schütteren Knebelbart, ließ seine «Musikalische Legende» als Dirigent sakral erklingen.

Direktor Richard Strauss, gewissermaßen auch als Repertoirekapellmeister tätig, fiel es zu, gelegentlich seltener gegebene Werke zu dirigieren, so etwa Boieldieus «Johann von Paris», Cornelius' «Barbier von Bagdad», Pergolesis «La Serva Padrona», aber auch Bizets «Carmen» und darüber hinaus Ballette von Gluck, Mozart bis Ravel und Strawinsky. Dazu kamen die großen Zyklen der Mozart- und Wagneropern. Mit ihm zu musizieren war reine Freude. Seine klare Führung ließ einen Zweifel an seinen Absichten niemals aufkommen und bereitete dem Musiker zusätzlich den ästhetischen Genuß seiner anmutsvollen Stabführung die, auf eine sparsame, präzise Gestik beschränkt, eine außerordentliche Wirkung erzielte. Neben himmelstürmenden Steigerungen waren es die subtilen Nuancen und Diminuendi, mit denen Strauss hervorragte. So sehr wünschte er diese beachtet, daß er in den Orchesterstimmen von «Tristan» alle Piani und Pianissimi mit roter Tinte einzeichnen ließ, obgleich ein kleiner Wink seiner linken Hand genügt hätte, den gewünschten Effekt zu erzielen. Als Komponist wie als Kapellmeister war er auf feinste Klangfarben bedacht. Beim Betrachten von Gemälden aus der Renaissancezeit sagte er einmal: «So sollte man instrumentieren – wie diese Farbtönungen.» Wie kein anderer Komponist seiner Zeit durfte er daher auch behaupten, daß er sich auf die Kunst der Instrumentation verstehe. Zu seiner in diesen Jahren entstandenen «Alpensymphonie» bemerkte er launig: «Ich hab' einmal komponieren wollen, wie die Kuh Milch gibt», womit gemeint ist, daß er nichts tun wollte, als sich an Klängen, Melodiebögen und Orchesterfarben einfach zu freuen. Eine seiner aphoristischen Unterweisungen lautete: «Spielen, wie's geschrieben steht, ohne Zutaten.» Das hatte er von seinem

Vorbild Hans von Bülow übernommen, dessen «Treue gegen den Geist und Buchstaben des Kunstwerkes» lebenslang sein Leitstern blieb. Um so erstaunlicher war es für uns Musiker, wenn er als Komponist von seiner ursprünglichen Auffassung abwich. Zur Illustration das folgende Beispiel: in «Elektra» dirigierte Strauss den Auftritt der Chrysothemis mit dem Ruf «Orest, Orest ist tot» abweichend von seinen Partiturvorschriften. In der Partitur ist keine Temporingerung angegeben, und die Worte dieser Hiobsbotschaft gehen im Tumult des Orchesters unter, weil das Ohr des Zuhörers in so kurzem Pausen-Intervall nicht bewußt aufnehmen kann, was hier zum entscheidenden Verstehen nötig wäre. Strauss hat nun dirigierend das Orchester vor dem Ausruf stets angehalten, über die kurze Pause hinaus, wodurch das Bewußtsein der Todeskunde in die Hörer einsinken kann, um dann erst den symbolischen Todesakkord in d-Moll in voller Wucht einfallen zu lassen. Diese sinnfällige Beihilfe zum dramatischen Effekt der Szene hat nur Strauss selbst so dirigiert und kaum einer seiner ihm nacheifernden Kapellmeister befolgt. Dasselbe gilt von vielen seiner Interpretationen, die wir Musiker durch Jahrzehnte kennenzulernen das Privileg hatten. Seine Virtuosität als Dirigent war freilich unnachahmlich, wie etwa in der Fieberszene des 3. Aktes «Tristan», wo er 5/4 und 4/4 in zwei Alla-breve-Schlägen und die 3/4 und 2/4 Takte in ganzen Niederstreichen beendete. Als Sachwalter eigener Musik hatte er am Pult die Liberalität des großen Herrn. So sagte er zu einem Musiker, der eine Stelle unspielbar fand: «Spielen S' was anderes!» und zu einem Klarinettisten, der mit Mühe eine Passage produzierte: «Es freut mich, etwas geschrieben zu haben, das sogar für *euch* zu schwer ist.»

Wie Richard Strauss über den Kontakt zum Orchester dachte, erlebten wir in einer Probe zu «Così fan tutte». Der Chor singt hinter der Szene im Abgehen einen Marsch, dessen Auftakt gemeinsam mit dem Orchester beginnt. Der Anfangseinsatz wollte nicht präzise gelingen, und Strauss sagte: «Spiel'n Sie 's einmal allein, ohne mich.» Jetzt gelang das Unisono genau, und sein Kommentar war: «Ich weiß, es liegt meistens am Kapellmeister.» Es lag natürlich an der gesteigerten Konzentration aller, sobald sie sich ihrer eigenen Initiative überlassen wußten. Indessen zeigte es die oft bewiesene Schlichtheit des großen Komponisten.

In diese Selbstbescheidung schloß Strauss gelegentlich auch andere ein. So meinte er zu Joseph Marx, mit dem er einer Mozartaufführung beiwohnte: «Gegen *den* sind wir beide Scheißer!», was Marx, dem Rector Magnificus der Musikhochschule, gar nicht zusagte. Ebenso verblüffte er den modernen Theoretiker, der ihm einen talentierten Studenten empfahl, durch die Frage: «Schreibt er auch einen guten Baß?» Im Zeitalter regellosen Kontrapunktes klang das beinahe kontradiktorisch; aber Strauss war Traditionalist, trotz seiner «Elektra»-Musik.

In der Ersten Österreichischen Republik blieben Struktur und Stil der Philharmoniker, im Gegensatz zur europäischen Umwelt, unerschüttert fundiert. Ebenso wie von der Hofoper die kaiserlichen Insignien entfernt waren, las man, daß die Konzerte nun nicht mehr bei der «k. k. Gesellschaft der Musikfreunde» stattfanden, sondern im «Grossen Musikvereinssaal»; zeitweise sogar unter Verdreifachung der Anzahl der Abonnementsplätze, um dem gesteigerten Publikumsandrang zu genügen. Dieses enorme Echo war die Folge der Tätigkeit unserer Direktoren Franz Schalk und Richard Strauss, die auch außerhalb der Staatsoper ihr Orchester dirigierten, was zu einer großen Vielfalt des Konzertrepertoires führte, zumal Werke von Bruckner und Strauss in Weingartners Programmen selten waren. Gleichwohl war und blieb Weingartner Publikumsliebling und Kassenmagnet seit mehr als einem Jahrzehnt und Alleinherrscher im «Philharmonischen».

Felix von Weingartner war ein Vielschreiber, nicht nur als Komponist. Zahlreiche Fehden mit Intendanten und Kritikern boten ihm Gelegenheit zu umfangreichen Schriftsätzen. Während ihm größte Dirigentenerfolge lebenslang treu blieben, schmerzte ihn tief, daß er als Komponist keine Anerkennung fand, obwohl seine vielfältigen Kompositionen ziemlich häufig zur Aufführung gelangten. Selbst seine Gattin, die schöne Sängerin Lucille Marcel, der er in ihren Konzerten ein brillanter Klavierbegleiter war, konnte mit ihrer bezaubernden Stimme seinen Liedern keinen Dauerfolg bereiten. Trotzdem sah Weingartner seine eigentliche Mission in seinem kompositorischen Schaffen und betrachtete seine Kapellmeistertätigkeit nur als notwendiges Mittel, sich mit ihr den Lebensunterhalt zu verdienen.

Im Großen Musikvereinssaal in Wien

Damit stand er übrigens nicht allein unter seinen berühmten Kollegen, die sich von ihm nur dadurch unterschieden, daß sie ihr Mißgeschick als Komponisten nur ungern zum Gesprächsstoff machten. Weingartner schrieb seine Enttäuschung über den Mangel an Anerkennung Ursachen zu, die von den Begründungen seiner Leidensgefährten sehr verschieden waren: Seiner Überzeugung nach lag es an der «dunklen Hand jenseitiger Mächte», die sein Leben feindlich überschatteten. Alle negativen Wendungen und Ereignisse seiner wechselvollen Karriere erklärte er aus der Stellung der Gestirne zueinander; gewiß aber entsprangen sie auch seinem stürmischen Temperament, das ihm am Dirigentenpult mehr zustatten kam als bei verantwortlichen Entscheidungen. Er selbst gestand, erst in späten Jahren zur Reife gelangt zu sein. Mitunter trat er als Rezitator auf und deklamierte im Auditorium maximum der Universität Goethes «Faust».

Die ausführlichste Würdigung von Weingartners vielseitigen Talenten findet man in seiner zweibändigen Autobiographie, in der er neben künstlerischen Maximen dem Okkultismus die bestimmende Rolle in seinem Leben zuweist. Der schmerzlichste Schicksalsschlag jener dunklen Macht traf ihn mit dem frühen Tod seiner geliebten Gattin. Er schreibt darüber: «Lucille lag ohnmächtig am Boden, das Bewußtsein erlangte sie nicht wieder, ihre Lebenskraft erlosch wie eine verglimmende Kerze. In Lucilles Gesicht lag ein mildes Lächeln. Ihr Atem wurde immer schwächer, die schönen Hände lagen wie feine Wachsbilder auf der Bettdecke. Ein heller Sonnenstrahl flutete plötzlich in das Zimmer. Früher hätte ich wohl gemeint, er habe ihre Seele mitgenommen. Jetzt aber wußte ich, wo diese Seele nun weilte – in mir, in ihrer ewigen Heimat, so wie meine Heimat seit Urzeiten in ihrer Heimat lag.»

Eine große Gemeinde von Bewunderern trauerte mit Weingartner. Er sagte das eben fällige Konzert ab und veranlaßte dadurch das letzte Erscheinen von Arthur Nikisch als philharmonischem Gastdirigenten. Das Datum fiel auf den Tag der Enthüllung des Johann-Strauß-Denkmals. Zu diesem Ereignis spielten die Philharmoniker unter seiner Leitung den Donau-Walzer. Das war im Stadtpark, an einem milden Frühlingstag des Jahres 1921. Jeder Windhauch streute einen Blütenregen auf die Gäste.

Nach Beendigung der Feier begab sich die Schar der Musiker mit ihren Instrumenten in den nahen Musikvereinssaal, wo der Magier des Taktstocks mit Tschaikowskis 5. Symphonie unsere Zuhörer in Trance versetzte. Die Legende schrieb ja bekanntlich Nikisch die Macht zu, allein auf dem Podium mit seinen schmalen blassen Händen durch mesmerische Kraft Musik hervorzaubern zu können. Das Programm schloß mit dem im Konzertsaal selten gespielten Meistersinger-Vorspiel, das er sehr eigenartig dirigierte; es zählte zu seinen Standarderfolgen. Zwölf Jahre später sollte ein anderer Arthur mit demselben Stück im Musikvereinssaal einen ähnlichen Triumph erzielen. Diese beiden grossen Dirigenten erkannten ihre verwandten Naturen, und Nikisch erzählte seinem Leipziger Orchester, er habe kürzlich in der Mailänder Scala Richard Wagners «Siegfried» unter einem jungen Maestro erlebt, von dem die Welt noch viel hören werde: «Merken Sie sich den Namen ‹Arturo Toscanini›!»

Nikisch war ein Pater familias: gütig im Verhalten zu den Musikern. Er glaubte, daß die Eigenart jedes einzelnen unter ihnen durch das gewählte Instrument bestimmt sei, und behandelte sie dementsprechend feinfühlig. Als der Klarinettist einmal mitten in einem Stück im Spiel aussetzte, ließ Nikisch sich nichts anmerken. Erst später fragte er den Musiker, was der Grund des Versagens gewesen sei, und erfuhr, daß das Notenblatt vertauscht war.

Arthur Nikischs Vortrag wirkte improvisatorisch, wie spontanem Impuls entspringend, was seinem Musizieren einen ungemein frischen Ausdruck verlieh. Er neigte zu starken Temporückungen, deren Übergänge er unmerklich gleitend bewerkstelligte. Bevor Nikisch sein Publikum in den Bann seines Dirigierens schlug, pflegte er seinen magnetisch wirkenden Blick in den Saal zu richten, worüber der Wiener Satiriker Karl Kraus zwei Berliner Damen sagen läßt: «Paß auf, jetzt fängt er an zu faszenieren.» Nach Nikischs plötzlichem Tode sah man in Weingartner seinen berufenen Nachfolger. Wilhelm Furtwängler, der in Leipzig dazu ernannt wurde, stand noch vor seinem vehementen Aufstieg als Nachfolger von Richard Strauss in Berlin und von Weingartner in Wien.

Alldem war eine längst vergessene, episodische Wiener Vor-Vergangenheit vorangegangen. 1913 gab es das Wiener Tonkünstlerorchester, dessen «Populäre Konzerte» an Sonntagnachmittagen die Kapellmeister Martin Spörr und später sein Tiroler Landsmann Anton Konrath leiteten. Ohne besondere Ankündigung erschien der junge Furtwängler zu einem Probegastspiel auf Engagement. Die Hauptnummer des Programms war Beethovens «Pastorale», probenlos dirigiert. Die Aufführung, so erschien es mir von meinem Orchesterplatz, ging ereignislos vorüber. Niemand erkannte damals in Furtwängler den zukünftigen Star, der durch seinen langen, beweglich schwingenden Hals eher wie ein dem Nest vorzeitig entflogener Riesenvogel wirkte, als daß er unbeholfen flügelschlagend die zukünftigen großen Schwingen vermuten ließ.

Furtwängler blieb bis 1915 in Lübeck und kam später aus Mannheim nach Wien. Um diese Zeit, im Jahre 1922, kam es durch Weingartners internationales Prestige zur ersten Südamerika-Tournee der Philharmoniker. Diese wurde für ihn auch seine vierte Hochzeitsreise. Wieder war es ein Bühnentalent, das dem jugendlichen Künstler nach dem Tod seiner Lucille irdischen Trost spendete. In Aubers «Die Stumme von Portici» mimte die zigeunerisch schöne Betty Kalisch die Titelrolle; ihr Gatte stand am Pult. Wie ihre Vorgängerin befleißigte auch sie sich einer kameradschaftlichen Haltung dem Orchester gegenüber, wie es sich im spielerischen Treiben auf der langen Schiffsreise leicht ergab.

Das munterste Ereignis dieser Fahrt war die traditionelle «Äquatortaufe», der sich alle, die den Äquator zum erstenmal überquerten, unterziehen mußten. Neptun mit Krone und Dreispitz empfing die Täuflinge, die dann, total eingeseift und mit einem hölzernen Säbel rasiert, rücklings in ein Bassin gestürzt und, auf Grund der bestandenen Prüfung, als seetüchtig erklärt und mit einem entsprechenden Taufdokument belohnt wurden. Ein Drückeberger von dieser Aktion wurde von Neptuns Spießgesellen aus seinem Versteck geholt und zwecks Konversion mit Nachdruck eines Wasserstrahls durch einen Luftschlauch zur schäumenden Wiedergeburt befördert. Diese Nottaufe hatte eine andauernde Wirkung, wie sich Jahre später im Vatikan zeigte. Nach einer Zwischenlandung in Dakar, im Senegal, stiegen wir in Rio de Janeiro wohlbehalten an Land und erfuhren erst nachträglich, daß die «Principessa Malfalda», in deren Schoß wir uns geborgen geglaubt hatten, vor der Küste entzweigebrochen war.

Der weitere Verlauf der Tournee war für alle triumphal. Dem Enthusiasmus des Publikums Rechnung tragend, entschlossen wir uns zu einer ständigen Zugabe. Natürlich mußte es ein Wiener Walzer sein und am besten die «Blaue Donau» von Johann Strauß. Es wurde eine Probe angesetzt. In der Pause fand die Mehrzahl der Musiker, daß Weingartner das Werk zu schnell dirigiere, abweichend von der Wiener Spielweise. Jemand sollte ihm das sagen. Der Vorstand jedoch lehnte es ab, das zu tun. Da meldete sich zu dieser heiklen Mission der in vielen Situationen bewährte Spaßvogel Strassky. Wir überließen es ihm gerne, dem forschen Weingartner die gemütlichere Wiener Interpretation zu verdeutlichen. Er strebte dem Pult zu und rief noch im Gehen, wie unter dem Eindruck einer eben gemachten Entdeckung: «Herr Direktor! Herr Direktor! Ich hab' von verschiedenen Plätzen aus zugehört und gefunden, daß das Haus eine merkwürdige Akustik hat! Alles klingt zu schnell!» Weingartner verstand, lächelte und moderierte seine Tempi nach Wiener Art.

Strassky, der Held dieser glücklichen Wendung, spielte in der Oboengruppe das Englischhorn. Vielleicht förderte sein Schalmeiblasen seine Neigung, sich Ziegen zu halten, die ihn im Kriege mit Milch versorgten. Die Warnung, durch seine Geißen eine «Gaas»-Vergiftung zu riskieren, schlug er in den Wind seiner Wienerwald-Behausung. Der etwas grotesk aussehende Musiker war ein musikalischer Tausendsassa und daher voll Ehrgeiz, auch als Dirigent zu glänzen. Er verstieg sich bis zu Beethovens 9. Symphonie, die er in einer großen Halle mit mehreren Vereinen zur Aufführung brachte. Nicht lange darauf fragte ihn sein Operndirektor Hans Richter: «Nun, Strassky, ich höre, Sie haben die Neunte dirigiert. Wie ist's denn gewesen?» Worauf Strassky erwiderte: «Gut, Herr Direktor; ich hab' nicht gewußt, wie leicht das ist.» Richter, der selbst Mitglied im Orchester gewesen war, raunte ihm mit dem Finger an den Lippen zu: «Nicht weitersagen. Bleibt unser Berufsgeheimnis.»

Dies ist ein weiteres Beispiel dafür, wie die damaligen «Großen», die noch aus der Kaiserzeit stammten, im Leben auf die natürlichste Art demokratisch reagierten, mehr als die Freiheitsprediger offizieller politischer Demokratie. Am zutreffendsten grenzte Toscanini Kunst und Leben gegeneinander ab, als er bei einer Probe die Phrasierung einer Stelle erläuterte: «Signori, in vita democrazia, ma in arte aristocrazia.» «Meine Herren, im Leben Demokratie, aber in der Kunst Aristokratie.» Das war seine eigentliche Losung.

In Rio gab es damals an keiner der bogenförmigen Strandpromenaden einen Wolkenkratzer. Seither hat sich das Bild amerikanisiert. Gemeinsam mit dem Flitterwochenpaar unternommene Ausflüge führten uns in den nahen, exotisch blühenden Urwald, wo das Bogota-Institut zur Serumgewinnung heimische Klapperschlangen züchtete. Ein Wärter führte die Giftentnahme vor, indem er das schnarrende Reptil durch einen Griff hinter dessen Kopf zum Öffnen des Kiefers zwang. Ein Druck mit dem Finger ließ das Gift aus der Drüse tropfen. Dann schleuderte er das Tier von sich, das sich aufbäumend gegen seinen Fuß zu einem unwirksamen Biß schnellte.

Da das Gastspiel erfolgreich endete, war es nur natürlich, daß die Einladung erneuert wurde, mit dem Unterschied allerdings, daß bei dem nächsten Besuch Richard Strauss die Führung übernehmen sollte. Die seit jeher bewährte Selbstverwaltung nötigte uns, unserem bisherigen ständigen Dirigenten die ihn gewiß enttäuschende Änderung mitzuteilen. Die Orchestervertretung fand sich hierzu in Weingartners Heim zur Besprechung der neuen Lage ein. Er nahm die Kunde mit weltmännischer Noblesse entgegen und war im Begriffe, uns zu verabschieden, als sich abrupt eine Tür öffnete und in ihrem Rahmen zornsprühend seine Gattin Betty erschien. Sie beschuldigte die Delegation des treulosen Verrates und wünschte ihr alles erdenklich Böse. Weingartner war davon nicht minder betroffen und überrascht als wir. Vielleicht hatte er seine «Stumme» nie vorher so gesehen, außer auf der Bühne. Es war eine Szene, wie wir sie als Bühnenfluch bei Verdi kannten, aber nicht im Verismus des Alltags. Bedrückt verließen wir die Stätte der «Maledizione». Doch im Konzert stellte sich zunächst das philharmonische Einvernehmen wieder her.

Die zweite Südamerika-Reise unterschied sich vor allem in der Programmgestaltung. Richard Strauss zeigte sich der zeitgenössischen Produktion zugänglicher als Weingartner. Eine merkwürdige Sinnesänderung befiel ihn jedoch während der Probe zu Max Regers Mozart-Variationen. Strauss dirigierte das Stück mit sichtlichem Unbehagen und setzte nach kurzem Verlaufe das Werk mit den

Mit Felix Weingartner in Rio de Janeiro, 1922 Hugo Burghauser links oben mit Spazierstock

Die Philharmoniker mit Richard Strauss in Rio de Janeiro, 1923. Strauss vorn in der Mitte mit weißer Hose, Hugo Burghauser im weißen Anzug, links außen Ludwig Wittels

Worten «Das ist keine Musik» vom Programm ab. Es war, als ob die übersteigerte kontrapunktische Bearbeitung und die polyphonische Modernisierung der Mozartmelodie der Verehrung des von Strauss angebeteten Mozart zuwiderlaufe. «Reger weiß zuviel, um gut zu komponieren», sagte Richard Strauss.

Ich gestehe, daß mir als Musiker diese Haltung natürlicher erscheint als die fortschrittliche Bereitschaft zu jeder Verballhornung der holden Kunst. Strauss, der damals gerade an der Instrumentation seiner Eheoper «Intermezzo» arbeitete, erklärte nach der ersten Konzertprobe, ohne eine zweite anzusetzen: «Wir kennen unser Repertoire. Auf Wiedersehen im Konzert.» Zu ähnlicher Schonung der Orchesterkräfte neigte übrigens auch Hans Knappertsbusch, der wie Strauss unübertroffene Meister der Improvisation mit einem ihm vertrauten Orchester. So entschied Strauss einmal spontan, als der

Konzertmeister zur Aufführung der Suite «Der Bürger als Edelmann» wegen Erkrankung verhindert war, der jüngste Geiger vom letzten Pult, Ludwig Wittels, solle den Solopart spielen. Wittels war ein Wunderkind gewesen und seinem Wuchse nach ein Kind geblieben. Das Publikum glaubte beim Anblick der kleinen Gestalt mit den vom Sessel baumelnden Füßen ein neu entdecktes Wunderkind kennenzulernen.

Im tropischen Klima tendierte Strauss mehr denn je zur Vereinfachung seiner Zeichengebung und meinte, am liebsten würde er mit einem Zahnstocher dirigieren. Nach einer mehr emotionellen Ausdrucksweise früherer Jahre dirigierte er, seiner epigrammatischen Geistesart entsprechend, stets mit knapper Zeichengebung. Im tropischen Frühling Südamerikas verringerte er diese ganz besonders, nicht ohne zuvor das Orchester befragt zu haben, bis zu welchem Minimum das für den einzelnen Musiker noch anginge. Tatsächlich erweist sich Blicklenkung ja oft als die sicherste Führungsweise.

Endlich, nach sechswöchigem Konzertieren – Strauss hat in dieser Zeit 32 Konzerte und 6 Opernaufführungen dirigiert! – richtete sich der Kurs unserer Schiffreise nordwärts. Nur noch ein Konzert in Bahia stand bevor, das sich als heiteres Quid pro quo abspielte. Richard Strauss war als Operndirektor von Wien bereits reklamiert worden und entschloß sich, seinem Wiener Amt zuliebe, das letzte Konzert auszulassen. Er fuhr einfach weiter, während das Orchester pflichtgemäß in einer Freiluftarena unter dem Sternenhimmel des Südkreuzes programmgemäß spielte. Als Dirigent fungierte Vorstand Alexander Wunderer, der trotz Spitzbart und Glatze als «Riccardo Strauss» einen dermaßen stürmischen Erfolg erntete, daß wir und der Impresario die enthusiastische Zuhörerschaft nicht der Illusion berauben wollten, nur den «angeblichen» Strauss erlebt zu haben. Die Ozeanüberquerung dauerte damals wegen minderwertiger Braunkohlenheizung der Nachkriegszeit bis Bremerhaven sechs Wochen. Die lange subtropische Zone wurde einem herzschwachen Kollegen zum Verhängnis. Er starb auf hoher See, in die er versenkt wurde. Schon vorher hatten wir zwei Kameraden auf dem Festland begraben. Einer war zu nächtlicher Stunde aus dem Hotelfenster gestürzt, und wir hatten es erst am Morgen erfahren, als der Angestellte eines Bestattungs-Unternehmens sich um das Begräbnis bewarb. Unsere

Auslandslorbeeren waren also diesmal mit einem Trauerflor durchflochten.

Die folgende Opernsaison brachte mit Richard Strauss' sechzigstem Geburtstag sein ebenso vielseitiges wie erfolgreiches letztes Direktionsjahr. Franz Schalk, seit der Jahrhundertwende der getreue Ekkehard der Oper, übernahm nun die ungeteilte Führung. Für die Philharmoniker folgte eine hektische Zeit des Wechsels. Felix Weingartner nahm nach nahezu zwei Jahrzehnten von Wien, «der Stadt vieler begrabener Hoffnungen», Abschied mit den Widmungsworten seines Photos: «Den Wiener Philharmonikern zum Andenken an die Zeit von 1908 bis 1927. Wien am 29. März. Jahrhunderttag von Beethovens Beisetzung.» Als Memento orchestrierte er Beethovens Hammerklavier-Sonate, die er auch meisterlich dirigierte, ohne indessen besondere Anerkennung oder Ablehnung zu erfahren. Bis dahin hatten Bearbeitungen dieser Art noch stets heftiges Für und Wider ausgelöst.

Bis zur vorjährigen Südamerikareise hatte Weingartner gehofft, «von der Notwendigkeit fortwährender Reisen befreit zu sein», da die philharmonischen Konzerte den dauernden Grundstock seiner Arbeit als Dirigent bilden sollten. Dieser Plan war nun trotz weiteren «herrlichen Zusammenwirkens» unausführbar geworden. In seinen Memoiren schreibt er, daß «das Band festen Vertrauens und unlösbaren Zusammenhaltens zerrissen war».

Nach den geruhsamen Jahren interner Vereinsstabilität bedurften die Philharmoniker einer zeitgemäßen, tatkräftigen Führung. Seit Wilhelm Furtwängler mit dem Gedenkkonzert zu Brahms' 25. Todestag am 26. März 1922 die Philharmoniker zum erstenmal dirigiert hatte, besaß er das Primat künftiger Berufung. Nach Weingartners Scheiden entsprach die Wahl Furtwänglers einer gegenseitigen Wunscherfüllung. Leider endete die glückliche Verbindung vorzeitig. Auf einer Kunstreise, bei der auch einige deutsche Städte besucht wurden, errang das Orchester mit Furtwängler an der Spitze einen neuen Höhepunkt internationaler Anerkennung.

Die Periode, in der ständige Dirigenten am Werk waren, prägte sich auch in der Programmgestaltung aus, die den Wünschen unseres Stammpublikums weitgehend entgegenkam. In den Jahren veränderter sozialer Struktur war nun Arnold Schönbergs atonales System zum Inbegriff musikalischen Fortschritts geworden. Schönberg war in seinem Sendungsbewußtsein davon überzeugt, daß durch ihn die Vorherrschaft der deutschen Musik für die nächsten hundert Jahre gesichert sei. Davon leiteten alle progressiven Geister die Forderung an uns ab, zeitgenössische Musik in unsere Programme aufzunehmen. Unsere Stardirigenten aber, in modernem Sinne nicht progressiv genug, widersetzten sich diesem Verlangen. Als Franz Schalk Mitte der zwanziger Jahre den damals kühnen Versuch unternahm, Strawinskys «Sacre du Printemps» aufzuführen, wurde er mit lautstarken Protesten überschüttet. Dieser Vorwurf traditioneller Rückständigkeit empörte unsere Dirigenten, von denen Furtwängler förmlich in Siedehitze geriet. Es mußte etwas geschehen, und unter dem Titel «Österreichisches Novitätenkonzert» geschah auch etwas. Wir spielten ein Programm mit Quodlibet-Charakter. Das Hauptwerk, eine Komposition von Joseph Marx, dirigierte Felix Weingartner, die übrigen Werke wurden von den jeweiligen Komponisten dirigiert; aber auch die Originalität dieses Abends vermochte nicht, ein mißvergnügtes Publikum aus seiner passiven Ruhe zu locken. Das Stammpublikum hatte seine Karten weitergegeben, so daß mir ein Habitué unserer Konzerte in der Pause sagen konnte: «Komponisten und Publikum – lauter Substituten heute.»

So kehrten wir zur Sandwich-Methode zurück, die Neues zwischen Wohlbekanntem schmackhaft zu machen versucht. Als nächste Neuheit war Alban Bergs Violinkonzert mit dem amerikanischen Geiger Louis Krasner und Otto Klemperer als Dirigenten angesetzt. Trotz Klemperers Ruf als Champion moderner Musik und der tragischen Legende – «Dem Andenken eines Engels» lautete die Widmung –, die mit diesem Konzert verbunden war und das Interesse des Publikums eigentlich hätte erwecken müssen, war der Kartenverkauf so gering, daß wir uns mit dem Gedanken trugen, das Konzert abzusagen. Aus Pietät für den am Weihnachtsabend verstorbenen Komponisten entschied sich das Orchester aber dann doch, das Konzert zu geben, und ein verregnetes Wochenende sorgte dafür, daß genug Publikum im Saal war.

Klemperer, hemmungslos aufrichtig und mit einem unfehlbaren, absoluten Gehör begabt, wandte sich während der Probe an Arnold

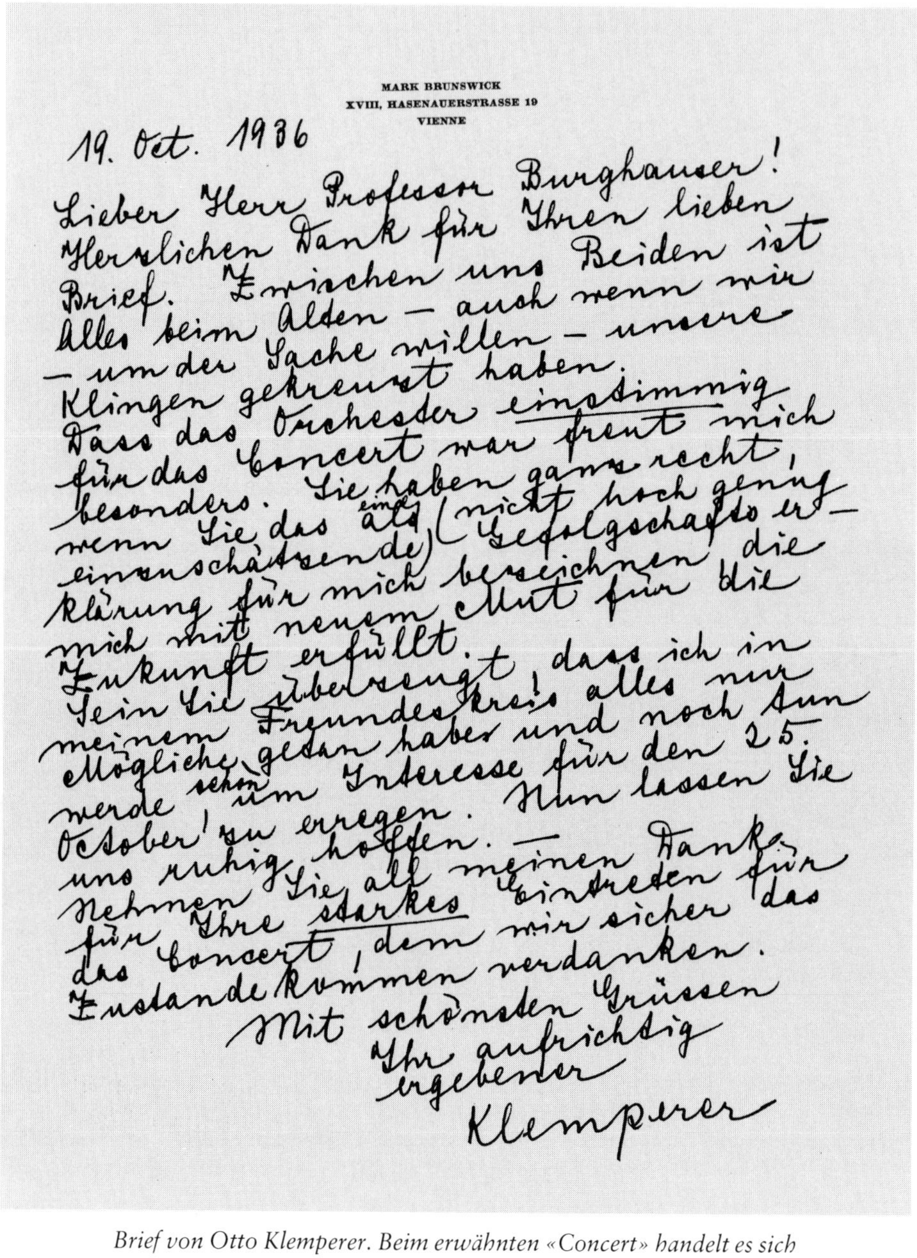
MARK BRUNSWICK
XVIII, HASENAUERSTRASSE 19
VIENNE

19. Oct. 1936

Lieber Herr Professor Burghauser!
Herzlichen Dank für Ihren lieben Brief. Zwischen uns Beiden ist Alles beim Alten – auch wenn wir – um der Sache willen – unsere Klingen gekreuzt haben.
Dass das Orchester <u>einstimmig</u> für das Concert war freut mich besonders. Sie haben ganz recht, wenn Sie das als eine (nicht hoch genug einzuschätzende) Gefolgschafts erklärung für mich bezeichnen die mich mit neuem Mut für die Zukunft erfüllt.
Sein Sie überzeugt, dass ich in meinem Freundeskreis alles nur Mögliche getan habe und noch tun werde schon um Interesse für den 25. October zu erregen. Nun lassen Sie uns ruhig hoffen. —
Nehmen Sie all meinen Dank für Ihr <u>starkes</u> Eintreten für das Concert, dem wir sicher das Zustandekommen verdanken.

Mit schönsten Grüssen
Ihr aufrichtig ergebener
Klemperer

Brief von Otto Klemperer. Beim erwähnten «Concert» handelt es sich um Alban Bergs Violinkonzert, um seine Wiener Erstaufführung mit Louis Krasner als Solist (s. Seite 25)

Schönberg und meinte, er könne diese Musik mit dem Ohr nicht genügend kontrollieren, worauf Schönberg zur Antwort gab: «Das ist auch gar nicht nötig.» Selbst wenn diese Antwort scherzhaft gemeint war, entbehrt sie nicht eines Körnchens Wahrheit in bezug auf die Entwicklung der «Zweiten Wiener Schule» hin zur konsequenten Aleatorik. Wir Musiker lernten diese neuen Werke jedenfalls genauer kennen als jene, die sie im Konzertsaal «vom Blatt hörend» beurteilen.

Die «goldenen zwanziger Jahre», wie sie in der späten Nachkriegs-Prosperität hießen, gingen zu Ende. Franz Schalk lag schwerkrank, an Lungentuberkulose leidend, im Sanatorium. Ein kleiner Kreis von Freunden war an seinem Ruhelager versammelt, um mit ihm über die Zukunft der Staatsoper zu beraten. Er sagte immer wieder: «Gebt mir auf die Philharmoniker acht.» Das war ein Vermächtnis, das er selbst zu allen Zeiten in selbstloser Weise erfüllt hatte. Vielleicht ahnte er, daß das Orchester in Zukunft der objektiven Förderung eines Operndirektors bedürfen könnte. Zu dieser Charge schlug einer der Anwesenden Schalks langjährigen Berufsfreund Bruno Walter vor. – Schalk, mit geschlossenen Augen, murmelte etwas schwer Verständliches; es schien eine Fieberphantasie. Was er flüsterte waren die kaum vernehmbaren Worte: «Fidelio, zweiter Akt, Quartett-Schluß.» Ein Forschender schlug die Stelle auf und fand Leonores Aufschrei, als Pizzaro ihren Gatten ermorden will. Diesen mit ihrem Leib schützend, ruft sie: «Töt erst sein Weib!» Schalk, noch auf seinem Sterbelager zu bitteren Scherzen geneigt, hatte diese seltsame Form gewählt, um Bruno Walter als Nachfolger abzulehnen, weil er vermeiden wollte, daß dessen dominierende Gattin künftig die Operndirektion beherrschen sollte. Am 3. September 1931, auf dem Bergfriedhof am Fusse der Rax, deren balsamische Luft ihn so oft erquickte, wurde Franz Schalk bestattet. Eine Generation von Musikern trauerte im Herzen diesem Humanisten nach, dessen Name seinem sanguinischen Wesen wie auch seinem kaustischen Witz treffend entsprach.

Der in Berlin geborene Bruno Walter war ein «Wahlwiener». Das Wiener philharmonische Publikum bestätigte ihn als solchen, indem es ihm enthusiastische Anhänglichkeit bewies, deren er sich unvermindert durch alle schicksalhaften Wendungen seiner vielbewegten Laufbahn erfreuen durfte.

Seine Lehrzeit stand von Anfang an im Banne Gustav Mahlers und geriet später in die unmittelbare Einflußsphäre anderer großer Zeitgenossen, wie Furtwängler, Weingartner und Klemperer. Als Beteiligter der Salzburger Festspiele (mit Richard Strauss und Max Reinhardt), wurde er zum Fixstern dieser musikalischen Sommerveranstaltungen und erntete dort als Mozartdirigent höchste Anerkennung.

Um so seltsamer mußte es ihm erscheinen, daß er dort plötzlich in den Schatten eines Größeren geriet, wie es durch das Erscheinen Toscaninis bei den Salzburger Opernaufführungen tatsächlich der Fall war. Gegenüber sensationell wirkenden Gastdirigenten ist der permanent Mitwirkende allzuleicht im Nachteil, wenn auch mitunter nur vorübergehend. Bruno Walter war häufiger als andere Prominente in dieser zwiespältigen Lage, die für ihn psychologisch durch die leidenschaftliche Parteinahme seiner großen Anhängergemeinde und insbesondere seiner Familie noch verschärft wurde; denn mit argwöhnischer Wachsamkeit wurde das jeweilige Auf und Ab der Popularität verfolgt, deren Spitze seine Gattin und seine beiden schönen Töchter bildeten. Walter selbst war, seiner poetisch empfindenden Natur nach, zu milder Resignation bereit, womit sich jedoch seine überschwenglich begeisterte Umgebung selten zufriedengab. Ein ganzer Troß schwärmerischer Verehrer, überwiegend weiblichen Geschlechts, heftete sich auch außerhalb seiner Konzerte an seine Fersen. Es gab ein englisches Schwesternpaar, dem es mittels eines Erkundungsdienstes regelmäßig gelang, das ihm benachbarte Coupé im Schlafwagen zu bekommen und, zum Mißvergnügen Walters, ihm schon beim Frühstück im Speisewagen hingebungsvoll zuzulächeln; an den überraschendsten Plätzen begrüßten ihn die entwaffnend strahlenden Mienen der beiden, die noch als Greisinnen am naiv hemmungslosen Popularitätskult Walters teilhatten. Jugendliche, und als solche naturgemäß bevorzugte Schwärmerinnen, wurden von seinem Gefolge zumeist nicht geduldet. So blieb dieser romantisch

Bruno Walter, 1924

veranlagte Künstler in vielfachen Widerstreit verwickelt, der aus dem notorisch indiskreten Theatermilieu in den weiten Kreis seiner Bewunderer überging und für dauernde Unterhaltung sorgte. Walter lebte und musizierte bewußt nach ethischen Prinzipien und hatte auch reichlich Gelegenheit, diese in die Tat umzusetzen. Die weltpolitischen Ereignisse zwangen ihn zur Emigration. Indessen eröffnete sich ihm in Amerika ein weites Wirkungsfeld und gab ihm die Möglichkeit, seine Tonheroen Gustav Mahler und Anton Bruckner mit missionarischem Eifer zu endlicher Anerkennung zu bringen. In der Oper waren es «Fidelio» und «Die Zauberflöte», mit deren Interpretation er Triumphe erzielte; allerdings ging das nicht ohne Leiden ab. Weniger aus Ursachen musikalischer Natur, als an der ihn schockierenden deutschen Aussprache der Dialoge; denn die volkstümliche wie die priesterlich gehobene Redeweise klang im Yankee-Akzent gebürtiger New Yorker für Walters Ohren grausam quälend. Während in Salzburg Toscanini den den Sarastro darstellenden Sänger Alexander Kipnis bat, seine Sprache der folgenden Tonart entsprechend zu modulieren, konnte in New York von solchen Feinheiten nicht die Rede sein. Weit besser gelang die Lösung dieses Problems, als Walter seine eigene englische Version zur Feier von Mozarts 200. Geburtstag in der Met dirigierte.

Am Pult neigte Walter zu impulsiver Gestik, die sich dem Orchester ausdrucksvoll mitteilte, zugleich aber durch ihre Heftigkeit dem rhythmischen Gleichmaß entgegenwirkte, indem nach dem Teilstrich der neue Taktteil oft um einen Bruchteil zu früh eintreten konnte. Solch eine innere Asymmetrie, die in der Oper einer elastischen Begleitung zuliebe notwendig ist, ähnelt im symphonischen Musizieren einem unregelmäßigen Herzschlag, einer Extrasystole. Walters virtuose Stabführung zeigte wechselnde Taktfolgen ebenso deutlich an, wie seine linke Hand die Ausdrucksnüancen markierte. Deutsche Romantik und feinfühlige Ensembleführung machten seine «Oberon»- und «Euryanthe»-Aufführungen vorbildlich. Seine Begeisterung übertrug sich auf Orchester und Publikum, von denen viele in ihm den wegen seiner idealistischen Lauterkeit beliebtesten, wenn nicht den größten lebenden Interpreten sahen. Seine Innigkeit erweckte leicht den Eindruck der Sentimentalität, was Toscanini «Identifizierung mit dem geniessenden Publikum» nannte und was seiner Meinung nach dem kritisch leitenden Kapellmeister nicht angemessen ist. Wenngleich es in Salzburg zwischen Walter und Toscanini eine echte, auf gemeinschaftlichem künstlerischem Wirken gegründete Freundschaft gab, hatte Walter auch hier auf die erwähnte Weise zu leiden. Abgesehen davon, dass man damals Toscanini als dem heroischen Gegner der Diktatoren eine alles überschattende Huldigung entgegenbrachte, musste es Bruno Walter geschehen, daß der unerbittliche Maestro gerade ihn, den milden und liebenswürdigen Kollegen, durch seine verletzende Aufrichtigkeit demütigte.

Es geschah in einer Soloprobe zur «Zauberflöte», bei der die g-Moll-Arie der Pamina mit Klavierbegleitung geprobt werden sollte, der Begleiter aber nicht erschienen war. Walter, in gewohnter Hilfsbereitschaft, setzte sich ans Klavier, offenbar um dem kurzsichtigen Maestro eine Mühe zu ersparen, und begann, die Einleitungsakkorde in der für ihn typischen gefühlsbetonten Weise zu intonieren, die sich hier, traditionell, in einem eher gedehnten Tempo äußerten. Nach einer Weile bemerkte Toscanini, der ja doch der verantwortliche Dirigent dieser Aufführung sein würde, Walters Tempo entspreche nicht der Vorzeichnung durch Mozart. Walter erwiderte in gewohnter Konzilianz, er stimme stets mit Toscaninis Auffassung überein, nur hier sei er ausnahmsweise anderer Auffassung.

Damit war die Geduld des impulsiven Italieners erschöpft, dessen neuralgischer Punkt schon immer die Tempofrage gewesen war, und nun folgte ein Beispiel seiner kompromisslosen Härte. Unpersönlich wie ein Zuchtmeister, der nichts als Disziplin im Sinne hat, antwortete er: «Und ich, mio caro Walter, bin weder hier noch sonstwo in musikalischen Fragen immer *einer* Meinung mit Ihnen!»

Durch Bruno Walters persönliches Leben zog sich eine seltsame, fast mystische Anziehungskraft für kleinere und größere Katastrophen, die sich in auffallender Weise immer wieder an ihm selbst und in seiner Umgebung zutrugen. Neben dem Hitler-Erlebnis, das für ihn mit dem abrupten Polizeiverbot seiner Konzerte im Leipziger Gewandhausorchester einsetzte, war für ihn unter den grossen Katastrophen der plötzliche Verlust seiner Lieblingstochter Grete der schmerzlichste. Sie wurde von ihrem eifersüchtigen Gatten im Doppelselbstmord erschossen.

Als Beispiel für die kleineren Malheure, die er manchmal auf unbegreifliche Weise zu provozieren schien, möge der folgende Zwischenfall dienen: Im September 1936 bot Bruno Walters 60ster Geburtstag eine erwünschte Gelegenheit zu begeisterten Festkommentaren. Unter den zur privaten Feier dieses Anlasses ausgewählten Freunden befand sich u. a. der noch vor kurzem neben seinem großen Bruder Emmanuel als Wunderkind bestaunte Geiger Siegmund Feuermann. Dieser entpuppte sich nun als ein verhängnisvolles Enfant terrible. Er war als solches schon früher einmal in Erscheinung getreten; er hatte sich zu einem besonderen Konzert von dem

Während einer Pause mit Bruno Walter in Max Reinhardts «Fauststadt», Salzburg 1933

Bankdirektor Kux, einem bekannten Wiener Kunstmäzen, dessen kostbare Stradivariusgeige ausgeliehen und sich in der Pause aus Unachtsamkeit auf den Sessel gesetzt, auf dem die Geige lag; sie ging in Splitter. Nun aber in der Absicht, zur Verschönerung von Walters Geburtstag seinen Beitrag zu leisten, nötigte er den offensichtlich widerwilligen Jubilar, ihn auf dem Klavier zu einer Schubertsonatine zu begleiten.

Als dann zur Tafel gebeten wurde und die Champagnerpfropfen knallten, der schäumende Wein in die hierfür aufgedeckten «Flötengläser» perlte, bat er mit schüchtern gewichtiger Stimme um ein größeres Glas, ein Glas, das groß genug sein müsse, um auf den größten Dirigenten anzustoßen. Man lächelte und brachte ihm ein mit Champagner gefülltes Bierglas. Nach einer nicht allzu sicher zusammengefaßten Laudatio erhob er es feierlich zu einem Toast, der in den Worten gipfelte: «... Und so erhebe ich mein Glas auf das Wohl unseres großen Dirigenten ... Arturo Toscanini!» Hinter den hohen Gläsern verschluckte man die allgemeine Verlegenheit, die dem Tolpatsch gar nicht bewußt zu werden schien. Walters Miene, selbst dann liebenswürdig, auch wenn ihm der Sinn nicht danach stand, war bei Feuermanns Entgleisung nur kurz und schmerzhaft zusammengezuckt. Er war einer der wenigen Dirigenten, die ohne weiteres die Qualitäten anderer anerkannten, ohne deshalb für diese immer auch persönliche Sympathie zu empfinden.

Walters früh erreichte Reife ließ ihn, nach seinen eigenen Worten, hinter Mozarts scheinbar spielerischer Grazie den unerbittlichen Ernst und die scharfe Charakteristik erkennen, in welcher ihm Mozart als der Shakespeare der Oper erschien. Er war sich bewußt, im Geiste Sarastros zu wirken. Musik war ihm «das klingende Zeugnis für die göttlich schöpferische Natur des Menschen».

Zu Beginn der 30er Jahre erfolgte der verhängnisvolle Ausbruch einer weltweiten Finanzkatastrophe und damit die allgemeine Weichenstellung auf den Kollisionskurs. Die wachsende Wirtschaftskrise führte zu politischem Radikalismus, der sich im Dritten Reich manifestierte und sich auf verschiedene Weise auch in Österreich fühlbar machte.

Für die notwendig gewordene Budgetreform der Staatstheater war eine Generalintendanz geschaffen und an ihre Spitze der geschäftskundige Franz Schneiderhan berufen worden. Seines Zeichens Hutfabrikant, Leiter eines Betriebes, der allerdings selbst in Schwierigkeiten geraten war. Als Obmann des Wiener Männergesangvereins vermeinte er, fachliche Einsicht in die Opernverhältnisse zu besitzen, die für seine Berufung schließlich auch maßgebend gewesen zu sein scheint. Boshafte Opernauguren designierten bereits für den Fall, daß seine Fähigkeiten nicht ausreichen sollten, den der Oper nahegelegenen größeren Hutmacher und ehemaligen Hoflieferanten Habig als seinen eventuellen Nachfolger.

Direktor Franz Schalk, seit der Direktion Gustav Mahlers dem Haus als Erster Kapellmeister angehörig, hatte Schneiderhahns Fähigkeiten als die eines «General-Dilettanten» bewertet und war von der Direktion zurückgetreten. Die Ankündigung seines Nachfolgers klang allerdings vielversprechend. Kein Geringerer als Wilhelm Furtwängler hatte seine Zusage gegeben und würde mit einer Neueinstudierung von Mozarts «Figaro» und dem «Rheingold» in der Oper seinen Einzug halten. Mit solcher Versicherung schien die Zukunft der Oper in guter Hut – bis zum Tage der Vertragsunterzeichnung, an welchem die Absage Furtwänglers eintraf. Er hatte sich für Berlin entschieden. Furtwängler war, wie viele geniale Naturen, voll Widerspruch, aber auch von dem des «Segens der Widerruflichkeit», wie Hugo von Hofmannsthal es nennt. Von allen den großen Anerkannten des Metiers war er am Dirigentenpult derjenige, dessen Zeichengebung oft unergründlich war, wie er selbst zugab, wenn auch mit esoterischer Begründung. Sein zu Beginn sich zögernd niedersenkender Taktstock gab weder einen Anhaltspunkt für den präzisen Anfang noch den Rhythmus. Das schien ihm der Gefühlsintensität gegenüber, welche er durch den vibrierenden Stab ins Orchester zu projizieren suchte, sekundär. So konnte es geschehen, daß bei seinem Debut in der Mailänder Scala ein Musiker ihm zurief: «Coraggio, Maestro!» «Mut, Maestro!» Diesbezügliche Kritiken oder die Bitten der Musiker um einen klaren Takt empfand er als taktlos. Furtwänglers Stabführung hatte etwas von Mesmerismus an sich, zugleich aber auch eine Ähnlichkeit mit der Funktion einer Wünschelrute, mit welcher er die Ergiebigkeit der Ausdruckskräfte hervorzurufen und zu steigern sich bemühte. Den Vorhalt eines kritischen Beobachters, der meinte, aus Furtwänglers Taktieren keine rhythmische Führung entnehmen zu können, beantwortete der Dirigent empiristisch: «Die Musiker erkennen sie.» Gewiß spielt auch der Standpunkt des Betrachters eine Rolle; der ausführende Musiker war überwiegend auf Einfühlung angewiesen, wofür der Begriff Tele-sensual gelten kann. Weniger okkult, aber verläßlicher ist das Stab-Diagramm eines gleichfalls inspirierten Dirigenten. Sein Scheiden von den Philharmonikern milderte er durch Beibehaltung des Otto Nicolai-Konzertes, das alljährlich zum Gedenken des Begründers abgehalten wird.

In einer Zeitung stand damals zu lesen, daß nunmehr ein gleichwertiger Ersatz für Franz Schalks «intrigierende Persönlichkeit» gefunden werden müsse. (Es hätte natürlich «integrierende Persönlichkeit» lauten sollen.) Schließlich wurde der Frankfurter Operndirektor

Clemens Krauß auf den verwaisten Posten berufen, dem der Wiener Wortwitz prompt das Prädikat «Frankfurtwängler» anhängte.

Clemens Krauß hatte sich schon vorher in seiner Wiener Heimat als Opernkapellmeister bewährt und erfreute sich überdies einer sonderbaren Beigabe zu seinem Charisma; man schrieb ihm zu, daß er in der Aureole habsburgischer Abstammung wandelte, was ihn jener Generation, die noch den Glanz des Kaiserhauses gekannt

Wilhelm Furtwängler

Richard Strauss und Clemens Krauß im Intendanten-Zimmer der Münchner Oper, 1938 (im Hintergrund Bildnis Kaiser Maximilians I.)

hatte, besonders sympathisch machte. Eine zielbewußte Regie stellte ein Doppelporträt der frappant ähnlichen Profile des Kaisers Maximilian I. und des Operndirektors Clemens Krauß in das Schaufenster eines Luxusladens, wie um dem Gerücht einen realen Hintergrund zu geben. Für genealogische Zweifler war die Hoftheatervergangenheit seiner schönen Mutter Clementine Krauß vielleicht noch überzeugender, denn als Hofopern-Ballerina gehörte sie dem Freundeskreis des Kronprinzen Rudolf an und war Favoritin der Brüder Hektor und Aristides Baltazzi, worüber der Wiener Witz den frivolen Reim machte, «Baltazzi der eine, bald-hat-sie der andere». Krauß selbst scherzte gelegentlich über seine früheste Theater-Abkunft mit dem Treppenwitz, daß er schon in der Oper zum hochgelegenen Ballettsaal auf und ab spazierte, ehe er noch geboren war. Ein tragischer Ton in dieser munteren Fama lag darin, daß die griechischen Brüder Baltazzi die Onkel der Maria Vetsera waren, die gemeinsam mit dem

Kronprinzen in den Tod ging (Vetsera heißt zu deutsch «Abend») – mit diesem Tod begann die Dämmerung der Habsburger Dynastie. So hat Clemens Krauß' unzeitgemäßer Tod in Mexiko 1954 einen seltsam mystischen Gleichklang mit dem habsburgischen Schicksal des Erzherzogs Maximilian, das ebenfalls dort sein Ende fand. Die illusionsbegabte Wiener Theaterwelt gestaltete die Legende noch weiter aus, indem sie die hochgewachsene Erscheinung des neuen Operndirektors mit dem populären Erzherzog Eugen in Zusammenhang brachte, dem Krauß ähnelte, wenn er mit läßig getragener Mantille und Toreador-Haartracht über die Ringstraße zur Oper wandelte. Am Dirigentenpult war es seine nonchalante Überlegenheit, mit der er die Strauss-Partituren zum Klingen brachte, wobei ihm Dr. Lothar Wallerstein als Regisseur effektvoll assistierte.

Wallerstein scheint im Rückblick als ein Vorläufer kommender schöpferisch produzierender Ausstattungskünstler, wie es – noch origineller – die Enkel Richard Wagners in Bayreuth wurden. Die majestätische Tanne, unter welcher die Wotanstochter in Schlaf versinkt, ersetzte er durch eine Zwergkiefer, mit dem botanischen Hinweis, in solcher Höhe verhindere die Baumgrenze den Wuchs großer Bäume. Weniger wissenschaftlich begründet war der Ersatz für den Grashügel in den «Meistersingern» durch ein zweirädriges Triumphwägelchen, auf dem der Sänger, umringt von einem Tribunal gleichförmig schwarz kostümierter Meister, um seine prekäre Balance bangen mußte.

Der Fortschritt, die «Neue Wiener Schule», hielt ihren Einzug mit einer vortrefflichen Einstudierung von Alban Bergs «Wozzek». Die folgende Beobachtung klingt wie erfunden, aber die Wirklichkeit ist oft prägnanter als die Phantasie: wir beobachteten aus dem Orchester einen alten Opern-Habitué, der, stets in der vordersten Reihe sitzend, doppelt aufmerksam mit Opernglas und altmodischer Hörtrompete ausgerüstet, bei den Premieren erschien. Sogleich zu Beginn des «Wozzek» schüttelte er mißbilligend den Kopf und seinen Hörapparat, blies in diesen hinein, wie um einen störenden Fremdkörper zu entfernen, gab es aber bald auf, als er begriff, daß wir im Orchester diese Töne erzeugten. Ein Orchestermusiker ist in der Lage, dazu zu berichten, daß ein atonaler oder serieller Komponist nie den Kopf schüttelte, wenn wir Bläser durch irrtümliche Vorzeichen oder Schlüssel ganze Perioden falsch transponierten. Bei vermeintlichen Druckfehlern lautete damals die Faustregel: «Wenn's falsch klingt, ist's richtig.» Schönberg sagte einmal zu einem Studenten: «Wenn Ihnen meine Musik gefällt, dann haben Sie sie nicht verstanden!» Die modische Toleranz atonaler Geräuschproduktionen ist vielleicht auch so zu erklären, wie es Baudelaire von idiotischen Büchern sagt, «daß auf einer gewissen Höhe des Geistes das Lesen solcher Literatur ein sublimer Genuß sein kann». Mit der Abschaffung harmonischer Funktionen resultiert Kadenzlosigkeit und Entropie im musikalischen Spannungsfeld. Toscanini, befragt, warum er solche Musik nicht aufführe, erwiderte, er wolle nur Musik dirigieren, die er im Gehör behalten könne, da alle Musik sich aus dem Gesanglichen herleite und nur so interpretiert werden könne; dieses Prinzip bedeute einen unüberbrückbaren Gegensatz zur atonalen Richtung.

Dem neuen Publikumsliebling Krauß ging jeder Wunsch in Erfüllung. Alexander Wunderer, mein Vorgänger im Amt, der für die Nachfolge Furtwänglers zu sorgen hatte, tat es mit den Worten: «Setzen wir unseren jungen Direktor in den Sattel!» Reiter und Pferde blieben allerdings nicht immer in ungetrübtem Kontakt miteinander. Überdies zeigten sich die Symptome der Wirtschaftskrise im ständig abnehmenden Besuch der Konzerte, den auch eine kluge Taktik der Repertoiregestaltung nicht zu steigern vermochte. Ein erprobtes Mittel, das Interesse des Publikums durch Gastdirigenten wachzuhalten, sagte dem Operndirektor nicht zu; mit dem Angebot, den größeren Teil unserer Konzerte zu dirigieren, wollte er sich nicht zufriedengeben, und seine Parole war: «Alles oder Nichts.» Das unvermeidliche Resultat dieser Stellungnahme war «Nichts».

So einfach die einvernehmliche Anwerbung eines gemeinsamen Dirigenten durch Oper und Orchester erscheint, so schwierig gestaltet sich eine reibungslose Arbeit, wenn der Operndirektor durch selbstherrliche Ansprüche die Wahl aller anderen Dirigenten verhindert. Die völlige Selbstbestimmung des Orchesters außerhalb der Hofoper als «Verein der Wiener Philharmoniker» ist insofern ein anachronistisches Kuriosum, als diese Künstlerrepublik in der Epoche der absoluten Monarchie gegründet und gefördert wurde. In ihrer Selbstverwaltung ist sie mit keinem anderen Orchester von internationaler Bedeutung vergleichbar. Die Wahl ihres Obmanns geschieht in der demokratischen Form geheimer Abstimmung.

Weniger bekannt als die Namen der hochgemuten Gründer der Philharmonischen Konzerte, zu denen auch der Dichter Lenau gehörte, ist die mystisch anmutende Gaststätte «Zum Amor» in der Singerstraße, wo ihre eigentliche Geschichte begann. Früher schon war Salieri im benachbarten Domkapitel St. Stefan zum Leiter einer Singschule ernannt worden und, noch weiter zurückgehend, bestand dort der Orden der «Singenden Nicolai-Brüderschaft». Diese Brüderschaft schien, nach der Art indischer Mantik, die Eigenart zu haben, das Welt- und Lebensbild ihrer Namensträger nach dem Wesen der Musik zu formen. Die Straße, wo alle diese Sänger zu hören waren, hieß schon im Mittelalter Singerstraße.

Der Pfeil «Amors» aus diesem Stadtwinkel war es, der in das Herz Otto Nicolais traf und ihn zur Schaffung des Vereins der Wiener Philharmoniker anregte. Der populäre Komponist der «Lustigen Weiber von Windsor» war, vor seiner Berufung an das Wiener Kärntnertor-Theater, Cavaliere di Musica am Vatikan gewesen, wo er Einblick in die eigenartige Aufführungspraxis der Sixtinischen Kapellsänger erhielt und dort die Idee der Organisation philharmonischer Konzerte empfing. Innerhalb der hierarchischen Ordnung genossen die Sixtinischen Sänger eine erstaunliche Autonomie, indem sie aus ihren Reihen selbst den berufensten Leiter erwählten. Seine Funktion gestaltete sich in der Weise, die den Anforderungen des unbegleiteten Singens am besten entsprach; er las, sang und dirigierte aus einem großgedruckten Messbuch, so daß ihm die anderen Sänger, mitlesend, visuell und akustisch folgen konnten. Die selbstbestimmende Wahl ihres Sängerführers war die große Neuerung, die Nicolai den Hofmusikern des Wiener Theaters vorschlug und die den Philharmonikern ein bis dahin unbekanntes Monopol sicherte.

Die habsburgischen Herrscher waren selbst vielfach passionierte Kammermusiker und sogar Amateur-Komponisten, die Einsicht in die Organisation musikalischer Veranstaltungen hatten. Johann Joseph Fux sagte seinem Souverän Karl VI., dem Vater Maria Theresias, nach einem Konzert, bei dem er mitgewirkt hatte: «Majestät würden als Pianist eine auskömmliche Karriere gemacht haben», worauf der Monarch erwiderte: «Ich hab's so auch ganz gut.» (Für einen spanischen Granden eine durchaus wienerisch klingende Antwort.)

Später dann, unter Ferdinand dem Gütigen, der dieses Prädikat seinem milden Schwachsinn verdankte und deshalb im Volksmund «Gütinand, der Fertige» hieß, ereignete sich der Glücksfall, daß Otto Nicolai als Kapellmeister an die Wiener Oper berufen wurde. Er kam aus Italien, wo er an der Mailänder Scala mit seinem «Templar» einen Premierenerfolg erzielt hatte. Der Impresario Bartolomeo Merelli hatte den jungen Verdi überredet, das von Nicolai zurückgewiesene Opernlibretto «Nabucco» zu komponieren. Mit diesem «Nabucco» wurde Verdi über die Grenzen Italiens hinaus berühmt und kam 1842 nach Wien, wo Nicolai seine Ideen als Komponist und Gründer eben verwirklichte. Im selben Jahre wurde in Salzburg Mozarts Denkmal errichtet. Bei der Grundaushebung fand man eine Steintafel mit der Inschrift «Hier wohnt das Glück». Jede spätere Wegstation der Philharmoniker wurde, in immer größerem Ausmaß gefeiert; so das 125jährige Bestehen im Jahre 1967, dem sich als geistesverwandte Feste 1969 das Jubiläum der Wiener Oper und 1970 das 100jährige Bestehen des Musikvereinssaales, der Heimstätte der Philharmoniker, anschloß, sodann 1972 das 50jährige Bestehen der Salzburger Festspiele, an denen die Philharmoniker ununterbrochen teilgenommen hatten.

Als ich, entgegen der hegemonistischen Auffassung unseres Direktors Clemens Krauß, die Einladung von Gastdirigenten befürwortet hatte, wurde ein neuer Vorstand gewählt; mein Argument lautete, daß es wünschenswert wäre, in Zeiten wirtschaftlicher Krise bedeutende und zugkräftige Kapellmeister-Stars für die philharmonischen Konzerte zu gewinnen. Bei der Neuwahl wurde ich, obgleich damals das jüngste Komiteemitglied, als Wortführer der bisherigen Opposition zum Vorstand gewählt.

Der verstimmte Direktor gab das letzte Konzert des laufenden Zyklus ab. Dieses übernahm der junge Grazer Dr. Karl Böhm; nach seinem fulminanten Wiener «Tristan»-Debut sollte es für ihn der Beginn seiner großen Karriere werden.

Das war im Jahre 1933, dem Jahr so vieler unerwarteter Ereignisse, die bald sensationellen, bald tragischen Charakter trugen. Für uns Philharmoniker zeichnete sich die neue Lage in Deutschland mit

Adolf Hitler an der Spitze erstmals dadurch ab, daß Bruno Walter seine Tätigkeit in Leipzig aufgeben mußte und nach Wien kam, um als Dirigent und Pianist mit den Philharmonikern zu konzertieren. Als Pianist debütierte er mit dem d-Moll Konzert von Mozart.

Unter der Bedingung der Wiederherstellung des Status quo war Clemens Krauß bereit, eine längst geplante Italien-Tournee mit uns zu unternehmen. Die Reise führte zuerst nach Rom, wo wir im Vatikan vor Papst Pius XI. ein Konzert gaben. Daß wir alle den Tag als denkwürdig empfanden, versteht sich von selbst. Vor dem Konzert wurden wir von unserem geistlichen Cicerone zu einer «Stillen Messe» geleitet, der wir alle, ohne Unterschied der Konfession, beiwohnten. Danach ging es über die Büßerstiege zur Sala dei Consistorii in St. Peter, wo unsere Pulte aufgestellt waren und wir vor ihnen Platz nahmen. Unter den wenigen Gästen, die anwesend waren, befand sich Monsignore Pacelli, der nachmalige Papst Pius XII. Mit einem Neigen des Hauptes deutete der Heilige Vater an, daß unser Konzert seinen Anfang nehmen könne. Wir spielten Franz Schuberts «Unvollendete» und den «Donau-Walzer» von Johann Strauß. Unser Spiel bereitete dem Oberhaupt der katholischen Kirche sichtlich Vergnügen, denn die rhythmischen Stellen veranlaßten den Heiligen Vater immer wieder, ihnen mit leicht wiegenden Kopfbewegungen zu folgen. Am Schluß dankte er in deutscher Sprache und ließ uns einen Kreis um ihn bilden, damit er jedes einzelne Instrument segnen und seinem Besitzer den Fischerring zum Kuß anbieten könne. Vorher schon war die Weisung erteilt worden, auf den Plätzen zu bleiben, bis zum Zeichen des offiziellen Endes.

Während des Rundganges kam der Nachfolger Petri auch zu unserem Äquator-Täufling, der für seine originellen Einfälle bekannt war. Dieser verblieb jetzt nicht in der Reihe, sondern verließ den Kreis, sobald er die Segnung empfangen und den Ring geküßt hatte. Er schien im Dämmerdunkel der wandgroßen Gemälde zu verschwinden. Als die Zeremonie beendet war, wurden wir in die vatikanischen Gärten geführt, wo wir auch photographiert wurden, und siehe da, im Zentrum einer Gruppe stand unser Exzentriker. Ich fragte, wie er sich fühle, da ich annahm, daß ein plötzliches Unwohlsein ihn genötigt habe, die päpstliche Zeremonie zu verlassen. Munter und zufrieden erklärte er, es habe ihm nichts gefehlt bis auf den heißen Wunsch, noch ein zweites Mal der Segnung teilhaftig zu werden, weshalb er sich am Ende der Riege wieder einstellte und so nochmals zu Segnung und Handkuß gekommen war.

Den Abschluß der Reise bildete ein Konzert in der Mailänder Scala, dem Hause herrlicher Akustik und Pracht, das aus der Zeit von Maria Theresias Regierung stammt. Mich erfüllte ein heimliches Bangen bei dem Gedanken, daß hier Toscanini vielleicht zuhören könnte, um über meine Einladung zu entscheiden, die er bisher nicht beantwortet hatte. Nichtbeantwortung schien gleichbedeutend mit Ablehnung, weshalb ich den Plan für mich behalten hatte, um eine Enttäuschung durch voreilige Bekanntgabe zu vermeiden. Ich konnte ihn aber nicht erspähen, ebenso wenig wie alle andern Philharmoniker. Ich hatte dem legendären Maestro Vorschläge gemacht, wie sie von einem Impresario kaum so professionell-musikalisch gemacht werden, die mir aber geeignet erschienen, von ihm erwogen zu werden. Ich kehrte die handwerksmäßige Basis hervor, die seiner Eigenart am besten entsprach. Hier in Mailand blieb jedes Zeichen von ihm aus. Einstweilen aber war unser Herbstzyklus lange vor Beginn bereits ausverkauft. Nach den bevorstehenden Sommerferien und den Salzburger Festspielen begann eine Ära, die in ihrer Bedeutung auch von den Initiatoren kaum erkannt wurde. Außer politischen Gerüchten von jenseits der nahen Grenze des Dritten Reiches schien Österreichs Atmosphäre gefeit gegen die Sturmflut des politischen Radikalismus.

In diese politische Zwielichtperiode der österreichischen Geschichte fällt das Wirken Otto Klemperers, einer faszinierenden Persönlichkeit im Reigen der großen Dirigenten. Im Gedächtnis seiner Mitwirkenden lebt neben der andauernden Bewunderung für seine ungewöhnliche Orchesterbeherrschung ein Charakterzug fort, den man schwerlich anders als eine Affinität zu unerwarteten Zwischenfällen bezeichnen kann. Schon bei seinem Debut bei den Wiener Philharmonischen Konzerten ereignete sich eine solche Episode. Kurz vor Beginn der ersten Probe richtete das Orchester der «Wiener Symphoniker» an uns das Ersuchen, anstelle der Symphonie von Anton Bruckner eine andere zu spielen, da sie die 8. längst auf ihrem Programm stehen hatten und unsere Aufführung die ihre durch einen verminderten Besuch beeinträchtigen könnte. Wir waren selbstverständlich gewillt, diesem Wunsche Rechnung zu tragen, und holten hiezu Klemperers Zustimmung ein. Gleichmütig fragte er, welche der anderen Symphonien erwünscht wäre, worauf wir Bruckners 5. vorschlugen. Vorsorglich war deren Notenmaterial bereits aufgelegt worden. «Dann proben wir also die Fünfte», sagte er und gab das Zeichen zum Beginn, ohne die Gedächtnishilfe der Partitur nötig zu haben.

Damals, im Frühjahr 1933, kannten wir die fulminanten Fähigkeiten Toscaninis oder De Sabatas noch nicht aus eigener Erfahrung, und so beeindruckte uns Klemperers Gedächtnispräsenz außerordentlich. In mächtigen Bewegungen führte er das Orchester wie auf Adlerschwingen in die ekstatischen Gefühlssphären des österreichischen «Musikanten Gottes». Nach diesem Konzert wurde er mit der

Otto Klemperer und Hugo Burghauser, Salzburg 1933

Eröffnung des Philharmonischen Zyklus im Herbst 1933 betraut. Als Programm wählte er Beethovens «Eroica» und Johann Sebastian Bachs Kantate «Ich hatte viel Bekümmernis». Wie prophetisch der Titel dieses mächtigen Vokalwerkes war, konnte niemand ahnen. Wie Bachs Kantate war auch der ungewöhnlich frühe Septembertermin ein Wagnis, der wegen Klemperers Amerika-Engagement festgesetzt werden mußte. Indessen gab es für die neue philharmonische Ära Grund zum Optimismus, weil das Abonnement, seit Jahren endlich wieder, ausverkauft war.

In der sommerlichen Zwischenzeit dirigierte Klemperer in Salzburg Bruckners 8., in deren Fermaten und Koronen, ganz im Sinne Bruckners, die hallenden Obertöne dem Echo kirchlichen Orgelspiels glichen. Das Bibelwort: «Wer hat, dem wird gegeben», schien sich zu erfüllen. Zu allen günstigen Auspizien für die neue Saison traf wie aus einem musikalischen Jenseits in unser prosperierendes Diesseits die Zusage Toscaninis ein, im Herbst die Wiener Philharmoniker erstmals zu leiten.

Um diese Zeit erfolgte die Ankündigung des Wiener Eucharistischen Kongresses, aus welchem Anlaß die Wiener Philharmoniker ein Geistliches Konzert veranstalten wollten. Dessen Aufführung sollte dem 1. Philharmonischen vorangehen. Klemperer erschien uns, auch wegen seines rigoros praktizierten Katholizismus, als der berufene Leiter.

Seit der kürzlich erfolgten Etablierung des Dritten Reiches hatte er keinen festen Wohnsitz mehr, und es erforderte einige Nachforschung, ihn zu finden, bis er – und zwar im Vatikan – aufgefunden werden konnte. Von dort erhielten wir seine bereitwillige Zusage zugleich mit dem Programm. Palestrinas «Missa Iste Confessor», ein vierstimmiges Vokalwerk aus Motiven des gregorianischen Chorals kontrapunktisch gearbeitet, eine geistige Interpretation des gregorianischen Hymnus. Als zweiten Teil wählte er Anton Bruckners Unvollendete 9. Symphonie, «Dem Lieben Gott gewidmet». Zu dieser geistlichen Feier hatte der hohe Klerus mit dem Kardinal Dr. Theodor Innitzer an der Spitze sein Erscheinen zugesagt.

In die zuversichtliche Stimmung, inmitten einer milden Herbstatmosphäre, schlug wie ein Bannstrahl die Hiobsbotschaft aus dem Erzbischöflichen Palais ein, wonach Klemperer zur «Persona non grata» erklärt und damit der Besuch des Kardinals hinfällig wurde. Angesichts dieses Fiaskos blieb seltsamerweise Klemperer als einziger des Enderfolges sicher. Er behauptete, eventuelle Anschuldigungen entkräften zu können, sofern er Seiner Eminenz in einer Audienz Aufklärung geben dürfe. Ein Termin für eine solche Audienz war im Augenblick jedoch nicht verfügbar, da jede Minute für die Abhaltung der großen Kirchentagung benötigt wurde.

In dieser ausweglosen Lage betrat die Szene ein veritabler Deus ex machina in der Gestalt eines musikliebenden Bankdirektors, der als solcher auch der Finanzverwalter der katholischen Diözese war und daher jederzeit Zutritt im erzbischöflichen Palais hatte. Er bot sich als Helfer und Vermittler an, zumal ihm die Hintergründe des Verdiktes bekannt waren, wonach Klemperer beschuldigt wurde, einen öffentlichen Skandal «in fernem Lande» während einer Lohengrin-Vorstellung verursacht zu haben. Der gekränkte Ehegatte der berühmten Sängerin Elisabeth Schumann hatte nämlich den Ehestörenfried am Dirigentenpult mit einer Peitsche traktiert; der Kapellmeister und seine «Elsa» hatten noch in derselben Nacht die ungastlich gewordene Stadt Hamburg verlassen. Der Anzeiger der Affäre dürfte ein eifriger Kollege gewesen sein, der vielleicht unseren Dirigentenstar ausstechen wollte. Der Heckenschütze hatte jedenfalls ins Schwarze des «schwarzen» Zentrums getroffen.

Klemperer stellte den Vorfall nicht in Abrede, blieb aber bei seiner Behauptung, alles bereinigen zu können. Unser wie von Gott gesandter Mann machte sich erbötig, die Audienz zu ermöglichen, und er erklärte sich aus Begeisterung für unsere Mission bereit, die diplomatische Demarche bei Seiner Eminenz einzuleiten.

Unser ungläubiges Staunen verwandelte sich in Zuversicht, als er – nach Wiener Gepflogenheit – sogleich ein Rendezvous im Opern-Café zum Zwecke genauer Beratung vorschlug. Die Sitzung war kurz, und unser diplomatischer Wundermann rief: «Ober, zahlen!»

Während der Pause des Wartens, bis der Kellner sich herbeiließ die Zeche zu kassieren, schien Klemperer dennoch in unsichere Gedanken versunken. Als Neuling wußte er noch nicht, was in Wien alles möglich ist. Sinnend betrachtete er den unscheinbaren Mann im Gehrock mit schwarzer Krawatte, der, die Hände mönchisch gefaltet, dastand; eine Art geistlicher Mimikry, die ihm bereits den

Spitznamen «Monsignore» eingetragen hatte. Übrigens hieß er Spitzer. Im Knopfloch seines Bratenrocks trug er das rotweißrote Ordensband, das Abzeichen der patriotischen «Vaterländischen Front», die in Österreich zur Bekämpfung des drohenden Nazismus gegründet worden war. Klemperer fragte, was das Abzeichen bedeute und erhielt die muntere Antwort: «Das hier, das ist ‹Pour les Sémites›.» Der Witz war bezeichnend für den Galgenhumor, mit dem die politisch Gefährdeten jener Zeit auf Hitlers Verfolgungen reagierten. Die skurrile Erwiderung mochte in Klemperers Innerem eine Saite zum Klingen gebracht haben.

«Stante pede», wie man in Wien sagt, ging das Paar selbander ins Erzbischöfliche Palais, zum nahen Stephansplatz. Dort öffneten sich dem ortsbekannten Verwalter die Portale und im Handumdrehen einige Türklinken, und die beiden standen vor dem Kirchenfürsten, dem Direktor Spitzer seinen Schützling vorstellte.

Der leutselige Priester hörte Klemperers mit überzeugender Beredsamkeit vorgetragenen Erklärung wohlwollend zu, wonach der Skandal sich lange vor seinem Übertritt zum katholischen Glauben zugetragen habe; mit den heiligen Sakramenten sei ihm die Absolution erteilt worden, so daß er hinfort im Stande kirchlicher Unschuld wandle. Der Erzbischof akzeptierte gnädig lächelnd diese Erklärung und versicherte seinem Bruder in Christo, daß er gerne der Feier des geistlichen Konzertes beiwohnen werde. Klemperer aber ließ es sich nicht nehmen, ihm den Klavierauszug seiner Oper «Der verlorene Sohn» zu widmen, was der Kardinal huldvoll annahm.

Jetzt waren die günstigen Voraussetzungen unserer Feier wiederhergestellt. Der harmonischen Lösung entsprach dann auch der Erfolg des großartigen Konzertes. Die erste Hürde war genommen. Nun stand die Bach-Kantate der «vielen Bekümmernis» bevor; wiederum trieb der verhängnisvolle Stern Klemperers sein Unwesen. Zunächst versagte der Staatsopernchor, der eben erst die vierstimmige Palestrina-Messe so vorzüglich gesungen hatte, seine Mitwirkung; die Chorvereinigung, deren Konzerte der Operndirektor leitete, fand es unzuläßig, nach dem erfolgten Ausscheiden ihres Direktors Clemens Krauß aus den Philharmonischen Konzerten bei uns zu singen. Statt dessen sang der tüchtige Chor der Lehrervereinigung, von dessen Mitwirkung schon der Konzertmeister Hellmesberger gesagt hatte: «Ich hab' den Saal schon voller und leerer gesehen, aber noch nie so voller Lehrer.» Alle zusätzlich benötigten Oboisten und Solisten der Staatsoper sagten zu. – Da entdeckten wir plötzlich, daß der für unser Konzert in Aussicht genommene Große Musikvereinssaal zum Wochenende an die orthodoxe Judengemeinde als Bethaus für ihre Neujahrsfeier vermietet war. Nicht einmal Klemperer hatte dieses hinderliche Datum erkannt, wiewohl er aus den Tagen seines Väterglaubens davon hätte wissen müssen. Wegen seiner unaufschiebbaren Amerika-Reise blieb nun als einzige Lösung übrig, die öffentliche Generalprobe auf Sonntagmittag zu verlegen und das Konzert am darauffolgenden Montagabend abzuhalten. Dies erforderte das freundliche Einvernehmen des Operndirektors, der, um das Konzert zu ermöglichen, die hiefür geeignetste Oper, «Ariadne», ansetzte. Nach der erfolgreichen Sonntags-Generalprobe sagte jedoch der Tenor für das Montagskonzert ab, weil er die Partie des Tanzmeisters in der «Ariadne» zu singen habe. Ein Ersatz für ihn in der Kantate war unmöglich geworden. Nur eine Unterredung mit dem dirigierenden Direktor konnte vielleicht, durch Besetzungswechsel der Tenorrolle, eine Lösung herbeiführen. Das aber war eine Aufgabe, die auf mich, den Vorstand des Orchesters, wartete.

Clemens Krauß beantwortete meine Erörterung der Lage im Tonfalle ironischer Höflichkeit und sagte, er verwalte seine Opern-Agenden wie ich meine philharmonischen, in welche dreinzureden er sich enthalte, wie er das auch von mir für seinen Bereich erwarte. In diese hoffnungslose Klemme gedrängt, versuchte ich, den Gleichmut des mir zigarrenrauchend Gegenübersitzenden dadurch zu erschüttern, daß ich ihm ausmalte, wie sich die Situation nun in wenigen Stunden im Konzertsaal abspielen müsse. Dem Publikum würde mitgeteilt, das Konzert sei wegen Verhinderung des Opern-Tenors Zimmermann unmöglich geworden, und man solle sich sein Geld an der Abendkasse zurückgeben lassen. Jetzt endlich brach die schalkhafte Konzilianz des typischen Wieners durch; lachend bewilligte Krauß uns den Tenor, für den der stets bewährte Georg Maikl die Rolle des Tanzmeisters übernahm.

Klemperers Dämon hatte uns durch ein richtiges Fegefeuer gejagt. Gleichwohl, Bachs «Bekümmernis» und Beethovens «Eroica» waren alle Mühsal mit unserem neuen Star wert gewesen, dessen Einreihung in die Elite philharmonischer Dirigenten die Volkesstimme in jenem ersten Abonnement-Konzert beglaubigte.

Von Klemperer sagte sein bedeutender Kollege Sir Thomas Beecham, er sei der beste Interpret später Beethoven-Werke, weil auch er tontaub sei, und er meinte damit seine gelegentliche Indifferenz dem Orchesterkolorit gegenüber. Sowohl Beecham als auch Klemperer saß ein mephistophelischer Schalk im Nacken, der ihnen sarkastische Aussprüche einblies. Bekannt ist Klemperers Urteil über Georg Szells Auffassung von Debussys «La mer»: «Szell am See» (eine Anspielung auf den populären österreichischen Erholungsort Zell am See).

Am treffendsten charakterisierte Wieland Wagner die Persönlichkeit Klemperers: «Klassisches Griechenland, jüdische Tradition, mittelalterliches Christentum, deutsche Romantik, Realismus unserer eigenen Zeit machen Otto Klemperer, den Dirigenten, zu einem künstlerischen Phänomen.»

DER MAESTRO IN WIEN UND IN SALZBURG

An einem klaren Herbstmorgen des Jahres 1933 traf Toscanini, aus Paris kommend, in Wien ein. Er hatte im Schlafwagen eine «notte miserabile» verbracht und wünschte daher die für Vormittag angesetzte Probe zu verschieben.

Ich versuchte ihm klarzumachen, daß der Ausfall der ersten Probe in der Presse Anlaß zu falschen Gerüchten über ausgebrochene Unstimmigkeiten geben könnte. Wir standen im Foyer des Hotel Bristol, und er zauste nervös an seinem Schnurrbart. Das war ein Symptom seines aufsteigenden Unwillens. Schließlich willigte er ein, bald zur Probe in den Musikvereinssaal zu kommen.

Eine Stunde später erschien die chaplineske Figur vor dem Dirigentenpult. Dieses erwies sich allerdings als überflüssig, da er offenbar gewohnt war, das Orchester ohne Partitur einzustudieren und auch so zu dirigieren. Der erste Eindruck des Maestro war der eines zur Person gewordenen Kategorischen Imperativs. Er betrat das Podium im Berufshabit seines schwarzen Lüstersakkos, dessen hochgeschlossener weißgesäumter Kragen an einen Priesterrock gemahnte, den Taktstock bereits in der Hand; er trug ihn wie einen Marschallstab. Nach kurzer Begrüßung begann er mit dem «Meistersinger»-Vorspiel, das er unserem ersten Programmvorschlag hinzugefügt hatte.

Mit dem ersten Takt war die Vielfalt des Orchesters wie ein elektrisches Stromnetz in sein Zeitmaß eingeschaltet. Wir waren überzeugt, daß unsere Spielweise dieses Stückes sich mit seinen Vorstellungen decken würde. Allein, weit gefehlt. Vom Beginn des lyrischen Teiles an war ihm nichts mehr recht: alles zu massiv gespielt; die Gesangslinie von Nebenstimmen überwuchert, zu wenig «cantare»; die Marschepisode der Holzbläser «in modo scholastico» war nicht genug pointiert, wie es durch stärker charakterisierendes Staccato zu erzielen wäre, und für den Schluß wünschte er anstelle des üblichen pomphaften Ausklangs ein nur wenig verbreitertes Marschtempo. Die große Geigenpassage sollte statt mit kurzen, mit vollen Bogenstrichen appassionato gespielt werden. Es war die kürzeste Nummer des Programms, und ihr Studium dauerte den ganzen

Vormittag. Wie erst würde sich das Studium der Symphonien gestalten. Wir sahen der nächsten Probe mit Spannung entgegen.

In jenen Tagen feierten wir den siebzigsten Geburtstag unseres Konzertmeisters und philharmonischen Patriarchen Arnold Rosé, der über ein halbes Jahrhundert mit seinem Quartett das Ansehen der Wiener Philharmoniker erfolgreich vermehrt hatte. Die beiden Nestoren umarmten einander wie alte Freunde.

Jetzt stand die Bewährung mit Beethovens 7. Symphonie bevor. Den ersten Satz dirigierte Toscanini ohne Unterbrechung, vergleichbar einem Proberitt auf einem Vollblutpferd. Danach wurde der Satz «durchleuchtet»: das heißt einzelne Gruppen wurden in seinen Nuancen probiert, wobei er selbst, mit heiserer Stimme singend, die fehlenden Instrumente ersetzte und so den Pausierenden deren Vortrag verdeutlichte. Diese Detailarbeit wurde in genauem Tempo ausgeführt und im folgenden Zusammenspiel aller nahtlos ineinandergefügt. Dabei lernten wir seine Überleitungen kennen, die trotz kleinster Tempoabwandlungen gleichwohl innerhalb des festen Grundtempos deutlicher kontrastierten, als es bei romantisierender Interpretation der Fall ist. Dort ist bei öfterer Agogik der rhythmische Verlauf ungleich und die Wahrnehmung vereinzelter Übergangstempi abgeschwächt.

Das also war Toscaninis Tempo-Ökonomie, die von einer gegensätzlichen Geschmacksrichtung als «metronimisiert» bezeichnet wurde. Orchestermusiker finden sparsame Dosierung sowohl von Zeitmaß wie von Dynamik in klassischen Sätzen, ja selbst in romantischer Musik (welche durch verhaltenes Gefühl an Ausdruck eher gewinnt), stilvoller als rhapsodisch bewegte Tempi. Nun kannten wir den Kunst- und Geschmackskanon des Italieners Toscanini, dessen Kontrast zur traditionellen Wiener Gefühlsbetonung uns lebhaft bewußt wurde. Gesanglichkeit, «cantare», war Toscaninis oberste Forderung, neben den selbstverständlichen Disziplinen von «intonazione» und von «insieme», d. h. makellosem Unisono, das Übereinstimmung in jedem Sinne bedeutet. Es steht anstelle des subjektiven Freistils, den übrigens auch unser großer Orchestererzieher Franz Schalk mit «zuviel Pedal» zu ironisieren pflegte.

Die erste Begegnung zwischen Orchester und Dirigenten gleicht einem gegenseitigen Rigorosum. «Einer gegen Viele» verwandelt sich

Arturo Toscanini während einer Probe in Wien

im positiven Fall in «Alle für den Einen». Im negativen Fall ist das Resultat auf Seiten des Orchesters zumeist gelangweilte Teilnahmslosigkeit. Diese wird vor allem durch lehrhafte Reden hervorgerufen und von Kapellmeistern kultiviert, die ihre eigene Unsicherheit hinter wortreichem Tiefsinn zu verbergen suchen. Vielleicht ist das eine unbewußte Selbstenthüllung, eine musikalische Variante des von Karl Kraus geprägten Urteils über die Psychoanalyse, von der er sagte, sie wäre eine Krankheit, die sich als ihre Therapie ausgibt.

Zu Beginn des zweiten Satzes erfuhren wir die eigentümlich inspirierende Fähigkeit Toscaninis, durch eine beschwörende Anrufung eine profunde Wirkung zu erzielen. Nach dem ersten Akkord ließ er die Hände sinken, richtete den Blick auf die Orgelempore wie zum dort versammelten Olymp und rief, die Hände an die Brust pressend: «Signori, BEETHOVEN!» Der beschwörende Appell hatte einen orchestralen Ausdruck zur Folge, wie er im «Fidelio» beheimatet ist.

Toscaninis Anleitung war zuweilen scharf zurechtweisend, wenn er etwa einer einen Augenblick von seiner Führung abweichenden Gruppe zurief: «Anarchisti!», oft aber nur mahnend sagte: «Ma, e vostra musica», es ist doch *eure* Musik, die ihr da spielt. Mit der Befolgung dieser Erkenntnis fühlte er sich verstanden.

Seine Dirigiertechnik war unkonventionell, außerhalb des geometrischen Schemas, gleichwohl aber eindeutig klar und rhythmisch, allerdings von einer zusätzlichen Besonderheit, die auf einer Allgegenwart des Gedächtnisses und Gehörs beruhte, wie sie selten ist und noch seltener produktiv angewendet wird.

Im Gegensatz zur Probenarbeit, war in der Aufführung selbst Toscaninis Zeichengebung sehr zurückhaltend, zugleich aber von umsichtiger Führung, indem er sowohl Einzelstimmen wie Gruppen vor deren Einsatz mit Blick anvisierte, was jede Unsicherheit ausschloß und den Rapport intensivierte. Das machte sein Dirigieren zu einem Muster diskreter Leitung und verriet nichts vom Schweiße des Arbeitsprozesses; alle Registerzüge der Klangfärbung blieben ohne Nebengeräusche und Gesten. Mitunter jedoch kamen die Schaulustigen unter den Zuhörern auf ihre Rechnung, etwa dann, wenn er vor großen Steigerungen oder sensitiven Passagen, zu den Geigen gewendet, durch Aufsetzen eines Fingers auf die linke Brustseite eine ausdrucksvolle Stelle ankündigte.

Seine Konzerte gerieten mit der Präzision eines Prägestempels, denn für Improvisationen ließ er wenig Raum. Was wie das Spiel freier Kräfte wirkte, war die Replik der originalen Idee, wodurch alles Exhibitionistische des Pultvirtuosen auf ein Minimum reduziert und das Hören des Gebotenen intensiviert wurde. So erklärt es sich wohl, daß dieser Nur-Musiker auch weniger Musikalische in seinen Bann zu ziehen vermochte. Für uns Philharmoniker eröffneten sich neue Perspektiven des Vortrages, der Tiefenschärfe planimetrischer Bühnenbilder vergleichbar, die erst durch richtige Beleuchtung plastisch wirken. Diese Effekte beruhten auf genauester Ausgewogenheit, auf Dosierung und dynamischer Abstufung. Sie gingen ebenso Hand in Hand mit Toscaninis Prinzipientreue gegenüber der Zuverlässigkeit des geschriebenen Originals, wie sie auch der kritisch geprüften Tradition Rechnung trugen.

Die Fähigkeit, eine sehr differenzierte Auffassung ins Orchester zu übertragen, die sich, wie vieles in der Musik, sprachlicher Erklärung entzieht, beruhte auf einer Art gemeinsamer «Wellenlänge», instinktiv und einfühlend. Scherzo und Trio waren bei Toscanini schnell; deutsche Kapellmeister interpretieren das letztere andächtig, «tranquillo». Unser Maestro bestand auf der Temporelation, die dem Trio die Bewegtheit des Andante gibt, das er stets als «camminare» (gehen) auffaßte, was bei Südländern freilich munterer als bei Deutschen zu sein pflegt. Bis zum Finale glaubten wir die größten Klangsteigerungen vollführt zu haben; im letzten Satz aber erzielte der Maestro das bei Beethoven seltene dreifache Forte durch rhythmische Intensivierung (ohne accelerando), als Krönung korybantischen Musizierens. Nach dem Parforceritt des Beethoven-Finales war Mozarts Haffner-Symphonie schwereloses Spiel, wie Wandeln in elysäischen Gefilden. Der Maestro schien uns stellenweise mehr zuzuhören, als uns zu befehlen, und wir spielten wahrscheinlich zärtlicher, als er dirigierte. Dafür gewannen ihm die Celli und Bässe im Finale sein erstes «bene» ab.

Am gewagtesten war die presto gespielte fünfte Haydn-Variation von Brahms; nach deren wiederholtem Gelingen ging ein Raunen durch den Saal, das wie das befreite Aufatmen eines atemlos lauschenden Publikums klang.

Der erste Abend war von einer immensen Spannung erfüllt. Zu der erwarteten Höchstleistung gesellte sich die seelische Resonanz, die Toscanini durch sein mutiges Eintreten für politisch Verfolgte hervorrief, das bald auch für Österreich aktuell werden sollte.

Über das Ereignis des Erscheinens Toscaninis in Wien berichtete sein Wiener Biograph Paul Stefan: «Es war ein ergreifender Anblick, als beim Auftauchen dieses schönen weißen Künstlerhauptes das ganze Publikum wie auf ein unsichtbares Signal von seinen Sitzen sich erhob, um dem Fürsten der Musik die Ehrung zu erweisen, die sonst nur den großen Befehlenden zuteil wird. Hier jubelte man einem großen Schenkenden zu; zugleich auch dem Menschen und Charakter Toscanini, der durch sein Kommen allein ein neues Siegel auf die uralte Urkunde gedrückt hat, die Wien allen schweren Zeiten zum Trotz zur deutschen Haupt- und Residenzstadt der Musik erklärt. Dem Mann ohne Pose, der, man fühlt es, den Beifall nicht sucht, sondern eher als ein unvermeidbares überlautes Geräusch empfindet, rauschte dieser Beifall zu wie selten einem vor ihm.» Unter den Notabilitäten der Kunstwelt sah man Richard Strauss und in der Nebenloge die kleine Gestalt des Bundeskanzlers Engelbert Dollfuß; für ihn sollte der Maestro in Jahresfrist Verdis Totenmesse zelebrieren.

Das zweite Programm probten wir in bereits erreichter gegenseitiger Vertrautheit. Brahms' 3. Symphonie wurde hier wohl erstmalig ins Cantabile verwandelt. Toscanini wußte altvertrauten Werken eine Frische zu verleihen, die vermutlich der Wirkung ähnelte, die sie seinerzeit als zeitgenössisch neu erzielten. Nicht, daß er Neu-entdecktes produzierte; wohl aber gab er durch sein cantabile der in formaler Strenge norddeutschen Wesens geschaffenen Partitur italienische Limpidezza, die die Brahmssche Melancholie aufhellte. Eine lange Freundschaft mit dem Kapellmeister und Brahmskenner Fritz Steinbach hatte Toscanini zu einem Eingeweihten des Meisters gemacht. Die heitere Kehrseite dieser esoterischen Unterweisung war, daß es Toscanini nicht gelang, Steinbachs Verständnis für Debussy zu wecken. Steinbach klagte, trotz heißer Bemühung «keine Musik» in den Partituren des großen Impressionisten heraushören zu können. Ähnliches traf übrigens auf Toscanini selbst zu, als er, befragt über seine Meinung von der «Wiener Schule» des zwanzigsten

PHILHARMONISCHE KONZERTE

74. SAISON 1933/34

Dienstag, den 24. Oktober 1933, präzise **8** Uhr abends
im Großen Musikvereins-Saale

Außerordentliches Konzert

Dirigent: **Maestro Arturo Toscanini**

PROGRAMM:

W. A. Mozart ... ... Symphonie Nr. 35 D-dur (Haffner-Symphonie), (K. V. 385)
1. Allegro con spirito
2. Andante
3. Menuetto
4. Finale: Presto

Joh. Brahms ... ... Variationen über ein Thema von Joseph Haydn, op. 56a
Andanie
1. Poco piu animato. 2. Piu vivace. 3. Con moto. 4. Andante con moto. 5. Vivace. 6. Vivace. 7. Grazioso. 8. Presto non troppo
Finale: Andante

L. van Beethoven ... Symphonie Nr. 7 A-dur, op. 92
1. Poco sostenuto — Vivace
2. Allegretto
3. Presto
4. Allegro con brio

Richard Wagner ... Vorspiel zu „Die Meistersinger von Nürnberg"

Streichinstrumente: Ateliers Anton Poller — Karl Haudek
(Gegründet 1840 von Gabriel Lemböck)

---

2. Außerordentliches Konzert

Sonntag, den 29. Oktober 1933, vormittags präzise 1/2**12** Uhr, im Großen Musikvereins-Saal
Öffentliche Generalprobe: Samstag, den 28. Oktober 1933, nachmittags 1/2**4** Uhr

Dirigent: **Maestro Arturo Toscanini**

Programm:

L. Cherubini . . . . Ouvertüre zu „Anacreon"
J. Brahms . . . . III. Symphonie
Cl. Debussy . . . . La mer
O. Respighi . . . . Pini di Roma

Programm von Toscaninis erstem Philharmonischen Konzert

Jahrhunderts, deren Abarten als «musica inutile» aburteilte (Richard Strauss nannte sie «Fabrikation»); was wiederum Arnold Schönberg zu verkünden veranlaßte: «So ein Kapellmeister existiert für mich nicht.»

Im zweiten Teil des Programmes war es mit dem geruhsamen Genießen auf philharmonischen Höhen vorbei. Vor der Probe zu Debussys «La mer», fragte mich Toscanini mit Hinweis auf die Partitur: «Conosce?» Auf meine Erwiderung, daß es ein selten gespieltes Stück sei, sagte er nachdenklich, als stünde er vor einer Bewährungsprobe: «Difficile, tanto difficile.» Die Werke jener Franzosen lagen im Grenzbereich unseres Repertoires, aber diesmal wurde die Partitur bereitgehalten, um oftmalige Unterbrechungen und Fragen nach Einsichtnahme zu beantworten.

Toscanini hatte Debussy in Italien erstmals dirigiert. Er erzählte darüber, daß zu einer dieser Aufführungen der Komponist seinen Besuch angesagt hatte. Darüber war Toscanini so erschrocken, daß er versuchte, Debussy zur Leitung des Konzertes zu bewegen. Das Ergebnis der ersten Probe war, daß dann doch Toscanini die Aufführung dirigierte. Ähnlich wie Debussy erging es Richard Strauss, der bei den ersten «Elektra»-Proben freimütig gestand: «Komponiert hab'ich's, aber dirigieren kann ich's noch nicht.»

Der Maestro zeigte auf dieser Fahrt in ein «mare incognito» große Geduld mit dem Orchester. Unermüdlich formte er technisch bereits zureichend Gespieltes und verdeutlichte anfänglich verborgene Stimmungswerte. Passagen der wie aus Meerestiefen ans Licht aufschnellenden Celli wiederholte er, bis sein aus elastischem Weidenholz geschnitzter Taktstock, nach vielem Klopfen und rhythmischer Darlegung, die Krümmung eines Türkensäbels angenommen hatte. Vielstimmig geteilte Streicher mit pointillistisch komponierten Holzbläsereinsätzen präzise zu vereinigen und dazu die Illusion freien Spiels windbewegter Wellen und stäubender Kaskaden zu erzeugen, erforderte große pädagogische Disziplin, die unser neuer Lehrmeister jedoch erfolgreich bewies. Nach diesem Lehrgang impressionistischer Stilistik probten wir, um in allen Sätteln französischer Gangart trainiert zu sein, das Miniatur-Klangbild von Berlioz' Scherzo «Queen Mab» aus «Romeo et Juliette». Hier lernten wir Toscanini als den «uomo del teatro» kennen, als den er sich gelegentlich bezeichnete. Er mimte einen winzigen Maestrino, der mit daumengroßem Stab ein Heinzelmännchen-Orchester anführt, alle Ausdruckswerte diminuiert, jedoch in genauester Proportion zueinander und, was das Schwerste war, das spinnwebenzarte Spiel im filigranen Rahmen festgefügter Rhythmik. Die kleinste Ungenauigkeit von Klang und Rhythmus würde das luftige Gebilde entzaubert haben, das nach dem Einbruch der Wilden Jagd in fernem Klingklang verhallt, ein in Töne übertragenes Märchen, von einem Zauberer visionär vorgeführt. Als die Probe beendet war, setzte Toscanini sich erschöpft auf das kleine Podium, wie es Handwerker in der Mittagspause tun, und seufzte: «Sono vecchio»; er war damals 66 Jahre alt. Auf die Mahnung, sich nicht zu übermüden, erwiderte er: «Nur so viel man hineintut, kommt heraus.» Alle Anwesenden, Toscanini eingeschlossen, hielten das Elfen-Scherzo für den Gipfel vollendeter Virtuosität.

Der guten Dinge wurden nun drei durch eine improvisierte Fahrt nach Budapest. Dort lernten wir den Komponisten Zoltán Kodály kennen, dem jeder Zeitbegriff zu fehlen schien, denn er kam selbst zu den Aufführungen seiner eigenen Werke zu spät. Mit seinem Christusbart schien er mehr in ein Jenseits als in die Gegenwart orientiert. Im Gespräch über seinen «Psalmus Hungaricus», ein patriotisches Oratorium, das Toscanini in Italien dirigiert hatte, war es naheliegend, eine Aufführung im «Philharmonischen» vorzuschlagen. Das kurze Chorwerk eignete sich gut, mit Beethovens Neunter ins Programm genommen zu werden. Der Maestro schien dem Plan nicht abgeneigt. Sein so lange ersehntes Gastspiel war jetzt triumphal beendet und würde einmal als Legende aus der «guten alten Zeit» einer skeptisch gewordenen Jugend überliefert werden, mitsamt der Widmung, die er uns unter sein Porträt geschrieben hat: «Ai miei cari Filarmonici, che ho imparato apprezziare ed amare.» Er hatte uns schätzen und lieben gelernt; vielleicht würde sich eine Sternstunde ergeben, eine Fortsetzung unserer Zusammenarbeit, deren Abschiedsstunde leider allzubald schlagen sollte. In dieser nostalgischen Gefühlslage hatte ich den Einfall, ihn zu fragen, ob er nicht beide Programme im kommenden Sommer bei den Salzburger Festspielen wiederholen wolle. Mit einem «Si, va bene» willigte er ein.

Ich hatte seine Freundschaft spielend gewonnen, aber mit meiner Einladung nach Salzburg meine bürokratische Kompetenz überschritten; mir fehlte dazu ein Auftrag der Festspiel-Direktion. Indessen gab ich die Hoffnung nicht auf, den Plan zustande zu bringen. Der Salzburger Direktor, Dr. Erwin Kerber, war ein verständnisvoller Förderer philharmonischer Ambitionen und würde die Neuigkeit bestimmt wohlwollend aufnehmen. Er war freilich erst kürzlich als Sekretär an die Wiener Staatsoper berufen worden, was eine delikate Doppelfunktion bedeutete, da er damit dem Wiener Direktor unterstellt war. Er mußte nun Entscheidungen treffen, die ihn allenfalls in Gegensatz zu den Dispositionsansprüchen seines Vorgesetzten bringen konnten. Kommende Konflikte lagen in der Luft, blieben zunächst unbeachtet, mußten aber unvermeidlich früher oder später in Erscheinung treten, denn ohne eine Aufforderung zuständiger Behörden war die philharmonische Initiative im Alleingang geblieben. Danach waren die Salzburger Toscanini-Konzerte «illegal» zustande gekommen, damals ein politisch anrüchiger Begriff.

Es ist begreiflich, daß die unerwartete Mitwirkung einer überragenden Künstler-Persönlichkeit von einer Verwaltungsbehörde als eher unbequem empfunden wurde. Die bevorstehende Teilnahme Toscaninis wirkte eruptiv wie das unerwartete Auftauchen von Neuland, das nächstgelegene Ufer und Anrainer durch hohen Wellengang beunruhigen kann. Internationales Prestige war gewiß erwünscht, aber nur solange die beschauliche Ruhe einer barocken Atmosphäre nicht gestört wurde. Schon das eben erst etablierte System philharmonischer Gastdirigenten mochte auf ansässige Musikregenten irritierend gewirkt haben, wie grelle Scheinwerfer auf eine abendlich dämmernde Landschaft. Einstweilen aber lebte alles im gewohnten Geleise den Weihnachtsfeiertagen entgegen. Von dort bis zu den «Heiligen Drei Königen» hat die Zeitspanne den Charakter inoffizieller Ferien, d. h. außer den Vorstellungen gibt es kaum Proben. Insbesondere im bürokratischen Bereich herrschte also Stille, die ja sonst oft genug durch Temperamentsausbrüche im Theater-Milieu erschüttert zu werden pflegte.

Am Silvesterabend des ereignisreichen Jahres 1933 wurde die traditionelle «Fledermaus» gespielt, in der der Publikumsliebling Leo Slezak seine Rolle als «Alfred» aus dem Stegreif ergänzte. Nachher gab's voraussichtlich den üblichen Bummel und Rummel zwischen Oper und Stephansplatz, auf dem manchem zylindertragenden Kavalier seine elegante «Angströhre» verbeult werden mochte. Die joviale Gefängnis-Stimmung im letzten Akt der Opernaufführung schien geeignet, über die bereits kritisch gewordene Lage Österreichs hinwegzutäuschen mit der aus dem Krieg beibehaltenen Maxime «Hoffnungslos, aber nicht ernst»; Ende gut, alles gut, sollte die Sylvesterparole sein.

Am nächsten Vormittag schrillte das Telefon. Eine Stimme aus dem Unterrichtsministerium bestellte mich ins Amt des Generalintendanten. Ein vage in mir aufsteigendes Unbehagen versuchte ich durch Erkundigung bei einem mir bekannten Ministerialrat zu zerstreuen, den ich nach dem mutmaßlichen Grund befragte. Er meinte, es könne sich um eine Auszeichnung handeln, im Gefolge der philharmonischen Ereignisse, die dem Maestro ja auch einen hohen Orden eingetragen hatten. Es erwies sich jedoch, daß dies eine ebenso logische wie irrige Schlußfolgerung war.

Ich legte Cutaway und Plastronkrawatte an, wie es zur Vorsprache bei der höchsten Theaterbehörde üblich war, und fand mich auftragsgemäß um elf Uhr ein. Auf dem Wege zum Generalintendanten fiel mir plötzlich ein peinlicher Zwischenfall ein, der mich ihm anläßlich eines kürzlich abgehaltenen Regierungsempfanges gegenübergestellt hatte. Während ich im Vorsaale neben einer jungen Dame auf den Einlaß gewartet hatte, trat aus einer gegenüber liegenden, mit «Herren» bezeichneten Tür der hohe Beamte, klein und unscheinbaren Wuchses. Meine Nachbarin hatte sich gerade eine Zigarette in den Mund gesteckt und, in der Meinung, einen Kellner vor sich zu haben, rief sie ihm zu: «Piccolo, ein Feuer!», während sie ihm mit der Zigarette winkte. Die Bitte um Feuer wäre noch hingegangen, aber das unglückselige Wort «Piccolo» vereiste sichtlich die Miene des Angeredeten.

Bei dem folgenden Abendessen gelang es mir nur – als quasi negatives Alibi –, dem nun selber rauchenden Vorgesetzten ohne die Begleitung jener vorlauten Dame gegenüber zu sitzen. Die Erinnerung an diesen Zwischenfall plagte mich nun auf dem Wege zum Minoritenplatz, dessen schöne Kirche mir aus Kindertagen vertraut war. Meine Großeltern mütterlicherseits pflegten dorthin aus der

Vorstadt Gersthof zur italienischen Sonntagspredigt zu pilgern. Das Kolossal-Mosaik an der Südwand, eine Nachbildung von Leonardo da Vincis «Abendmahl» in der Mailänder Kirche Santa Maria delle Grazie, hatte vermutlich heimatliche Erinnerungen in ihnen wachgerufen. Mein Großvater stammte aus der Lombardei und importierte italienische Weine nach Österreich.

Aus dem Fenster des Wartezimmers blickend, glich der Platz einer Canaletto-Vedute, deren Vision mir Kindheitserinnerungen aus der Salierigasse aufrief, deren Name mir später als gute Vorbedeutung für meine Berufswahl erschien. Von dorther stammte auch mein erstes Musikerlebnis. Feiertagsmäßig gekleidet, war ich, vierjährig, zum Photographieren geführt worden. Der Mann hinter der Camera obscura wünschte ein freundlich blickendes Kind zu photographieren. Dafür aber schien er mir, den Kopf mit einem schwarzen Tuch verhüllt, wenig Vertrauen erweckend. Gegen den prüfenden Blick des Kindes hatte der Schwarzkünstler einen erprobten Trick. Der Tonhauch einer Spieldose berührte mich und offenbarte mir das

Der vierjährige Hugo Burghauser während seines ersten Musikerlebnisses mit einer Spieldose

Zauberreich der Musik. Der Photograph belichtete die forschend erhellte Miene eines Kindes, das von da an der Muse Polyhymnia lebenslang verbunden blieb.

Der Diener entriß mich meinen Altwiener Träumen und öffnete das Portal zum Audienzsaal. Hinter seinem musealen Schreibtisch wurde der Würdenträger sichtbar. Er war Kampfflieger gewesen, woraus wohl sein militärischer Tonfall zu erklären war. Eine straffe Körperhaltung schien seiner kleinen Figur zusätzliche Größe verleihen zu sollen, gab aber seinen Bewegungen zugleich etwas Marionettenhaftes. Er bot mir keinen Sessel an und erinnerte mich damit an den Ausspruch, den unser Ehrenmitglied Moriz Rosenthal einmal in der gleichen Situation gemacht hatte: «Exzellenz, *stehen* tu' ich nur im Konversationslexikon.»

Anstatt der unterbliebenen vermeintlichen Auszeichnung eröffnete er mir mit wenigen Worten die Zuerkennung eines unbefristeten Urlaubs, aus welchem ich nicht in den aktiven Dienst zurückkehren würde. Auf meine verblüffte Frage nach dem Grunde dieser Verfügung, erwiderte er mit dem Anflug eines Lächelns, ich selbst müsse wohl am besten meine Verstöße und die Überschreitung meiner Kompetenz kennen. Auf meinen Einwand, dies sei eine geradezu femeartige Aburteilung, räumte er mir eine Bedenkzeit bis zum Nachmittag ein.

Ich eilte zu unserem Rechtsberater, der mir einen ausgezeichneten Rat erteilte. Unter dem damaligen autoritären Regime stand mir nämlich das Rechtsmittel zu, ein Disziplinarverfahren gegen mich selbst zu beantragen, bei dem Kläger und Zeugen ihre Aussagen zu beweisen haben. Als ich diesen Entschluß meinem Vorgesetzten mitteilte, entging mir seine überraschte Miene nicht. Im selben Amtsbereich verfaßte nun ein Hofrat das erforderliche Protokoll, wobei er in altösterreichischer Liberalität meinte: «Daraus wollen wir keinen Akten-Germ machen», begleitet von einer Geste, die einen hoch aufgehenden Gugelhupf andeutete.

Zunächst aber erfolgte meine Enthebung vom Orchesterdienst in der Staatsoper, und mir wurde klar, daß meine Neuerungen, trotz autonomer Berechtigung und öffentlichen Erfolges, zu einem Existenzkampf ausgeartet waren. Die Verwirklichung elitären Prinzips schien mit der Einbuße meiner Berufsausübung bedroht; auch war zu befürchten, daß für die Fortsetzung auf der errungenen Basis des Gast-Dirigenten-Systems im philharmonischen Verein nicht leicht ein Nachfolger für die damit offenkundig gewordenen Risiken zu finden sein würde. Der Ausblick in die Zukunft war düster, und ich bedurfte Rat und Zuspruch. Beides fand ich bei meinen Freunden Manfred und Pussy Mautner-Markhof, meist zu mitternächtiger Stunde im entlegenen Floridsdorf, das sie nachher in entgegengesetzter Richtung mit Simmering vertauschten, wo sie seither in einer Parklandschaft residieren. Von dort zieht sich bekanntlich der Weg für einen Auswanderer «mit dem Weichbild der Heimatstadt im Rücken», wie es 1938 aktuell wurde. (Um so freudiger war dann das Wiedersehen in New York im NBC-Konzert Toscaninis mit den inzwischen zu gemeinsamer Würde philharmonischer Ehrenmitgliedschaft Ausgezeichneten.) Das Tribunal internen Disziplinarverfahrens erwies sich als eine mißlungene Direktionsmaskerade und weiter nichts. Drei journalistische Kunstrichter hatten dem Anwalt des Operndirektors mitgeteilt, daß meine Vorstandstätigkeit seinem Ansehen und somit auch dem der Oper abträglich sei. Aufgefordert, ihre Äußerungen zu erhärten, erklärten alle drei, mißverstanden worden zu sein und ihre angeblichen Beschuldigungen zurückzuziehen. Einer von ihnen, Dr. Max Graf, schrieb übrigens die musikalischen Analysen im philharmonischen Programm. Ein Schreiben des Unterrichtsministers Dr. Kurt von Schuschnigg teilte mir daraufhin mit, daß zur Fortführung des Verfahrens kein Grund vorläge, womit gemeint war, auch ich solle gegen meine Anschuldiger keine weiteren Schritte unternehmen. Die Moral von der Geschichte ist nach einem Wiener Witz: Jedem Verdienst seine Strafe. Die eigentlichen Motive meiner Ankläger waren entweder persönlicher Natur oder aber traditionell, seit der philharmonische Ahnherr Otto Nicolai schrieb: «Täglich erfahre ich es mehr, daß je mehr Anerkennung man sich erwirbt, je größer die Zahl der Neider und Feinde.» Die unmittelbare Folge dieser feigen Intrige war nicht ungünstig für mich. Der Minister versicherte mir seine Bereitschaft, im Falle weiterer Krisen einen aufklärenden Bericht von mir entgegennehmen zu wollen. Ein halbes Jahr später wurde er Kanzler und hat mit kunstsinnigem Verständnis manches knotige Problem zugunsten einer sachlichen Lösung entschieden.

BUNDESMINISTERIUM FÜR UNTERRICHT
BUNDESTHEATERVERWALTUNG
I. REITSCHULGASSE 2

373.

8. Februar 1934.

An

die Bundestheaterverwaltung.

Mit Rücksicht auf die bisherigen Ergebnisse der im Sinne des Erlasses vom 4. Jänner l.J., Z.27 durchgeführten Untersuchung, sowie mit Rücksicht auf die von dem Orchestermitglied Hugo B u r g h a u s e r abgegebene Erklärung vom 5. Februar 1934 verfüge ich die Einstellung des mit obgenannten Erlaß angeordneten Verfahrens.

Der Bundesminister für Unterricht:
Dr.Schuschnigg m.p.

Für die Richtigkeit
der Ausfertigung:

An

Herrn Hugo B u r g h a u s e r
Orchestermitglied der Staatsoper

zur gef.Kenntnisnahme.
10.Februar 1934.
Die Bundestheaterverwaltung:
Dr. Eckmann m.p.

Für die Richtigkeit
der Ausfertigung:

Brief von Kurt von Schuschnigg, Wien, 8. Februar 1934

Am 12. Februar 1934 knallten die ersten Schüsse der Revolution. Militär, «spanische Reiter» und Stacheldraht riegelten die innere Stadt ab. Bedrängt von innen- und außenpolitischen Gegnern, hatten die Minister nun andere Sorgen als über Scharmützel ehrgeiziger Künstler oder Hausmachtansprüche der Verwaltung zu entscheiden. Wie beim Brand des Justizpalastes trat nach dem Aufruhr die Stille der Niederlage ein. Damals, am 15. Juli 1927, als die Aufständischen die Löscharbeiten in Anwesenheit des Bürgermeisters Seitz hinderten, ereignete sich die bizarre Szene, daß der freigesprochene Gattenmörder Wimpassinger, von Beruf Fleischhauer, brutaler Schlächter seiner eigenen Gattin und Verkünder proletarischer Gerechtigkeit, beim Fanal des Justizpalastes rief: «In dieses Haus muß ein neuer Geist einziehn!» Jetzt, sieben Jahre später, pochte abermals ein «neuer Geist» ähnlicher Art an die Tore Österreichs. Seltsamerweise sollte den Philharmonikern diesmal eine besondere Rolle zufallen.

Zu den Ende Juli beginnenden Salzburger Festspielen fand sich das Ensemble der Eröffnungsvorstellung von «Fidelio» pünktlich ein. Ich traf am Vorabend, aus einem Ferienort gemächlich über Bezirksstraßen fahrend, am späten Abend in dem stillen Städtchen ein. Detonationen, die mich am frühen Morgen weckten, hielt ich für Böllerschüsse, wie sie bei ländlichen Festen üblich sind, als plötzlich die Schreckenskunde von der Ermordung des Bundeskanzlers Engelbert Dollfuß sich verbreitete. Von der nahen Grenze waren die sogenannten «Legionäre» mit Kriegslärm eingedrungen; mit dem Fehlschlag des geplanten Umsturzes flüchteten sie nun zurück ins Sanktuarium des Dritten Reiches. Aber auch die meisten Festgäste verließen in Panik Salzburg. Trotzdem erfolgte die Eröffnung, nach kurzer Verschiebung wegen des Trauertages um den toten Kanzler und trotz des Fehlens ausländischer Gäste. Einheimische Gratisbesucher, für die die Tore einladend geöffnet waren, füllten die leer gebliebenen Sitzreihen. Eine lähmende Ungewißheit lastete auf dem Leerlauf des Festspielbetriebes.

Vorläufig hatte der Aufmarsch italienischer Truppen an der Brennergrenze eine deutsche Invasion verhindert. Aber über das weitere Schicksal Österreichs herrschte völliges Dunkel.

In diese Stimmung schlug die Nachricht vom Kommen Toscaninis wie ein erhellender Blitzstrahl ein. Seine Mitwirkung hatte niemand mehr ernstlich erwartet, aber mit der Radioansage seiner Konzerte kam, ebenso überraschend die Rückkehr der Abgereisten, deren Autokolonnen, wie früher, durch ein Spalier einheimischer Zaungäste am Festspielhaus vorfuhren. Die magische Kraft musischen Zaubers verwandelte die Tristezza über Nacht in tröstliche Erwartung. Der Zulauf zu den Kartenschaltern war so groß, daß den bereits ausverkauften Aufführungen ein drittes Toscanini-Konzert angereiht werden mußte, diesmal ein Richard Wagner-Programm, bei dem Lotte Lehmann mitwirkte.

Dieses Konzert war die Krönung des noch kürzlich unvorstellbaren Gelingens. Für ihr herrliches Singen der Wesendonckliedern empfing sie den Ehrenring der Philharmoniker. Außer der Genugtuung solcher Erfolge stellte sich manchmal eine überraschende Prämie ein. Unsere vielgeliebte Lotte erklärte sich mit diesem Ring dem Orchester verlobt: Gesagt, getan, hat sie mich impulsiv umarmt und geküßt.

Zwei erbitterte italienische Gegner hatten auf verschiedener Ebene die Situation gerettet, Mussolinis Streitkräfte und Toscaninis orchestrale Artillerie. Der neue Kanzler, Dr. Kurt von Schuschnigg, stellte durch die Philharmoniker das Ersuchen an Toscanini, die Trauerfeier für Engelbert Dollfuß in der Wiener Staatsoper zu dirigieren. Der Maestro sagte zu und wählte dafür Verdis Requiem. Nun erfolgte auch die Anfrage der Direktion zur Mitwirkung Toscaninis bei der Opernproduktion im kommenden Sommer. Sein Vorschlag lautete auf «Fidelio» und «Falstaff», letztere Oper mit einem Scala-Ensemble.

Verdi und obendrein italienisch gesungen, das schien in der Mozartstadt zuviel des Guten. Überdies beabsichtigte der Wiener Operndirektor, in merkwürdiger Parallele, ebenfalls die Neueinstudierung des «Falstaff» – natürlich in deutscher Sprache, die er dann nach Salzburg bringen würde; dies schien auch vorteilhaft durch den Wegfall kostspieliger ausländischer Kräfte. Man versuchte, Toscanini zur Abänderung seiner Falstaff-Vorschläge zu bewegen; seine lapidare Antwort: «No Falstaff, no Toscanini.» Die Bürokratie, als entscheidende Behörde, gebrauchte schließlich ihre oft bewährte Taktik: «dilatorische Behandlung»; man vermied eine Absage an Toscanini, beide Projekte wurden im Prinzip angenommen, die

Entscheidung für Salzburg jedoch einer Zukunft überlassen, von der die Verwaltung hoffen mochte, daß nichts so heiß gegessen wie gekocht würde. Noch waren neun Monate Zeit bis zur Austragung der Zwillingsproduktion. Der Maestro war inzwischen auch für die Aufführung von Kodálys «Psalmus» mit Beethovens 9. Symphonie gewonnen worden, die selbstverständlich in Budapest wiederholt werden würde. Der dortige Stadtchor mit dem Tenor von Rößler nahm die Einladung mit Freuden an, nachdem der Wiener Staatsopern-Chor, wie schon zuvor bei Klemperer, die Mitwirkung abgelehnt hatte. Schillers Ode «An die Freude» sang der ungarische Chor in deutscher Sprache.

Während der Vorbereitungen der drei Vokalwerke traten die Salzburger Probleme in den Hintergrund. Toscanini wollte mit dem Studium der Sopranpartie der «Missa» beginnen. Befragt um die erwünschte Qualität der Stimme, sagte er, er brauche «eine gute Aida». Eine solche war vorhanden in der beliebten Sängerin Maria Nemeth.

Die Durchführung der Feier lag zur Gänze in den Händen der Operndirektion. Als zur ersten Soloprobe der Korrepetitor nicht erschienen war, setzte sich schließlich der Maestro selbst ans Klavier, von wo er die Sängerin anleitete. Sie war öfters anderer Meinung über Phrasierung und Atemeinteilung, deren Berechtigung sie dem Maestro durch Hinweis auf ihren Klavierauszug zu begründen suchte. Ich war der einzige Zeuge dieser Auseinandersetzung, und mir ahnte Übles. Indessen war es unmöglich, dieser Primadonna ein Warnungszeichen zu geben. Sie hatte ihre naive Selbstgewißheit auch gegenüber de Sabata gezeigt, als dieser die «Aida» dirigierte, und auf dessen Mahnung, korrekte Triolen zu singen, hatte sie unter Tränen erklärt, wegen privater Familiensorgen dazu nicht disponiert zu sein.

Die Sturmzeichen begannen sich zu mehren. Toscanini schien anfangs geduldig, setzte seinen Zwicker auf und beäugte die strittigen Einzeichnungen. Er nahm den Auszug zum Klavier, wiederholte eine Stelle, als ihm bei einer Kopfbewegung der Zwicker entglitt und zu Boden fiel. Ehe ich herzuspringen konnte, war er selbst unter dem Klavier, nach dem Kneifer tastend. Er fand ihn. Erst beim Aufsetzen bemerkte er, daß ein Glas in der Fassung fehlte. Unmutig und gereizt trat er von einem Fuß auf den anderen, stampfte auf, als ein knirschendes Geräusch den endgültigen Ruin der Linse verriet. Toscaninis Aufstampfen, das sie als Unzufriedenheit mit ihrer Leistung deutete, kostete nun auch unserer «Aida» ihre Fassung. In Tränen ausbrechend, stürzte sie davon. Die Abendblätter meldeten ihre Unpäßlichkeit und Absage, was sie jedoch nicht hinderte, in den nächsten Tagen den gewohnten Aida-Erfolg mit «vielen Vorhängen» zu ernten.

Während ein anderer Sopran gesucht wurde, nahmen einstweilen die Teilproben zum Requiem ihren Fortgang, zwischendurch auch das philharmonische Konzert, mit dem wir und der vorzügliche ungarische Chor auch in Budapest Triumphe feierten. In diesem Programm sang zum letzten Male der unvergeßliche Richard Mayr: Schillers Ode «An die Freude» in Beethovens 9. Symphonie.

Zu den Verdi-Chorproben in der Staatsoper geleitete ich unseren kurzsichtigen Maestro durch das dunkle Bühnenhaus zum Chor-Probensaal. Plötzlich blieb er wie gebannt stehen. Man hörte eben die Musik zum dritten Akt «Falstaff»; der Vorhang hob sich und enthüllte das Bühnenbild. Den Zwicker an ein Auge haltend wie ein Monokel (offenbar war das zweite Glas noch nicht ersetzt) knurrte er etwas, das wie «criminali» klang, und zu mir gewendet sagte er: «Wenn dieses Bühnenbild in Salzburg erscheint, verlasse ich das Haus.» Die Szene zeigte Falstaff nach seinem Sturzbad als Patienten im Bett, eingemummelt, wie es dem Regisseur Dr. Lothar Wallerstein als gewesenem Arzt richtig erschien, anstatt vor dem Wirtshaus in der Abendsonne Glühwein zu trinken und auf die Diebswelt zu fluchen. Toscanini wetterte jetzt, daß Meisterwerke nach den Vorschriften ihrer Schöpfer wiederzugeben seien und daß Andersdenkende eben ihre eigenen Versionen schreiben sollten, statt diejenigen der Genies zu verfälschen. Diese Stellungnahme teilte er übrigens mit Bernard Shaw, der Regisseure solcher Verschlimmbesserungen Betrüger nennt. Ich versicherte Toscanini, daß seiner Werktreue in Salzburg voll und ganz Rechnung getragen würde.

Nun war es so weit, daß eine Gesamtprobe zum Requiem auf der Staatsopern-Bühne stattfinden sollte. Tags zuvor erhielt ich ein Schreiben der Direktion mit der Weisung, mich jeder Teilnahme, außer der Orchestermitwirkung, zu enthalten. Vielleicht war es Beamtenehrgeiz, die Verdienste der Feier allein zu beanspruchen, obwohl die Philharmoniker, diesmal legitim, Toscaninis Zusage herbeigeführt hatten. Schon Girardi hat gesagt: «Im Aufbahren sind die Wiener immer groß.»

Der nächste Tag machte für die mir anbefohlene Passivität ein anderes Motiv glaubhaft. Der als pünktlich bekannte Maestro erschien nicht auf der Probe, und ein ins gegenüberliegende Hotel

Toscanini probt in der Wiener Staatsoper das Requiem von Verdi für die Gedenkfeier für Bundeskanzler Dollfuß am 1. November 1934

entsandter Bote fand ihn dorthin zurückgekehrt, nachdem ihm beim Bühneneingang als «Fremdem» der Eintritt verweigert worden war!

Schließlich aber zelebrierte Toscanini die Trauerfeier am Allerheiligentag, an derselben Stelle, wo vor 59 Jahren der Komponist sein Requiem an vier Abenden selbst dirigiert hatte. Verdi schrieb damals seinem Freunde, dem Bildhauer Luccardi: «Da Du es gewünscht

hast, will ich Dir mitteilen, daß der Erfolg des ‹Requiem› sehr groß war. Eine Aufführung, wie Du sie nie wieder hören wirst! Orchester und Chor wundervoll! Das Duett der beiden Frauenstimmen, Offertorium und Agnus mußten wiederholt werden.»

Toscanini erhielt von der Regierung als Geschenk einen Erstdruck des Klavierauszuges von «Fidelio», den Beethoven seinem Hausherrn Baron Pasqualati mit mächtigen Schriftzügen gewidmet hatte. Der Reinertrag der Veranstaltung kam einem Wohltätigkeitsfonds zugute. Die ersten Hürden heimischer Intrigen schienen überwunden. – Andere Probleme standen in Salzburg bevor, unterbrochen durch ein Intermezzo, das mich nach Amerika führte.

Es galt nun, dem Maestro für den Sommeraufenthalt in Salzburg ein Heim mit Garten zu suchen. Man fand ein still gelegenes Haus, geräumig genug für Familie und Gäste. Während der Besichtigung durch Signora Carla, die Gattin des Maestro, erging sich dieser im Garten, wo sich ihm der Haushund zugesellte und nicht mehr von ihm wich. Beim Abschluß des Mietsvertrages war vereinbart worden, daß die Besitzer des Hauses bis zur Abreise Toscaninis abwesend sein und natürlich auch den Hund mit sich nehmen würden. Nun aber bestand Toscanini darauf, daß der Hund bleiben müsse, andernfalls er das Haus nicht mieten wolle. Mit diesem Ultimatum konfrontiert, überließ man ihm nun auch den Vierfüßler, dessen Treue durch die kommenden Jahre unwandelbar blieb.

Opernaufführungen unter Toscanini waren längst eine Seltenheit geworden und bildeten in Salzburg eine internationale Attraktion. Toscaninis Eröffnungsvorstellung von «Fidelio» war ein Triumph für ihn und für Lotte Lehmann, deren Darstellung alles übertroffen hat, was seit Eleonora Duse erlebt worden war. Von nun an sprach er sie als seine Arabellissima an. Seine Tempi waren denen von Richard Strauss gleich, bis auf das Chor-Finale des ersten Aktes, das er schneller dirigierte. Er merkte sogleich den inneren Widerstand des Orchesters und war in seiner eigenartigen Naivität bereit, seine Auffassung zu begründen mit dem Hinweis auf die seltene Tempobezeichnung Beethovens «Allegretto vivace», daß hier ein «Alla-breve» (er sagte «alla-accapella») das Zeitmaß bestimme. Nicht nur in diesem Falle war er sachlichen Einsprüchen zugänglich, weil er, als sein eigener unablässig forschender Kritiker, lebenslang Quellen und

OPERNTHEATER

Unter dem Ehrenschutze der Gemahlin des Bundeskanzlers
Frau Herma Schuschnigg

Donnerstag den 1. November 1934
11½ Uhr mittags

Gedächtnisfeier der
Bundestheater für
Dr. Engelbert Dollfuß

Prolog von Dr. Rudolf Henz
gesprochen von Kammerschauspieler Raoul Aslan

Verdi: Requiem

Mitwirkend:
Opernsängerin Anne Báthy von der Königl. Oper Budapest
Kammersängerin Gertrud Rünger
Staatsopernsänger Charles Kullmann
Kammersänger Josef Manowarda
das Staatsopernorchester und der Chor der Staatsoper

Musikalische Leitung:

Arturo Toscanini

Die Gesamteinnahme fließt wohltätigen Zwecken zu

Beginn 11·30 Uhr
Ende 13·30 Uhr

„Elbemühl", Wien IX

Einsichten anderer zu ergründen suchte, oftmals in kämpferischer Intoleranz, die er mit seinen großen Kollegen teilte. Während diese sich meistens in gewundenen Formulierungen ausdrückten, war Toscaninis Urteil lakonisch, etwa wenn er das «affresco»-Dirigieren eines berühmten Kapellmeisters mit «un grande dilettante» abfertigte. Toscaninis milder Freund Bruno Walter meinte auf den Einwand der schnellen Tempi des Maestro: «Es ist eben kein Mensch vollkommen.»

In der Leonoren-Ouvertüre No. 3 gab es einmal eine Änderung, die kaum jemand bemerkte. Im Geigenpresto wünschte Toscanini anstelle des *c* mit der Note *d* anzufangen, wie es Hans von Bülow für richtig hielt. In Ermangelung des verschollenen Originals war die Entscheidung hypothetisch. Unser Maestro akzeptierte Bülows Auffassung.

In der Suche nach Authentizität gab es für ihn in Wien einmal eine Überraschung. Zur Probe von Mozarts grosser g-Moll Symphonie nahm er Einsicht in die Originalpartitur, die aus dem nahen Archiv gebracht worden war. Erstaunt sah er die Klarinetten außerhalb der Schreibweise der übrigen Partitur, in einem unten angefügten System, sichtlich später geschrieben und somit nachkomponiert. Der Zusammenhang war ihm sogleich klar. Sinnend betrachtete er den Namenszug des letzten privaten Besitzers der Partitur: es war Johannes Brahms. Toscanini küßte das Blatt und legte es in meine Hände zurück.

Der drohend gewesene Zwiespalt darüber, welche «Falstaff»-Version in Salzburg aufzuführen sei, fand zum Behagen der zuständigen Instanzen eine ungezwungene Lösung. Clemens Krauß hatte mittlerweile eine Berufung in die Berliner Operndirektion angenommen. Zu diesem kurzfristigen Wirkungskreis wanderten mehrere Sängerstars mit nach Berlin. Indessen verblieb die deutsche Fassung des «Falstaff» in Wien.

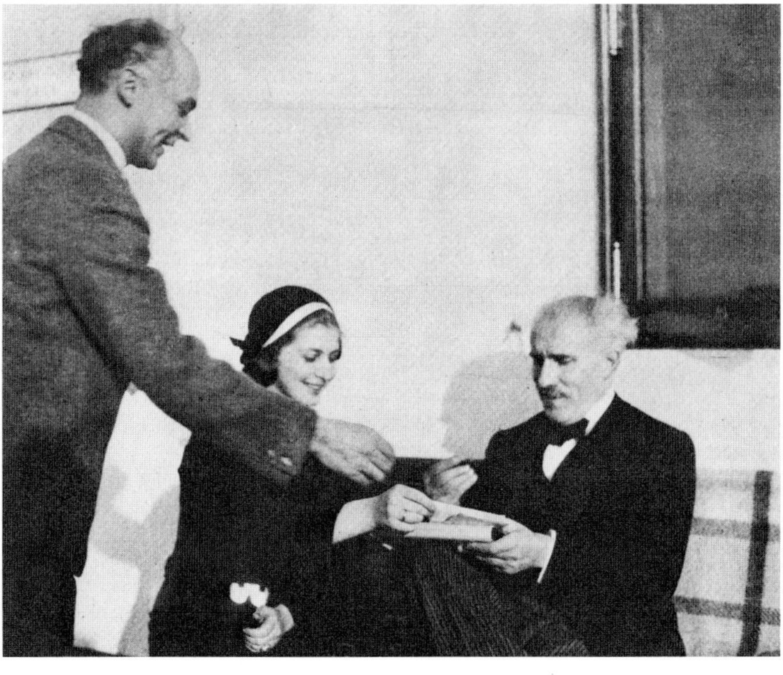

Ein Hollywoodkontrakt von Metro Goldwyn Mayer engagierte mittlerweile meine Frau, Margarete Wallmann, als Choreographin und mich für die musikalische Leitung einer Filmfassung der «Fledermaus». Die Bedingungen, das neue Milieu sowie die Reise waren interessant und wurden es durch überraschende Umstände noch mehr. Der erforderliche Halbjahres-Urlaub wurde nämlich von dem neuernannten Operndirektor Felix Weingartner bereitwillig erteilt, und so reisten wir nach Genua und weiter mit dem Überseedampfer «Rex» nach New York. An Bord trafen wir Stefan Zweig, der bereits in London im Exil lebte und nur zu den Salzburger Festspielen auf seinem Besitz am Kapuzinerberg erschien. Er war unser Trauzeuge, als wir im Sommer 1934 während der Festspiele im Salzburger Dom geheiratet haben. Gleich danach inszenierte Margarete ihre Choreographie «Die Bauernhochzeit». – Auch Maestro Toscanini und seine

Toscanini mit Hugo Burghauser und dessen Frau, Margarete Wallmann, auf der Überfahrt nach New York, 1935. Das Bild wurde von Stefan Zweig aufgenommen

Margarete Wallmann als Braut in ihrem Ballett «Bauernhochzeit», Wiener Staatsoper 1934

Gattin waren auf der Fahrt nach New York, wo er mit den New Yorker Philharmonikern seine vorletzte Saison dirigierte. Zu unserer Tafelrunde gesellte sich noch Schalom Asch, der mit uns weiter nach Kalifornien reiste. Infolge von Clemens Krauß' Berufung nach Berlin war Felix Weingartner ad hoc mit einem Fünfjahresvertrag als Direktor der Staatsoper neuerdings verpflichtet worden. Der beliebte Künstler hatte inzwischen wieder bei uns Philharmonikern dirigiert; er war vorher schon bereitwillig meiner Einladung gefolgt, trotz seines «für immer» beschworenen Scheidens im Jahre 1927. Auch fühlte er sich der Aufgabe gewachsen, die philharmonischen Konzerte, und zwar zur Gänze, zu leiten. Der jugendliche Siebziger war, zum fünftenmal verheiratet, mit seiner jungen hübschen Schülerin gekommen, die ihm als Kapellmeister nachstrebte. Wegen meiner Abwesenheit von Wien gingen die interne Vereinsführung und allfällige Entscheidungen in die Hände des Vize-Vorstandes und dessen Sekretär über, beides ältere Herren, die dem alten und jetzt neuen Direktor die Bindungen zusagten und erneuerten, welche Weingartners alleinige Führung betrafen. Das bedeutete die Aufkündigung aller anderen Gäste, die längst von mir verpflichtet worden waren. Weingartners Souveränität, wie sie bei Stars keine Seltenheit ist, wenn es sich um ihre egoistischen Ansprüche handelt, ignorierte jene wichtigen Abmachungen und bestand auf seiner gleichsam angestammten Hegemonie. An eine Wandlung im Publikumsgeschmack mit Neigung zur Abwechslung wollte er nicht glauben, sondern meinte, daß diese vielmehr im Eigensinn meiner Person begründet sei. Überdies veranlaßte Weingartner das Wiener philharmonische Dirigentendebüt seiner jungen Gattin. Wir fanden, daß in dieser Künstlerehe Frau Carmen nicht die bessere Hälfte sei, obgleich unser Direktor große Erwartungen für sich und seine Meisterin hegte. Eine vorübergehende Befriedigung gelang mit der Zubilligung einiger Konzerte außerhalb des Abonnement-Zyklus, die leider ungenügenden Zuspruch fanden. Da war es meine peinliche Aufgabe, die erst kürzlich eingeführten Reformen wieder herzustellen, deren Aufrechterhaltung unvermeidliche Härten für Weingartner bedeuteten. Er hatte die Allüren eines gloriosen Heldentenors und erließ in gewohnter Impulsivität ein Ultimatum, mit welchem er meinen Rücktritt als Bedingung für seine weitere Tätigkeit forderte.

TELEGRAMME:
FECA BASEL

ST. ALBAN-RING 186
BASEL

3.Juni 1933

An den Vorstand der Wiener Philharmoniker,

Herrn Burckhauser,

W i e n.I

Sehr geehrter Herr,

Ihren Brief vom 30.Mai habe ich erhalten.Die Reihenfolge der Piccaver-Lieder ist: Schäfers Sonntagslied, Vergangenheit, Ich denke oft ans blaue Meer. Das Material der verschiedenen Lieder bringe ich mit. Schäfers Sonntagslied muss von R.Birnbach, Berlin S.W.68, Schützenstrasse 6, Vergangenheit von Breitkopf und Härtel beschafft werden, die symphonische Dichtung "Frühling", wie ich Ihnen bereits schrieb, von R.Birnbach. Ich bin einverstanden, Freitag, 16.Juni, vor-und nachmittags zu probieren. Ich bitte Sie nur, sich genau zu versichern, wann der Chor und die Solisten kommen können. Am besten wird dies wohl am Freitag Mittag sein können. Ich bin bereits am 14.vormittags in Wien. Sollte eine Chor-und Solistenprobe mit Klavier an diesem Tage möglich sein, wird es die Arbeit erleichtern. Bei der IX.Symphonie besetzen wir natürlich doppelt die Holzbläser.

Ich sehe also der rechtzeitigen Uebersendung der Fahrkarten und Schlafwagenplätze entgegen und begrüsse Sie und Ihre Kollegen herzlich als

Ihr ergebener

F Weingartner

PS. Bitte mir auch die Stunden der Proben, sowie die Stunde des Konzertbeginns mitzuteilen.Auch bitte ich Sie, mich auf Programmen und in Annoncen "Dr.Felix Weingartner" zu nennen, kein "von" und kein "Generalmusikdirektor".

Ich erfüllte diesen Wunsch, trat zurück, wurde jedoch in der darauffolgenden geheimen Wahl wieder gewählt. An eben jenem Tage war das Budapester Orchester nach Weingartners fulminantem Dirigentenerfolg von ihm in Wien zum Abendessen eingeladen. Als unsere Vertreter erschienen, Konzertmeister Rosé und der witzige Solocellist Buxbaum, gab ihm dieser das Wahlresultat 100 gegen 5 bekannt mit den Worten: «Wir beide, Herr Direktor, sind die Fünfe.»

Zum allgemeinen Bedauern war jedoch Weingartner von seinem Vorherrschaftsanspruch, den er natürlich auch auf Salzburg erstreckte, nicht abzubringen. Es war nicht das erstemal, daß seine Auffassung mit derjenigen seiner Mitarbeiter und Vorgesetzten kollidierte. Der eigenwillige große Künstler erhielt seinen fünfjährigen Opernvertrag mit Beendigung der ersten Saison und der kürzesten Direktionskrise voll ausbezahlt. Ein Spaßvogel meinte, daß ein lebenslänglicher Vertrag praktischer gewesen wäre als ein fünfjähriger. Grollend zog sich Weingartner für immer in die Heimat seiner Gattin und der beliebten «Basler Leckerli» zurück. Im dritten Bande seiner Autobiographie, deren Publikation der Krieg verzögerte, schrieb er ausführlich über die «Schuldigen» als die Handlanger dunkler Mächte sowie über die widrigen Konstellationen des Tierkreises während seiner letzten Lebensspanne im Exil.

Vorläufig aber waren wir in guter Verfassung in Hollywood angekommen, zugleich mit Maria Jeritza, Max Reinhardt und Erich Korngold. Unsere Arbeit verlief sogleich irregulär, wie dies dort als «normal» galt. Die Gesangssolisten waren nicht vor mehreren Monaten zu erwarten; man stellte uns frei, gegen volle Bezahlung zu privatisieren. Einstweilen hatte ich Mühe, in der Regiesitzung den Librettisten, beziehungsweise den Filmadapteur von der Idee zu überzeugen, den Originalnamen «Dommayer» der Gaststätte, wo der junge Johann Strauß seine ersten Erfolge erntete, zu belassen. Er hatte gemeint, «Biedermeier» wäre besser jener Zeit entsprechend. Solchen Dilemmas enthob uns jedoch die auf unbestimmte Zeit verschobene Produktion. Im Hauptquartier der Künstler, im «Garden of Allah» am Sunsetboulevard, einem Bungalowparadies mit Palmen und Swimmingpool, lebte es sich ganz vergnüglich. Unsere Nachbarn waren Charles Laughton und seine gleichfalls filmende

Gattin Elsa Lancaster. Unsere Urlaubszeit reichte indessen nicht, bis die Fledermaus flügge werden konnte. Weingartner hätte uns nicht ungern weiter beurlaubt. Louis B. Mayer, der allmächtige Boß, hatte Verständnis für unsere knapp bemessene Zeit und schlug die Mitarbeit zu den eben fälligen Filmaufnahmen von «Anna Karenina» mit Greta Garbo in der Titelrolle vor. Wir nahmen mit Freuden an. Nur eine größere Szene war zu produzieren, die in einem großen Opernhaus spielte. Anna Karenina (Greta Garbo) sieht aus ihrer Loge in Gesellschaft ihres Kavaliers auf die Bühne. Die Wahl der Opernvorstellung war Tschaikowskis «Eugen Onegin». Erster Akt mit Ballett und Hopak-Tanz und hiezu von mir arrangiertem Chor. Die Los Angeles Philharmoniker spielten im Film, deren Konzerte damals Otto Klemperer dirigierte. Alles verlief befriedigend. In der ersten Regiebesprechung sah ich der Begegnung mit Greta Garbo mit Spannung entgegen. Es dauerte eine Weile, bevor ich sie unter allen arbeitsmäßig Gekleideten, bar jedes Make-up, unauffällig farblos erkannte. Die Sensation in der Filmwelt war damals die schöne Jean Harlow aus Kansas, die soeben vom Verdacht eines Mordes, trotz rauchenden Revolvers in der Hand (vermutlich in Notwehr), freigesprochen wurde. Im übrigen war sie eine anmutig kameradschaftliche Persönlichkeit. Heute erscheint sie mir als Vorläuferin der Marilyn Monroe und, deren Schicksal nicht unähnlich, ruhte sie ein Jahr später in einem palastartigen Mausoleum. Die Filmgeneration von damals lebte scheinbar unbekümmert im Firlefanz jener irrealen, synthetischen Umgebung. Wir Angehörigen der europäischen Gruppe, die zurückkehrten, hatten bald Grund dies zu bedauern. Nur Frau Jeritza blieb und heiratete einen Rennstallbesitzer, bevor sie sich später in New York mit Mr. Seery, einem Grossfabrikanten von Schirmen, vermählte.

Nach unserer europäischen Landung erfolgte die Heimreise im neuerworbenen Auto, damals eine begehrte Hollywoodtrophäe. Sie erwies sich bald und auch später als schicksalsschwanger. Zunächst durch den Glauben, daß ein neuer Führerschein Fahrfähigkeit bedeute. Von einer steilen Paßhöhe abwärts rollend, prellte der Schalthebel zurück in die zarte Hand meiner Gattin, und wir rollten im Leerlauf mit zunehmender Geschwindigkeit den in der Tiefe brodelnden «Salzachöfen» entgegen. Eine Kurve nahm uns schützend auf, ehe das Geländer durchstoßen war.

Zu diesem Wunder gesellte sich gleich ein zweites mit der vertrauten Stimme unseres Arztes, der, auf einer Wanderung begriffen, den dramatischen Hergang gesehen hatte und unsere kleinen Verletzungen mit erster Hilfe betreute. Die größere des Motorgetriebes beanspruchte einige Tage. Danach gelangten wir ans Ufer des Lago Maggiore, wo uns eine Lancia auf Toscaninis Insel San Giovanni brachte. Auf dem kleinen Eiland mit seinem mittelalterlichen Kloster, das innen gastlich modernisiert war, folgten idyllische Tage. Programmgestaltung und taktische Erwägungen anderer Dirigentenwünsche fanden eine harmonische Lösung sowie Vorausplanung der in Salzburg 1936 bevorstehenden «Meistersinger».

Auf einer dieser Italienfahrten war Erich Leinsdorf mein Gast. Nachdem sein Versuch, an der Wiener Staatsoper unter Bruno Walter anzukommen, gescheitert war, nahm ich ihn mit nach San Giovanni, und Toscanini brachte ihn schon nach kürzester Zeit am Teatro Comunale in Bologna unter. Im faschistischen Italien war ein alias Landauer beruflich nicht behindert. Von dort schrieb mir Leinsdorf am 29. November 1936: «Ich habe nicht vergessen, daß Sie das Himmelszeichen für diese Reise waren . . .»

Während der Anschlußtage war seine Mutter in Wien durch eine politische Pöbelaktion schwer gefährdet. Auf den Hilferuf ihrer Schwester konnte ich ärztliche Hilfe beschaffen, worauf beide Frauen nach New York reisen konnten. Ich sah Leinsdorfs Mutter und Tante in späteren Jahren noch oft an Opernabenden, die er dirigierte. Gesprochen haben wir uns nicht.

Im Salzburger Sommer 1935 war für uns Philharmoniker die große Bewährungsprobe Verdis «Falstaff». Das berühmte Alterswerk des 80jährigen Komponisten war keine Repertoire-Oper; mit dem Maestro und seinem Scala-Ensemble aber war es ein sicherer Erfolg. Seine Einstudierung gehörte zu den anspruchsvollsten Forderungen an ein Orchester, und wir waren uns dieser Aufgabe bewußt, als kurz vor Beginn der ersten «Falstaff»-Orchesterprobe ein junger Mann am Pult der ersten Oboe erschien, der von seinem Lehrer Alexander Wunderer (meinem Vorgänger im Amt als Vorstand), wegen dessen

Verhinderung, als sein Substitut gesandt worden war. Für Fragen nach seiner Qualifikation war keine Zeit, als Toscanini mit einem energischen Niederstreich den Anfangsakkord wie aus einer Zauberschachtel herausspringen ließ.

Der Maestro hatte das Orchester längst im besten Sinne erprobt, so daß seine Reaktion auf die Unsicherheit einer führenden Bläserstimme sich zunächst nur als ungläubige Überraschung in seinen Mienen spiegelte. Bei der nächsten Solostelle aber war es klar, daß da ein unerfahrener Neuling spielte. Der berüchtigte Temperamentsausbruch, die «rabbia» des Maestro entflammte; abrupt verließ er die Probe. Ich versuchte im Künstlerzimmer dem Tobenden den Sachverhalt zu erklären und versicherte ihn, bei der nächsten Probe würde alles «wie am Schnür'l» gehen.

Durch den unerwarteten Zwischenfall war der heiße Augusttag zu einem dienstfreien geworden. Die meisten Musiker begaben sich in den nahen Brauhausgarten, wo unter schattigen Bäumen Bier vom Faß verzapft wurde. Die Holzbläsergruppe hatte wie gewöhnlich den größten Durst. Vom Geiste des Dionysos inspiriert, faßten wir den spontanen Entschluß, das soeben erlittene traumatische Erlebnis dem Orakelspruch des Lotto zu unterbreiten.

Das Lotto hat in Wien eine alte Tradition. Es machte es auch den minderbemittelten Schichten der Bevölkerung möglich, mit Hilfe des sogenannten «Traumbüchels» mit ein paar Groschen (heute wohl mit ein paar Schillingen) an einem bescheidenen Glücksspiel teilzunehmen, einen Gewinn und zugleich mit diesem eine Art Orakel über die Zukunftsaussichten der Spieler zu erzielen. Das Prinzip war ursprünglich gewesen, auf eine Nummer zu setzen, die einem im Traum erschienen war. Da sich so etwas aber nicht jede Nacht ereignete, kam man auf den Gedanken, gewissen Ereignissen oder Stimmungen bestimmte Nummern zuzuweisen, die eben im Traumbuch zu finden waren; darin stand etwa für «große Angst» die Nummer 90, für «kleine Angst» 45. – Unsere wieder heiter gewordenen und teils angeheiterten Musiker beschlossen nun, in einer vorweggenommenen Computertechnik, eine Ziffer zu ermitteln, die den unglückseligen Zwischenfall repräsentieren würde, und diese als Zukunftsbefragung im Lotto zu setzen. Tag, Stunde, Seite der Partitur und zuletzt «die große Angst» wurden mit Hilfe des amtlichen

Traumbuches ins Mathematische transponiert und das Resultat auf «Terno» gesetzt. Wenige Tage später brachte die Ziehungsliste einen Haupttreffer für unseren Einsatz. Eine höhere Macht hatte damit ein tröstliches Verdikt gefällt, und Toscanini, durchaus nicht immun gegen okkulte Zusammenhänge, war sichtlich beeindruckt und heiter versöhnt. Die wiederhergestellte Harmonie manifestierte sich in den denkwürdigen Aufführungen von Verdis Alterswerk während dreier Spielzeiten. Die Herrlichkeit schien anzudauern und wuchs ins Legendäre. Spätere Studioaufnahmen des gleichen Werkes entbehren der impulsiven Dynamik, wie sie durch Bühnenaktion und Dialog hervorgerufen wird und sich dann sogar der Platte einprägt.

Einmal noch fühlte sich unser Maestro veranlaßt, seine unbeugsame Befolgung schöpferischen Willens zu demonstrieren. Als in der Bühnenprobe des dritten Aktes das bereits in Wien beanstandete Krankenbett Falstaffs erschien, legte er den Taktstock nieder und verließ das Theater. Man hatte die Warnung vergessen, das Bühnenbild entgegen der Wiener Inszenierung nach den Wünschen Boitos und Verdis zu gestalten. Jetzt wurde über Nacht das Wirtshaus mit der Bank davor geschaffen, worauf Toscanini versöhnt zurückkehrte.

Dem überwundenen Widerstand gegen die Falstaff-Einstudierung in italienischer Sprache folgte der größere wegen der Unzulänglichkeit der kleinen Bühne für das Großformat der «Meistersinger». Es gab manche Vorbehalte und Einwände, reale und parteiische, wie «Bayreuth in Salzburg?» oder die Länge des Abends (selbstverständlich strichlos, d. h. ungekürzt); die Behinderung deutscher Sänger, aus dem Dritten Reich nach Österreich zu kommen, und überhaupt «Wagner». Nachdem aber Bruno Walter bereits den «Tristan» hier dirigiert hatte, war dieses letzte Argument nicht stichhaltig – man fand sich seufzend darein. Toscanini hatte eine lebenslange Liebe zu zwei überdimensionalen Werken in C-Dur: Schuberts 9. Symphonie und die «Meistersinger». Mit letzteren hatte er seine Direktion an der Mailänder Scala und an der New Yorker Metropolitan Oper angetreten, und mit Schuberts großer C-Dur seine erste Kapellmeisterstelle in Turin.

Bald nach dem Probenbeginn in Salzburg fand sich auch Schalom Asch ein, dem ich beim Abschied in Hollywood versprechen mußte, ihm zu einer Probe mit Toscanini Einlaß zu verschaffen. Der Maestro hatte sich Besuche ausdrücklich verbeten, und nur über heimliche Mithilfe seiner verständnisvollen Gattin Carla konnte es illustren Gästen gelingen, unbemerkt aus dem Hintergrund zuzuhören. So wurde also mit Asch ausgemacht, bei welcher Türe er Einlaß finden würde. Sie lag dem kleinen Stadtsaal gegenüber, wo gleichfalls Proben abgehalten wurden. – In der Pause suchte ich nach Schalom Asch, ohne ihn erblicken zu können. Vielleicht, so dachte ich, war er durch einen inspizierenden Diener ausgewiesen worden. Nachdem alles vorbei war, traf ich ihn schließlich im Café Bazar, wo er mir sein Mißgeschick gestand: In der Probenpause ging er ins Foyer durch die Eingangstür gegenüber dem anderen Probesaal. Von dort trat in diesem Augenblick Bruno Walter heraus, wo auch er probte, und nun vermeinte Asch, einen Blick der Trauer in Walters Augen bemerkt zu haben, den er sich so auslegte, als würde es Walter kränken, daß Asch es vorzog, der Probe des großen Maestro zuzuhören. Asch fühlte sich schuldig und bat Walter um das Privileg, *seiner* Probe beiwohnen zu dürfen, womit er natürlich die Toscanini-Probe opferte. Nun aber wollte er zum Konzert einen Einlaß verschafft haben. Schließlich erkämpfte ich ihm einen Platz im ausverkauften Mittagskonzert, den ich im voraus bezahlte. – Mit der Karte vor dem Konzert harrte ich seiner. Er winkte schon von weitem mit einer Platzkarte, die er geschenkt erhalten hatte, und die von mir erworbene war mangels Nachfrage nicht anzubringen, da zu dem schönen Sommerwetter und der Ankündigung «Ausverkauft» kein Käufer an der Kasse erschien.

Bei der Salzburger «Meistersinger»-Produktion trat die Unzulänglichkeit der Betriebsbehelfe kraß in Erscheinung. Das Haus war nicht für Opern geplant gewesen. Sängersolisten teilten sich in die engen Garderoben, für die Musiker gab es nur eine kleine Galerie über dem Stadtsaal, der als Wandelgang und Büffet in den Pausen diente; Umkleide- und Stimmzimmer für die Musiker existierten nicht. Toscanini wollte dem mit der Idee eines neuen Bühnenhauses abhelfen. Natürlich wiesen die Stadtväter auf das Problem des Kostenpunktes. Der Maestro erklärte sich bereit, durch Sammlungen und Konzerteinnahmen nachzuhelfen. Internationale Festspiele waren damals kaum lukrativ, und die internationale Vermassung des Reiseverkehrs war noch nicht organisiert. Immerhin entsprach seit 1934 auch der Geschäftsgang dem hohen künstlerischen Niveau, was dem großen Projekt den nötigen Auftrieb sicherte. Eine Besprechung im Wiener Ballhaus mit dem Kanzler und dem Landeshauptmann Dr. Franz Rehrl gewann dem Maestro das Versprechen ab, zugleich mit der Verwirklichung des Planes seine dauernde Mitwirkung zuzusichern. Zur Bekräftigung dieser Bindung dirigierte Toscanini zwei «Fidelio»-Abende in der Wiener Staatsoper zur Inauguration von Bruno Walters neu übernommener Direktion.

Am Abend der ersten Vorstellung versuchte ein Gegner aus dem Hinterhalt der Anonymität einen Schreckschuß abzugeben.

Brief von Arturo Toscanini aus Pallanza betreffend das 3. und 4. Abonnementskonzert vom 14./15. November 1936 und vom 21./22. November 1936:

«Mio caro Burghauser, Arriverò martedì alle 12.15 per avion . . .
Il primo programma lo desidererei così:
Cherubini, Sinfonia in re
Ravel, Daphnis e Cloë (2ª suite)
2ª parte
Brahms, Liebeslieder
Goldmark, Brautlied, Im Garten, Serenata

e vorrei finire col
Tango del maestro Cesare Sonzogno.
Il secondo programma:
Busoni, Rondo Arlecchinesco
Szostakowitc, Sinfonia
2ª parte
Beethoven, Coriolano
Brahms, Sinfonia in c-moll No 1
Potrei cominciare a provare pure martedì pomeriggio.

Ma credo sarà sufficiente cominciare mercoledì . . . Come meglio Lei crede necessario. Bisogna procurare la musica di Ravel, Szostakowitch e Goldmark solamente.
Ho veduto la cara Margarete – era elegantissima e bella!
Arrivederci presto. Affettuosità Arturo Toscanini»

ISOLINO S. GIOVANNI
PALLANZA

Mio caro Burghauser
Arriverò Martedì
alle 12/15 per avvisar...
Il primo programma
lo desidererei così:

Cherubini - Sinfonia in Re
Ravel. - Dafnis e Cloé
(2ª suite)
2ª parte
Brahms Liebeslieder
Goldmark Brautlied - Im Garten - Serenad

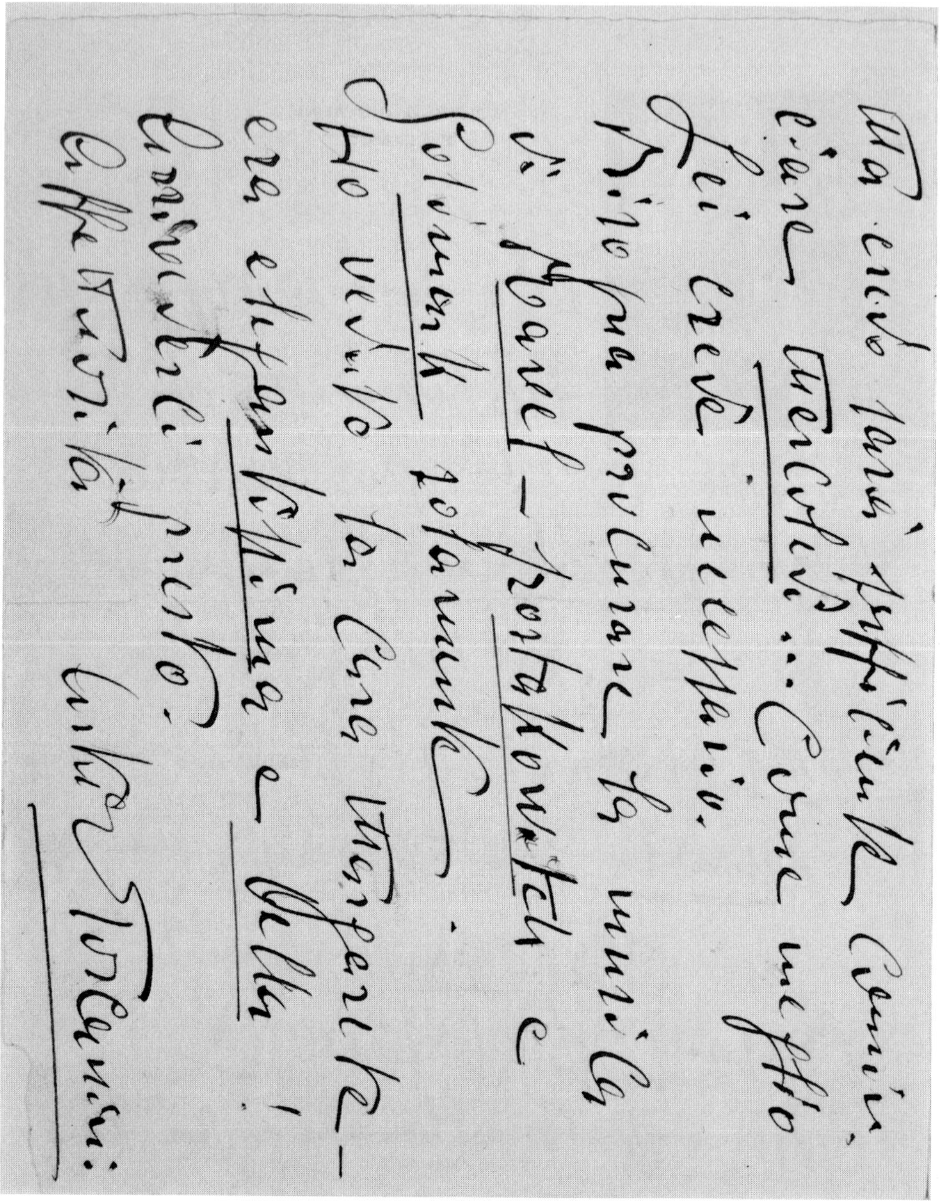

Ma credo sarà sufficiente cominciare mercoledì... Come meglio Lei crede necessario.
Bisogna procurare la musica di Ravel – Shostakowitch e Goldmark solamente.
Ho veduto la cara Margarete – era elegantissima e bella!
Arrivederci presto.
Affettuosità Arturo Toscanini

Toscanini Briefseite 3

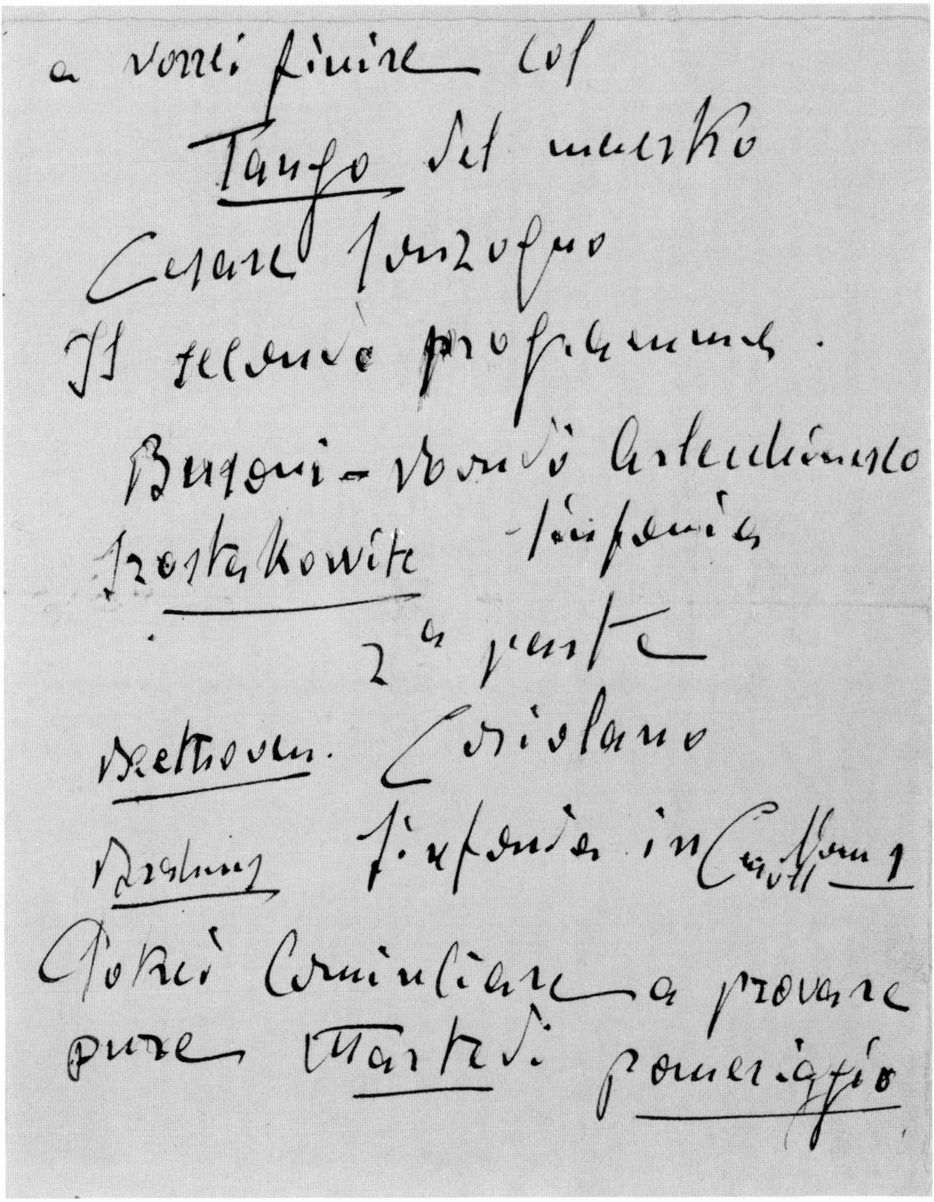
e vorrei finire col
Tango del maestro
Cesare Sonzogno
Il secondo programma.
Busoni - Rondò Arlecchinesco
Shostakowitz - Sinfonia
2a parte
Beethoven. Coriolano
Brahms Sinfonia in Cmoll 1
Potrei cominciare a provare
pure Martedì pomeriggio

Toscanini Briefseite 2

In Toscaninis Hotel traf ein anonymer Brief ein, in welchem für die «Anmaßung seiner Einmischung» ausgiebige Proteste während der Vorstellungen versprochen wurden. Niemand sonst wußte von dem Schreiben, und ich saß in gespannter Erwartung im Orchester, ungewiß der kommenden Geschehnisse. Es blieb bei der leeren Drohung. Im «Philharmonischen» stand Brahms' «Deutsches Requiem» auf dem Programm. Vorher spielten wir vor einem ergriffen stehenden Publikum Mozarts «Maurerische Trauermusik» als Ehrung für den verstorbenen Bassisten Richard Mayr; es war eine seltsam mystisch anmutende Koinzidenz, da das Programm längst vorher bestimmt worden war.

In Salzburg waren es die letzten vier Bühnenproduktionen, die Toscanini nach 50jähriger Kapellmeisterkarriere dirigieren würde. Während einer Ensemble-Probe der «Meistersinger» offenbarte Toscanini spontan seine innerste Selbsteinschätzung und Beziehung zu dem monumentalen Werk. Mitten in der Probe klopfte er ab, ohne ersichtlichen Grund zu einer Korrektur, und sagte zu den erstaunt Aufhorchenden: «La gente, die Leute sagen, Toscanini e un genio – No, non genio sono.» Und auf die versammelten «Meister» zeigend: «Ich bin so ein Meistersinger.» Damit drückte er beides aus, Bescheidenheit und Anspruch. Denn in seiner Generation gab es keinen Kapellmeister mit seinem universalen Repertoire und seinem Wissen multinationaler Meisterwerke, die er alle auswendig dirigierte. Gelegentlich, wenn vom Dirigieren die Rede war, imitierte er seine Kollegen: Niedersitzen und Aufsetzen der Brille, Aufschlagen der Partitur und Versenken des Kopfes in die Noten, und Schwingen des Taktstockes. Seine einfache Formel war: Musik in Kopf, Ohr und Herz; freilich eine etwas schwierige Formel zum allgemeinen Gebrauch. Toscaninis «Meistersinger» schienen schneller gespielt, dauerten aber ungekürzt um nichts weniger lang als die anderer Kapellmeister. Es war die Belebung, der Lustspielgeist, mit dem der Maestro dem landläufigen Pathos entgegenwirkte.

Das Jahr 1937 wurde zum Brennpunkt mehrerer Ereignisse. Unter anderem brachte es Toscaninis 70. Geburtstag; in Salzburg Mozarts «Zauberflöte»; die Gründung des NBC-Orchesters in New York für den Maestro und seine Teilnahme an dem von Bronislav Huberman gegründeten Philharmonischen Orchester in Tel Aviv. Für das letztere waren einige zusätzliche Musiker zu engagieren, deren Auswahl an die Bedingung geknüpft war, nicht nur als Musiker vorzüglich zu sein, sondern auch bereit, als Juden nach Palästina auszuwandern. Wegen meiner leitenden Position in der Musikergewerkschaft übertrug mir Huberman die Aufgabe dieser Auswahl, die zum Teile genealogische Erforschungen benötigte. Bei näherer Befassung erwies sich, daß manche Berufene es ablehnten, diese auserwählte Karriere zu ergreifen. Schließlich fanden sich jedoch genügend weitsichtige Anwärter für meine Mission.

Am Morgen des 25. März 1937 spielte in der Pergola des Hauses von Toscanini an der Via Durini in Mailand das Adolf Busch-Quartett eine Mozartserenade, der der Maestro vom Balkon seines Schlafzimmers aus zuhörte. Ich war als Gratulant entsandt worden, um dem Maestro das Orchestergeschenk, einen geigenden Cherub, zu überbringen, der sogleich als Glückssymbol seinen Platz im Schlafzimmer schwebend fand. Er hatte ursprünglich einen spielenden Gefährten, und beide Cherubim waren nur gemeinsam zu erwerben. So adoptierte ich den Zwilling, der mich seither mit seiner Flöte begleitet. – Unter den vielen Geburtstagsgratulanten war auch der Salzburger Landeshauptmann Dr. Franz Rehrl erschienen, mit den Bauplänen zum neuen Bühnenhaus Clemens Holzmeisters. Die Raumgewinnung dieser Pläne erforderte die Umkehrung des ganzen Hauses um 180 Grade. Im alten Haus würde Mozarts «Zauberflöte» die letzte Vorstellung sein. Die Sängerbesetzung war bis auf die Rolle der Königin der Nacht gesichert; für diese Koloraturpartie gab es mehrere Anwärterinnen, die es zu prüfen galt. Toscanini wollte für die hohen Figurationen beider Arien brillant klingende Töne produziert haben, die blitzende Sterne versinnbildlichen sollten. Ohne Zögern entschloß er sich zur Reise nach Wien, um die Entscheidung zu treffen. Die improvisierte Fahrt resultierte in einem ebenso schnell beschlossenen Konzert. Drei Tage genügten für Proben und Ausverkauf. Das Programm bestand aus Verdis e-Moll Streichquartett, eingerichtet für Streichorchester, und Beethovens Pastoral-Symphonie. Mit dieser Aufführung dokumentierte der Maestro Immanuel

Kants Definition klassischen Geistes, «der dort zu finden ist, wo die Natur der Kunst ihre Gesetze gibt».

Verdis Quartett war eines jener Raritäten, mit denen Toscanini die Grenzen landläufigen Konzertrepertoires erweiterte. Zuweilen führte er kaum bekannte Werke von Cherubini bis Busoni auf; manchmal allerdings auch solche, die dem philharmonischen Dekorum nicht ganz entsprachen, wie Suppé, Bizet, Herold, Waldteufel und Ouvertüren von Rossini und Verdi. Der Maestro hatte die Unbekümmertheit, melodiöse Musik, die er unter dem Generalnenner «Gusto» wählte, durch Brillanz der Ausführung seinem Publikum schmackhaft zu machen, das sonst schwerere Kost gewöhnt war. Sein Charisma bestand in gesangsmelodischer Italianità, die auch seinem symphonischen Programm einen besonderen Reiz verlieh. Hingegen machten ihm seine Landsleute den Vorwurf, ihre Musik zu «germanisieren». – Anschließend fuhren wir wie gewohnt nach Budapest, wo Julie Osvath, eine jugendliche Sängerin, als «Königin der Nacht» debütieren sollte. Ihre frische, kerngesunde Stimme gewann Toscaninis Zustimmung; die deutsche Prosa würde sie bis zum Sommer erlernen. – Eine sinnige Intrade jener Sommerfestspiele war die Aufstellung der Büste Hugo von Hofmannsthals im Foyer des Festspielhauses, mit dessen «Jedermann» vor 17 Jahren die Festspiele 1920 ihren Anfang nahmen. Freiherr Georg von Franckenstein, Österreichs Gesandter in London, hielt die Festrede, mit der er das Denkmal der Obhut der Gemeinde übergab. Ein Jahrzehnt später bat er mich, den Bildhauer Hammer in Amerika ausfindig zu machen, um das im Krieg zerstörte Bildwerk neuerlich auf seinem angestammten Platz zu errichten. Bald darauf fand er beim Abflug von Salzburg mit Frau und Kind den Tod.

Im Sommer 1937 erschien Wilhelm Furtwängler zum erstenmal auf dem Konzertprogramm der Salzburger Festspiele. Er war natürlich schon längst und wiederholt dazu eingeladen worden, hatte aber mit Hinweis auf seine Tätigkeit bei den Bayreuther Festwochen abgelehnt. Diese Darbietungen waren einstweilen mit dem neo-nordischen Mythos identisch geworden, dem Mythos des Tausendjährigen Reiches, von dem Deutschland bereits vier Jahre erlebt hatte.

Während dieser Periode ereignete sich auch Arturo Toscaninis

Auftreten bei den Wiener Philharmonikern und, die folgenden Sommer, in Salzburg. Dort dirigierte er seither alljährlich eine neu inszenierte Oper; 1937 war es Mozarts «Zauberflöte». Im Gegensatz zu den vorangegangenen Aufführungen war dies eine verschiedentlich beurteilte Vorstellung. Gegen vorherige Opern hatte es Einwendungen gegeben, die sich später in Wohlgefallen auflösten. Diesmal aber schien ein Rest negativen Urteils haften zu bleiben. Es gab sogar den ungewöhnlichen Versuch des Sarastro-Darstellers Alexander Kipnis, einen Beschluß herbeizuführen, der Toscanini zur Moderierung seiner schnellen Tempi veranlassen sollte. Dr. Herbert Graf, der Spielleiter, an den sich die Sänger mit dieser Absicht wandten, sagte: «Eher können Sie den Mönchsberg hinter'm Festspielhaus bewegen, als Toscanini dazu bringen, seine Überzeugung zu ändern; Sie haben die Wahl, zu singen oder Ihre Mitwirkung abzusagen.»

In der ersten Aufführung ereignete sich dann das Mißgeschick, daß die Koloratur der jungen Sängerin Julie Osvath als Königin der Nacht ins Wanken geriet. Darüber befragt, sagte das hübsche Naturkind, sie habe bei dem Gedanken, ihre ganze Familie in Keczkemét am Radio zuhören zu wissen, die Fassung verloren. (Überdies hatte der deutsche Prosatext durch ihren ungarischen Akzent unerwünschte Heiterkeit erregt.)

Im übrigen verlief alles gut bis zur letzten Vorstellung der «Zauberflöte» am 31. August, nach deren Beendigung die scheidenden Gäste Zeugen des beginnenden Umbaus wurden; die hiefür erforderliche Demolierung hatte begonnen. Im bunten Stadtbild der internationalen Besucher herrschte tagsüber die beliebt gewordene Mode vor, sich in der ortsüblichen Landestracht Salzburgs zu zeigen. Trotz dieser allgemeinen Kostümierung erregte der deutsche Gesandte von Papen einiges Aufsehen, wenn er in Lederhosen und Alpenhut promenierte.

Daß Furtwängler erschien, war gleichfalls ein Novum aus dem Norden, wenn auch ein positives. Österreich war zurzeit das anerkannt kosmopolitische Kunstzentrum der westlichen Welt, das sich größten internationalen Zuspruchs erfreute. So war es auch für Furtwängler als dem nunmehrigen offiziellen Repräsentanten deutscher Kunst wünschenswert, als Gegengewicht zu dieser nationalen Würde auch die Zugehörigkeit zur Arena freier Künstler zu behalten.

Durch den Gegensatz dieser beiden Sphären gerieten Spitzenpersönlichkeiten wie er in eine widersprüchliche Lage, die nur wenige von ihnen überbrücken konnten. Sicherlich war es auch Höflichkeit, was Furtwängler veranlaßte, am Vorabend seines Konzertes dem Maestro während dessen «Fidelio»-Vorstellung einen Besuch abzustatten; zugleich aber plante er, bei dieser Gelegenheit auch seine weitere Teilnahme an den Festspielen zu besprechen. Furtwängler, der Künstler feinster musikalischer Schattierungen, konnte im persönlichen Verkehr oft merkwürdig unbedacht gegenüber dem Standpunkt anderer sein. Im Verfolg eigener Interessen hatte er die naive Direktheit des sprichwörtlichen «Deutschen Michels». So wünschte er jetzt, in der einzigen Pause der Aufführung, einen improvisierten Besuch in der Garderobe Toscaninis zu machen, und ersuchte den Regisseur des Abends, Dr. Herbert Graf, ihn dorthin zu begleiten. Dieser lehnte es ab mit der Begründung, während des szenischen Umbaus der Bühne nicht abkömmlich zu sein. Leider war gerade jetzt für den kleinen Besuchsgang keiner der Verwaltungsfunktionäre zugegen, die sonst immer voller Eifer ihren Kompetenzpflichten oblagen. Furtwänglers Auge fiel auf mich. In der Pause einer Vorstellung sind die Musiker die einzigen frei Beweglichen unter den Mitwirkenden; so ersuchte er mich um diesen Dienst. Ich gab ihm sogleich zu bedenken, daß Toscanini eben jetzt mit Hilfe seiner Gattin die Wäsche wechsle und sich, bei etwas Erfrischung, für den letzten Akt sammle. Sein feines Ohr schien meine Warnung nicht gehört zu haben. Er war entschlossen, «den Stier bei den Hörnern zu fassen», und marschierte auf sein Ziel los, während ich ihm zögernd folgte. – In Toscaninis langer, stürmischer Karriere endete kein Abschnitt ohne einen Knalleffekt. Auch hier ereignete sich einer, wenn auch zunächst hinter den Kulissen.

Angelangt vor der Türe, öffnete sich auf mein Klopfzeichen ein Spalt, in welchem Signora Toscanini sichtbar wurde. «Senza complimenti», wie im Italienischen das Weglassen konventioneller Formen heißt, trat Furtwängler in das enge Zimmerchen ein und stand vor dem halbnackt dasitzenden kurzsichtigen Maestro, der den Besucher an seiner überragenden Körpergröße erkannte. In problematischen Situationen neigte Toscanini zu abruptem Entschluß. Ohne zu zögern beendete er die Szene, indem er den unerwarteten Gast einlud, ihn nach dessen morgigem Matineekonzert in seiner Villa zu besuchen.

Am nächsten Tag, dem 27. August, im 17. Jahre des Bestehens der Festspiele, debütierte Furtwängler mit Beethovens Neunter. Unter den Zuhörern befand sich auch Toscanini. Das Publikum war in Feststimmung und bereitete Furtwängler eine Ovation. Seine Führung und Gesten waren sichtlich nervös. Gleich der erste Einsatz der Hornquinte war ein allzu entsprechender Widerklang ungewissen Taktierens und ließ, gemäß einem Orchesteraberglauben, weitere Schwankungen befürchten. Die Gesamtwirkung war jedoch außerordentlich eindrucksvoll und bejubelt.

Nach dem Konzert erfolgte das erste Treffen der beiden großen Antagonisten seit den gemeinsamen Bayreuther Wochen im Jahre 1931. Damals war Toscanini, auf Siegfried Wagners Einladung, der erste fremdländische Gast gewesen, was manche Bedenken in den Kreisen der nationalen Hintersassen erregt hatte. Jetzt war er es, dessen Zustimmung für die Mitwirkung Furtwänglers als Operndirigent bei den Festspielen in Frage stand. Die Unterredung war ohne Zeugen, ihr Resultat negativ. Kompromißlos erklärte Toscanini die Unvereinbarkeit einer Bayreuther mit einer Salzburger Tätigkeit unter den herrschenden Umständen der Diktatur, die sogar die bloße Einreise nach Österreich mit einer Strafgebühr belegte. Furtwängler entgegnete, er habe gemeint: wo Beethoven gespielt wird, herrsche geistige Freiheit. Diese idealistische Auffassung ließ der Maestro, angesichts der Verfemung vieler Künstler in Deutschland, nicht gelten. Im übrigen stellte er es dem großen Kollegen frei, sich nach Belieben zu entscheiden; falls für Salzburg, dann ohne seine eigene weitere Beteiligung. Daraufhin verzichtete Furtwängler. Toscanini äußerte sich über den Verlauf dieser Unterredung, in gewohnt einsilbiger Weise, nur zu seiner Familie; Furtwängler in brieflichen Mitteilungen an Freunde, die, mit kommentierender Ausweitung, ihren Weg in die Öffentlichkeit fanden.

Schon vor Errichtung der deutschen Diktatur hatte es Streitgespräche über die Programmierung von Gegenwartsmusik und deren fragliche Vorzüge gegeben. Individueller Interpretation stand vermeintliche Objektivität gegenüber, als deren Vertreter Furtwängler beziehungs-

SALZBURGER FESTSPIELE 1937

DIENSTAG, DEN 24. AUGUST 1937, UM 16·15 UHR NACHMITTAGS
über Veranlassung der National-Broadcasting Co. in New-York
im Festspielhause

Außerordentliches Konzert der
Wiener Philharmoniker

Dirigent: **Mro Arturo Toscanini**

PROGRAMM:

ROSSINI: Ouvertüre L'Italiana in Algeri
BEETHOVEN: Symphonie Nr. 6 (Pastorale)
R. STRAUSS: Tod und Verklärung

Das Reinerträgnis dieses Konzertes wird dem Baufonds des Festspielhauses und dem Pensionsfonds der Wiener Philharmoniker zugeführt

Kartenverkauf an der Tageskasse der Salzburger Festspiele,
Hotel Bristol (Bayernbank)

weise Toscanini galten. Der letztere enthielt sich mit lakonischer Ablehnung jeder Diskussion. Hingegen neigte Furtwängler zu weitschweifigen Erklärungen, die auch die Begründung seiner viel diskutierten Dirigiergestik einschlossen. Er behauptete, sehr wohl einen klaren Takt mit dem Stab geben zu können; damit aber wäre die ausdrucksmässige Übertragung nicht wirksam, wie sie ein vibrierender, langsam sich senkender Taktstock erzeuge. Er schrieb: «Wenn ich als Kapellmeister gegen den Vorwurf, unsachlich zu dirigieren und meine Person in den Vordergrund zu schieben, empfindlich reagiere, so deshalb, weil ich meiner Meinung nach noch nie so klar, natürlich, sachlich und endgültig dirigiert habe wie jetzt und jedenfalls alle mir zur Verfügung stehenden Geisteskräfte dazu verwende, diese Attribute wahr zu machen. Was allerdings in völligem Masse fehlt – jedenfalls in großen Teilen Deutschlands – sind Hörer, deren Niveau so hoch ist, daß sie das, was ich will, wahrnehmen und würdigen können.»

Gegenüber der starren Auffassung des Maestro: «Rhapsodisches Musizieren ist Dilettantismus!», war Furtwänglers vergleichsweise geäußerte Selbsteinschätzung: «Wo Toscanini aufhört, fange ich an.» Das Publikum jubelte beiden zu. Furtwängler sah darin die Beglaubigung seines Künstlertums. Toscanini die Fragwürdigkeit jedes, auch seines eigenen Erfolges. Keiner ahnte, wie bald Übermächte jenseits ästhetischer und ethischer Prinzipien darüber entscheiden würden.

Innerhalb Jahresfrist dirigierte Furtwängler 1938 in Salzburg die «Meistersinger». Im Rückblick scheint 1937 Verdis «Requiem» unter Toscanini als der eigentliche Grabgesang Österreichs aufgeführt worden zu sein. Das letzte Festkonzert bestand ausschließlich aus

Plakat für die Konzertsaison 1937/38

Brahmswerken, darunter die selten gehörten «Liebeslieder-Walzer», die als Vokal-Serenade ein bezauberndes Gegenstück zur instrumentalen Serenade in A-Dur bildeten. 1937 erfüllte die Festspiele eine Euphorie, die ahnungsvoll dem nahen Ende Österreichs entsprach. Auch das folgende Wiener Konzert war ein Brahmsprogramm, in welchem die Variationen über Haydns Sankt Antoni-Choral aus dem ersten, fünf Jahre früheren Konzert wiederholt wurden. Unser anfangs wegen seiner Strenge gefürchtete Maestro zeigte jetzt ein solches Vertrauen in die Gedächtnistreue des Orchesters, daß er die virtuose 5. Presto-Variation nach dem ersten Teil nicht weiter zu proben für nötig fand. In nächster Minute wäre das Orchester munter unterwegs gewesen, wäre es mir nicht eingefallen, ihn auf die Anwesenheit einer Anzahl neuer Mitglieder aufmerksam zu machen, derentwegen eine Probe ratsam schien. Und, richtig, spielte nun ein Geiger, statt des Piano-pizzicato am Schluß, ein Forte con Arco. Das wäre in der Aufführung ein sensationeller Fehler geworden. Ein philosophischer Kopf im Orchester meinte dazu: «Wenn Toscanini noch eine Weile bei uns bleibt, wird auch er noch schlampig werden.»

Inzwischen dirigierte auch Furtwängler wieder ein zusätzliches Wiener Abonnementkonzert. Infolge seiner Ankunft am selben Tag war die erste Probe für Nachmittag angesetzt, eine Tageszeit, die, nach einem Wiener Mittagmahl, die ungünstigste zu konzentrierter Arbeit ist. So konnte es geschehen, daß ein vor ihm sitzender wohlbeleibter Cellist, seinem vom Mittagessen gespannten Bauch durch Öffnen der Hosenknöpfe etwas Erleichterung verschaffte. Mit dem großen Instrument als Schutzschild zwischen seinen Knien war ja nichts zu befürchten. Indessen dürfte durch die Verdauung auch sein Sensorium etwas beeinträchtigt gewesen sein, denn während einer kurzen Unterbrechung, als Furtwängler mit einer anderen Gruppe eine Stelle wiederholte, stellte der Cellist sein Instrument beiseite, wodurch seine indezente Kleidung deutlich zu sehen war. Furtwängler, obgleich nicht prüde (wozu ihn sein Casanovaruf auch kaum berechtigt hätte), war schockiert und verließ die Probe mit der Drohung, angesichts solcher Disziplinlosigkeit nicht wiederkommen zu wollen. Ein Ultimatum von ihm war leider keine Seltenheit; eine ungünstige Kritik in einem obskuren Blatt konnte ihn veranlassen, bei dessen Redaktion eine Beschwerde anzumelden. In Deutschland waren ja derartige Presse-Kühnheiten längst gesetzlich abgeschafft. Er war zwangsweise preussischer Staatsrat geworden und verursachte mit seinen Beschwerden eine Irritation, die bis in das österreichische Außenministerium ausstrahlte. Jetzt mußte also der durch den achtlosen Cellisten beleidigte Dirigent versöhnt werden. Auch das gehört zu den Obliegenheiten eines Orchestervorstandes im Verkehr mit «Stars», deren Primadonna-Exzesse zum Normalbild dieser Künstlerpersönlichkeiten gehören.

Die erste zwangsläufige Beruhigungsdosis bestand in der Unsichtbarmachung des Schuldigen; im Grunde keine Schädigung für ihn, da er ohne finanzielle Einbuße vom Konzert ausgeschlossen wird. Dann folgt eine Unterredung mit dem beleidigten Dirigenten, bei welcher Gelegenheit fast immer auch andere Unzufriedenheiten zur Sprache kommen, deren Beseitigung für den zu Versöhnenden unter solchen Umständen leichter als sonst zu erreichen ist.

Nachdem also Furtwängler unseres Bedauerns und unserer Loyalität versichert worden war, wünschte er einen Punkt bereinigt, der ihn wahrscheinlich schon des längeren beschäftigt hatte: die Frage seines Honorars im Vergleiche zu demjenigen Toscaninis. Er meinte, daß es, bei seiner sonst immer bewiesenen immateriellen Einstellung, im wesentlichen eine Prestigeangelegenheit für ihn sei, von uns nicht geringer eingeschätzt zu werden als sein philharmonischer Mitdirigent. Darauf gab es natürlich nur eine zustimmende Antwort, mit der Beteuerung eines Versehens und der Zusicherung gleicher Bezüge wie Toscanini. Das Resultat war eine totale Befriedigung in beiden Angelegenheiten.

Das Honorarproblem beschäftigte mich jedoch bei näherer Überlegung weiter. Ich war mir bewußt, daß Furtwängler die unvermeidlichen Folgen meiner Zusicherung nicht voraussah, und entschloß mich, ihn zur Vermeidung späterer Mißhelligkeiten darüber aufzuklären. Betriebs-Finanzgebarung war ihm fremd und offenbar unter seiner Würde, erwogen zu werden. Ich wandte mich also nochmals an ihn, um ihn über den Umstand zu unterrichten, daß Toscaninis außerordentliche Konzert-Honorare durch mehrfach erhöhte Eintrittspreise (die sogenannten «Caruso-Preise») gedeckt werden, was nun auch für ihn gelten müsse, um unseren budgetären Verpflichtungen als Pensionsinstitut nachkommen zu können. Diese Mitteilung hatte eine stärkere Wirkung auf ihn, als ich erwartet hatte. Ohne sich zu besinnen, oder war es schnelle Besinnung, machte er unsere neuen Honorarabmachungen rückgängig und meinte, bis zu einem späteren Zeitpunkte solle vorläufig alles beim alten bleiben. Es gibt hiefür wohl nur die folgende Erklärung: Er litt unter einer Abart von Platzangst, die durch eine sichtbare Lücke freigebliebener Sitze ausgelöst wurde. Sein verträumter Blick erkannte vom Podium aus auf ziemliche Entfernung, ob Plätze unbesetzt waren, und er bestand darauf, daß die durch Verhinderung von Besuchern freigewordenen Stellen aufgefüllt werden sollten; ihre Leere erzeugte in ihm offenbar einen «horror vacui». Der bloße Anschein mangelnden Besuches konnte seine Haltung und Überlegenheit sichtlich mindern. Mit meiner Warnung hatte ich ihm – wenn auch aus finanzstrategischen Motiven im Interesse unserer Vereinskasse, – einen Dienst erwiesen und zugleich unserem Budget ein Problem erspart.

Das delikatere interne Problem mit dem Cellisten zu lösen, stand noch bevor. Ich mußte dem Verursacher der Affäre seine Ausschließung mitteilen. Er war viel älter als ich und entstammte einer Musiker-Dynastie, der auch ein populärer Komponist angehörte, und war von einem elitären Berufsstolz erfüllt, der seiner Leibesfülle nicht nachstand. Er hielt die Maßregelung für willkürlich und ungerecht und protestierte laut. «Sie junger Mann», rief er mir zu, «Sie musikalischer Niemand wollen *mich* belehren?!» Nun stand meine Autorität als Vorstand auf dem Spiele, und ich schnitt seine Rede mit den Worten ab: «Jetzt habe ich aber genug, Sie . . . *Anarchist!*»

Die hierauf eintretende Stille kündigte Folgen an. Seine Ehrenbeleidigungsklage brachte mich vor den Richter. Dieser zeigte für meinen Standpunkt Verständnis, klärte mich aber darüber auf, daß für eine Beleidigung ein Wahrheitsbeweis nicht zuläßig ist. In liberaler Weise appellierte er an uns beide, einen gütlichen Vergleich zu schließen, für den er einen späteren Verhandlungstermin ansetzen würde. Er mochte dabei den mildernden Zeitfaktor im Sinne haben. Außer einem kollegialen Belastungszeugen erfolgte kein Versuch einer friedlichen Beilegung. Bis zu den Iden des März blieben noch einige Wochen, während welcher eine Häufung von Ereignissen meine internen Vereinsdissonanzen in den Hintergrund drängte.

Das Jahresende brachte mit dem Erscheinen der von Heinrich von Kralik verfaßten Monographie unseres Orchesters einen neuen Höhepunkt unseres Rufes. Der Österreichische Bundeskanzler Dr. Kurt von Schuschnigg, der selten ein philharmonisches Konzert versäumt hatte, schrieb mir aus diesem Anlasse den folgenden Brief:

Der Bundeskanzler. *Wien, den 13. Dezember 1937*

Sehr geehrter Herr Professor!

Ich möchte auch auf diesem Wege Ihnen nochmals herzlich danken für die ganz große Freude, die Sie mir durch Überreichung des Philharmonikerbuches bereitet haben. Ich bin sehr glücklich, die Unterschriften der Mitglieder des von mir so bewunderten Orchesters zu besitzen, und habe, was leider bei mir zu einer Ausnahme geworden ist, das Buch, das ich übrigens ganz besonders gelungen finde und das insbesondere auch durch sein Bildmaterial sehr wertvoll ist, mit Interesse von der ersten bis zur letzten Seite gelesen.
Erlauben Sie mir, daß ich als kleines Zeichen dankbarer Verbundenheit Ihnen den Betrag von Schilling 1000.– für den Unterstützungsfonds der Wiener Philharmoniker anweisen lasse. Mit vielen guten Wünschen zu den kommenden Feiertagen und zum Jahreswechsel und dem sicheren Wissen, daß das neue Jahr den Philharmonikern weitere triumphale Erfolge bringen wird, worüber ich mich als Österreicher natürlich besonders freue, bin ich mit den besten Empfehlungen Ihr ergebener

[Unterschrift:] Schuschnigg

Hwg. Herrn Professor Hugo Burghauser
Vorstand der Wiener Philharmoniker
Wien.

Das Buch inspirierte unseren Opernkapellmeister Alwin zu dem Gedicht: «Philharmoniker Hymnus».

Das Echo

Philharmoniker-Hymnus

Von Kapellmeister Alwin

Das „Echo" hat erst vor wenigen Tagen auf das eben erschienene Buch „Eine Geschichte der Wiener Philharmoniker" von Dr. Heinrich v. Kralik hingewiesen. Das allseits mit lebhaftestem Interesse aufgenommene Werk hat Staatsopernkapellmeister Karl Alwin zu folgenden launigen Versen für das „Echo" angeregt.

Der Wiener Philharmoniker Geschichte,
Freund Kralik, dem ich diese Verse dichte,
Begeistert hab ich sie gelesen.
Ein Welt-Buch, noch nicht dagewesen!
Gewaltger Stoff, von ihm bezwungen,
Mit Flammen-Worten heiß besungen —
Für jedermann hochinteressant,
Ob Künstler oder Dilettant...
Musik der letzten hundert Jahr,
Von „dem Orchester" — wunderbar!
Ein Kollektivum ward Person,
Aus hundert Stimmungen ein Ton!
Von Nicolai zu Richard Strauß,
Bis Toscanini, Walter, Krauß,
Furtwänglers Gesten sieht man schweben,
Schicksale, Werke, Menschen leben.
Dann sind die herrlichen Gestalten
Im Lichtbild, filmgleich, festgehalten.
Mit Unterschriften, aperçu-reich,
Passieren sie vor uns, Revue-gleich.
Großartig durchgedacht das Ganze,
Burghausers Einfall strahlt im Glanze,
Weil Kraliks Meisterwerk erschien,
Drin sonnt und spiegelt sich
All-Wien (Alwin).

Verse des Dirigenten Karl Alwin über Heinrich Kraliks Buch über die Philharmoniker. Wien, Dezember 1937 (s. Seite 97)

Das Jahr 1937 war auch ein Höhepunkt materieller Erfolge. In der alljährlichen Hauptversammlung konnte ich den Erwerb von zwei Häusern bekanntgeben: das eine von Otto Wagner steht unter Denkmalschutz, das andere ist ein Drei-Fronten-Haus auf der Wieden, mit dem Mozartbrunnen davor, auf welchen die Fenster von Richard Strauss' Arbeitszimmer sahen. Anstatt weitere Details nüchterner Geschäftsbilanz aufzuzählen, erschien der hochbeliebte Burgschauspieler Richard Eybner und berichtete als «Radio-Reporter», wie man sich die Philharmoniker, einmal nicht im Musikvereinssaal, sondern auf dem Fußballfeld vorstellen könnte. Das Ganze erschien in der Wiener «Kronen-Zeitung» vom 15. Jänner 1937 als Titelbild und war nach Wiener Auffassung der Gipfel unserer Popularität.

Unsere finanzkräftige Situation war auch in Finanzkreisen bekannt geworden, und so war es nicht verwunderlich, daß ein verlok-

8 Groschen für Oesterreich

40 Heller tschechoslow. Währ. f. d. tschechoslow. Republik

Illustrierte Kronen Zeitung

38. Jahrgang.

Druck, Verlag, Eigentum und Herausgabe G. Davis & Co., Wien, IX., Pramergasse 28.
Verantwortlicher Schriftleiter: Emil Welwart, Wien, XVIII., Gymnasiumstraße 19

Nr. 13.287.

Post-Abonnement für Oesterreich
1 Monat 2 Schilling 55 Groschen
Postspark. Wien: Konto-Nr. 51755.

Wien, Freitag, den 15. Jänner 1937.
Redaktion und Administration: Wien, IX., Pramergasse 28.
Tel. A-13-5-25. Ab 9 Uhr abends: Tel. A-13-5-26 u. Tel. A-13-5-27. Nachtexpedition: Tel. A-13-5-28. Stadtbureau: I., Schulerstr. 19. Tel. R-27-2-36.

Post-Abonnement für die tschechoslow. Republik
1 Monat Kč 11.—, 3 Monate Kč 33.—
Postspark. Prag: Konto-Nr. 51755.

Der „böse Dämon" vom Diamantenschloß.

Rätselhafte Schmuckdiebstähle aus einem ungarischen Grafenschloß, das jetzt als Museum eingerichtet ist und unermeßliche Werte beherbergt, haben unter dramatischen Begleitumständen eine sensationelle Aufklärung gefunden: der würdige alte Kustos des Museums hatte den Schmuck versetzt.

Offener Brief an Richard Eybner. Von Prof. Willy Schmieger.

Wie der Schauspieler Richard Eybner in der Art des Sportreporters Willy Schmieger über ein Konzert der Philharmoniker berichtet. Zu sehen sind Toscanini als Schiedsrichter, Konzertmeister Rosé und Burghauser mit seinem Fagott

Illustrierte Kronen-Zeitung. — Freitag, 15. Jänner 1937.

Offener Brief an Richard Eybner.

(Zu unserem Titelbild.)

Lieber Freund Eybner!

Am vorigen Sonntag habe ich Deinen Radiovortrag angehört. Mit Vergnügen selbstverständlich, denn Dich hört man immer gerne, ob Du nun ernst und besinnlich oder voll ausgelassener Heiterkeit bist. Das weißt Du übrigens selbst, denn das wird Dir oft genug gesagt und das bezeugt Dir der Beifall, der Dich jedesmal umtost, wenn Du wieder einmal eines Deiner Vortragsstückerln so ganz fein hingelegt hast. Diesmal aber habe ich besonders aufgepaßt, denn ich bin schon vorher darauf aufmerksam gemacht worden, daß Du diesmal mich „in der Reißen" haben würdest.

Ausgezeichnet hast Du es gemacht! Die Radio-Reportage von einem philharmonischen Konzert ist aber auch wirklich gelungen und der Verfasser, Herr Dr. Ing. Julius Neudörfer, hat da einen glänzenden Einfall gehabt. Man sagt, daß sich in Wien Vortragsstücke nicht lange halten und daß schon bei der fünfhundertsten Wiederholung die Leute behaupten, es sei nicht mehr neu. Ich wünsche Dir, daß Du es diesmal auf den Tausender bringen sollst, wenn nicht auf mehr. Der Karlweis wird mit seinem „Schall zu Vogl, Vogl zu Schall" auch nicht viel unter dem Tausender geblieben sein.

Die Philharmoniker als Fußballer!

Sie haben es, wie ich höre, nicht übelgenommen, daß man ihre hohe Kunst zu einem Scherz benützte. Es ist aber ein harmloser Scherz und aus jedem Worte des Textes spricht eine große Liebe zu unserem unvergleichlichen Orchester und zu jedem einzelnen seiner Mitglieder. Deswegen verstehe ich es sehr gut, daß die Künstler gutmütig und vom Herzen dazu gelacht haben.

Ganz eigenartig aber ist es, wenn man sich selber im Radio kopiert hört. Du hast mich so gut kopiert, daß viele Leute, die zufällig nicht gehört hatten, wie der Sprecher Dich ankündigte, der Meinung waren, ich selbst sei vor dem Mikrophon. Ja, manchmal hab' ich schon selber geglaubt, daß ich es bin, der da redet! Wie man sich da selbst wie in einem Spiegel sieht! Ja, muß ich mir sagen, ich bin wirklich so aufgeregt, wie Du es dargestellt hast, ich spare ebenso wenig mit Lob wie mit Tadel, kurz, ich bin ein Fußballtiger wie so viele aus dem Publikum. Nur daß ich unseren Fußballern eher einen Rat zu geben wage als dem Buxbaum-Fritzl, dem Wunderer-Xandl, dem Burghauser — an den Herrn Präsidenten traut man sich doch schon gar nicht heran — dem Mairecker-Franzl und dem allverehrten Meister Rosé. Da waret Ihr, Du und Dein Dichter, kecker als ich es gewesen wäre.

Unser Meister Tuszynski hat Deinen Vortrag zum Anlaß genommen, ein schönes Bild zu zeichnen, das Du heute siehst. Es ist die restlose Uebertragung der Musik auf den Sport und Du bist auch darauf zu sehen. Ich kann Dir verraten, daß auch Meister Tuszynski Dir zugehört hat und daß er ebenso begeistert war wie ich und viele tausende Radiohörer, die zu Deiner großen Gemeinde gehören.

Also: Es war sehr schön, es hat mich sehr gefreut, ich grüße Dich und Herrn Dr. Neudörfer herzlichst und bleibe

Dein alter

Willy Schmieger.

*

Unser Titelbild zeigt, wie man sich unsere Philharmoniker einmal nicht im Musikvereinssaal, sondern auf dem Fußballfeld vorstellen könnte. Eybner ist der Radio-Reporter, Maestro Toscanini fungiert als Schiedsrichter! Daß alles mit den Instrumenten ausgerückt ist und daß die Instrumente selbst gelegentlich mitspielen, ist selbstverständlich. Und Eybner sagt: „Der Schiedsrichter wachelt mit einem kleinen Staberl bald nach rechts, bald nach links... Die Bläser übernehmen das Thema, Burghauser ist fabelhaft... Die Geigen spielen wunderbar... Der Schiedsrichter hat die Mannschaften fest in der Hand... Alleingang von Meister Rosé, er ist der beste Tackler, den wir haben... Die Violen dribbeln großartig... wann nur der Paukenkeeper aufpaßt!... Jetzt haut der Paukist hinein mitten in das Gwürgs... Schluß, gut is gangen, nix is g'schehen!"

Nicht nur Radio Wien, auch die „Kronen-Zeitung" meldet sich nach kurzer Pause wieder mit eigenem Programm.

Zweite Seite der «Kronen-Zeitung» vom 15. Januar 1937 (siehe S. 99)

kend günstiger Plan auftauchte, durch Einlage bei einer Großbank eine «garantierte» maximale Rendite zu erhalten. Alle Pensionszahlungen würden somit von den Kapitalsschwankungen unabhängig sein. Die Fürsprecher dieser Transaktion waren zwei Orchestermitglieder in unserer Vereinsverwaltung, die den Ruf als Experten für lukrative Anlagen hatten. – Ihre Vorschläge schienen einleuchtend, mit Ausnahme eines mir bedenklich erscheinenden Widerspruchs ihrer politischen Richtung.

Der Ältere von beiden war ein bewährter Gewerkschaftler und dem Arbeitsmilieu gemäß «rot» orientiert, der jüngere Zweite ein offenkundig weitsichtiger Politiker und enthusiastischer «Brauner». Ich selbst war zum Vorsitzenden des «Musiker-Rings» innerhalb der ständischen Gewerkschaft vom Unterrichtsministerium ernannt. Ein anderes Ehrenamt kam ganz unerwartet auf mich zu: ich wurde zum gerichtlichen Experten in Musikfragen ernannt.

Der private Hintergrund und die Herkunft beider kontrastierte dementsprechend und schien mir praktisch und ideologisch unvereinbar. Im Wien von dazumal war noch allgemein für unklare oder anrüchige Dinge das Wort «nicht-koscher» in Gebrauch; ich lehnte ab. – Bald darauf, wie als Vorspiel größerer Katastrophen, wurde der Bankrott jener so verheißungsvollen Großbank bekannt, mit allen tragischen Folgen für Beteiligte, zu denen wir Philharmoniker beinahe gezählt hätten. – Ein zu Weihnachten 1937 erfolgter Kanzlei-Einbruch und Raub unseres kleinen «Geheimsafes» unter der Türschwelle sei nur am Rande erwähnt. Immerhin waren wir vorläufig cum grano salis gut davongekommen.

Gegen Jahresende feierte die Gesellschaft der Musikfreunde in Wien ihr 125jähriges Jubiläum. Unsere illustren Hausherren bekräftigten die Verbundenheit mit den Philharmonikern durch die erstmalige Wahl des Vorstandes in ihr Direktorium. Die spätere Sekularfeier des Hauses am Karlsplatz als Heimstätte der Philharmoniker erweckte frühe Erinnerungen an das Musikvereinsgebäude, zurück bis in die Zeit meiner Konservatoriumsjahre vor dem Ersten Weltkrieg. Alle lernten und musizierten wir im Hause der Musikfreunde, deren Räume von einer Aura universeller Musikkultur erfüllt waren, die uns trotz jugendlichem Dynamismus in respektvoller Verehrung zu unseren Meistern aufblicken ließ. Aus dem Professorenkollegium

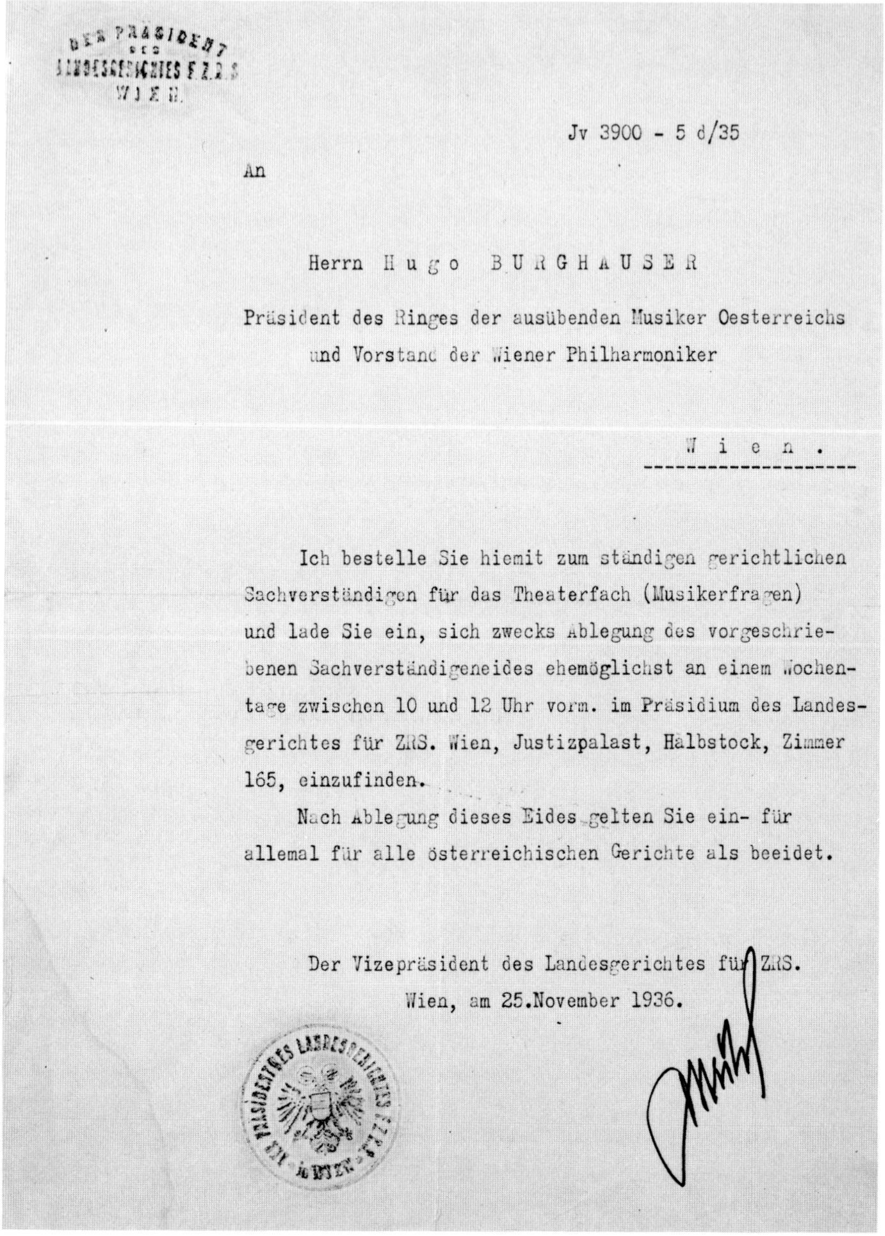

DER PRÄSIDENT DES LANDESGERICHTES F. Z. R. S. WIEN.

Jv 3900 - 5 d/35

An

Herrn H u g o B U R G H A U S E R

Präsident des Ringes der ausübenden Musiker Oesterreichs und Vorstand der Wiener Philharmoniker

W i e n .

Ich bestelle Sie hiemit zum ständigen gerichtlichen Sachverständigen für das Theaterfach (Musikerfragen) und lade Sie ein, sich zwecks Ablegung des vorgeschriebenen Sachverständigeneides ehemöglichst an einem Wochentage zwischen 10 und 12 Uhr vorm. im Präsidium des Landesgerichtes für ZRS. Wien, Justizpalast, Halbstock, Zimmer 165, einzufinden.

Nach Ablegung dieses Eides gelten Sie ein- für allemal für alle österreichischen Gerichte als beeidet.

Der Vizepräsident des Landesgerichtes für ZRS.

Wien, am 25.November 1936.

Ernennung zum ständigen gerichtlichen Sachverständigen in Musikerfragen. Wien, 25. November 1936

ragte eine markante Persönlichkeit hervor; es war dies der Archivdirektor des Hauses, Dr. Eusebius Mandyczewski, der uns mit patriarchalischer Milde im strengen Satz und in den Disziplinen des Kontrapunktes unterwies, wie weiland Anton Bruckner, der Musikant Gottes. Komposition lehrte Dr. Joseph Marx, ein rabelaisischer Typus, aus dessen Klasse einige Jünger ins Wirrsal der Atonalität gerieten und die dann später unser kritisch kämpferischer Mitschüler Alois Melichar aufs Korn nahm. – Noch als Student spielte ich im Tonkünstlerorchester, dessen Dirigent Oskar Nedbal mein Probespiel in jenen Räumen beurteilte, die zwei Jahrzehnte später, mit meinem Amtsantritt als Vorstand und seither die Verwaltung der Philharmoniker beherbergten. Nedbal, auch ein begabter Komponist, war ein urmusikalischer Tscheche, der, wie er leibte und lebte, auf der Bühne den Falstaff hätte darstellen können.

Die Dekade nach dem Ersten Weltkrieg hieß die goldene und mit gutem Grund. Da hinein gehört auch das alljährliche Ballfest der Philharmoniker, das mit einer Festfanfare eingeleitet wird, die Richard Strauss dafür eigens komponierte. Der Tanz wogte in allen Räumen des Hauses bis in die Morgenstunden. Die Pracht des goldgetönten Saales mit all den Assoziationen ständiger Musikfeste war das visuelle Korrelat der akustischen Klangschönheit, in der zu wirken wir gewohnt waren; genießerisch, wie es dem Phäakenvölkchen der Wiener entspricht. Die Atmosphäre geselligen Geistes hatte sich überdies im Großen Saal in einer eigentümlichen Enklave manifestiert, die der Schauplatz einer besonderen gesellschaftlichen Institution wurde, an der ich einen unvorhergesehenen Anteil nahm.

Es gibt auf der linken Galerie eine Loge für die Direktionsmitglieder und anschließend die sogenannte Diplomatenloge, wo sich Gesandte ausländischer Missionen und hohe Regierungsfunktionäre trafen, unter denen oft tüchtige Amateure waren; darunter auch der Bundeskanzler Dr. Kurt von Schuschnigg. Zu beiden Logen gehörte ein gemeinsamer Gesellschaftsraum, in welchem sich ein unzeremonieller, von Protokoll ungehinderter Verkehr abspielte. In der Pause war oft ein lebhafter Meinungsaustausch über Gehörtes und allenfalls unerhört Neues. Mit etwas Bedachtsamkeit konnten dort Fragen aufgeworfen werden, deren Lösung im Ministerium anhängig war. Manche davon waren konflikthafter Natur, und ihr Verlauf,

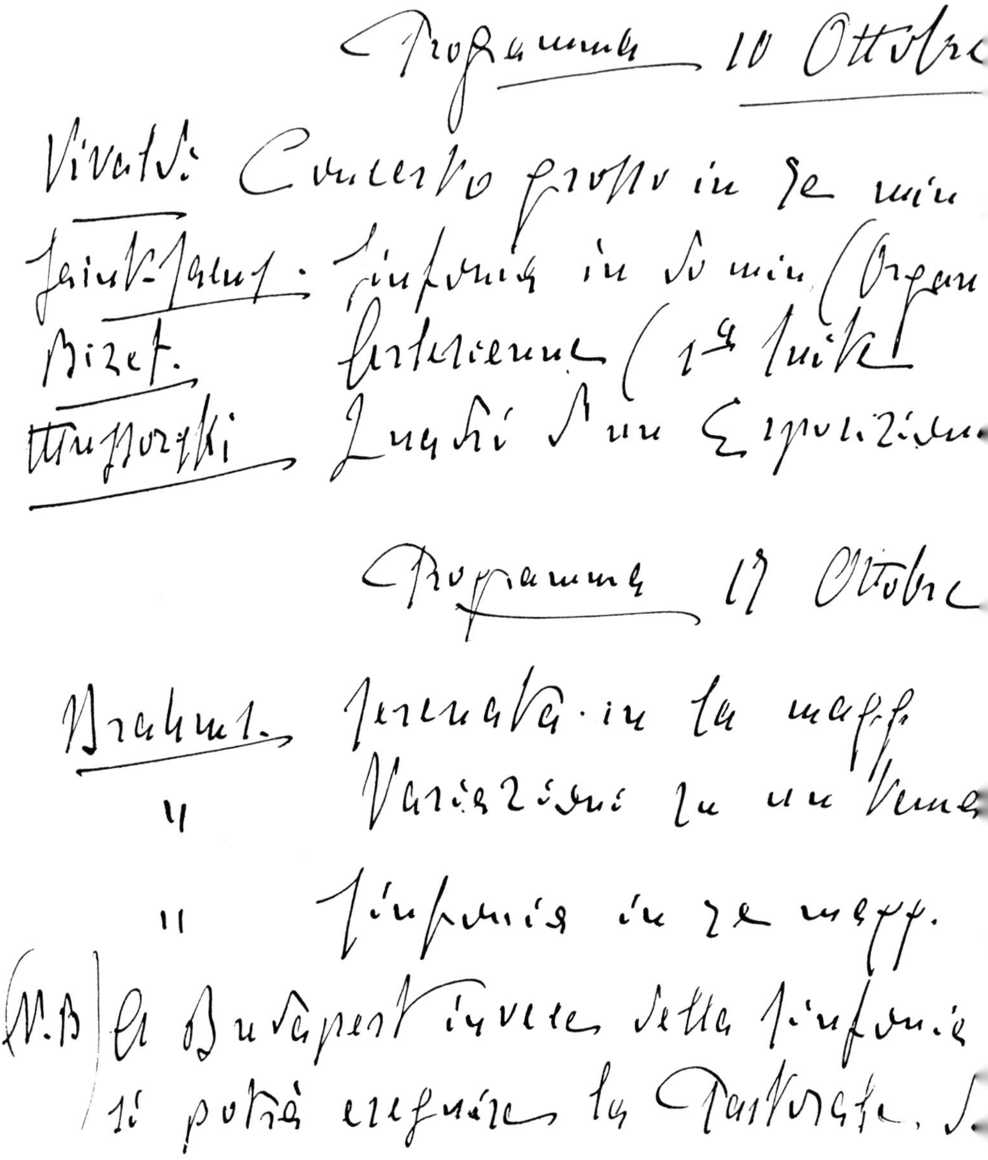

Programma 10 Ottobre

Vivaldi: Concerto grosso in re min

Saint-Saëns: Sinfonia in do min (Organo

Bizet. Arlesienne (1a suite)

Mussorgski Quadri d'una Esposizione

Programma 17 Ottobre

Brahms. Serenata in la magg.

" Variazioni su un tema

" Sinfonia in re magg.

(N.B.) A Budapest invece della sinfonia si potrà eseguire la Pastorale. S

Handschriftlicher Entwurf von Toscaninis letzten Wiener Konzert-Programmen

(Archi soli) e pianoforte a quattro mani

Haydn (Num. 2)

Beethoven

PHILHARMONISCHE KONZERTE

78. SAISON 1937/38

Sonntag, den 10. Oktober 1937, präzise ½12 Uhr mittags
im Großen Musikvereins-Saal

1. Abonnement-Konzert

(Öffentliche Generalprobe: Samstag, den 9. Oktober 1937, **3** Uhr nachm.)

Dirigent: **ARTURO TOSCANINI***

PROGRAMM:

A. Vivaldi ... ... Concerto grosso in D-moll
1. Maestoso — Moderato. 2. Largo.
3. Allegro moderato

C. Saint-Saëns ... ... Symphonie Nr. 3, C-moll, op. 78
1. Adagio — Allegro moderato — Poco Adagio
2. Allegro moderato — Maestoso — Allegro

Klavier: **Erich Leinsdorf, Hans Horwitz**
Orgel: **Prof. Franz Schütz**

A. Bizet ... ... L'Arlésienne, 1. Suite
1. Allegro deciso tempo di marcia. 2. Allegro giocoso. 3. Adagio. 4. Allegro moderato

Mussorgski — Ravel Bilder einer Ausstellung
Promenade. 1. Der Gnom — Promenade. 2. Das alte Schloß — Promenade. 3. Die Tuillerien. 4. Bydlo — Promenade. 5. Ballett der Küchlein in den Eierschalen. 6. Samuel Goldenberg und Schmuyle. 7. Auf dem Markt von Limoges. 8. Katakomben (Con mortuis in lingua morta). 9. Die Hütte der Baba Yaga. 10. Das große Tor von Kiew

* Ehrenmitglied der Wiener Philharmoniker

Streichinstrumente: Ateliers Anton Poller — Karl Haudek
(Gegründet 1840 von Gabriel Lemböck)

2. Abonnement-Konzert

Sonntag, den 17. Oktober 1937, ½12 Uhr mittags, im Großen Musikvereins-Saal
(Öffentliche Generalprobe: Samstag, den 16. Oktober 1937, 3 Uhr nachmittags)

Dirigent: **ARTURO TOSCANINI**

Programm:

Joh. Brahms . . . . Serenade A-dur
Variationen über ein Thema von Haydn
II. Symphonie

obgleich bürokratisch gehemmt, konnte auf diese Weise beschleunigt werden, denn künstlerische Agenden werden trotz wohlwollender Behandlung auf amtlichem Wege nicht immer gedeihlich gelöst. Hier also war eine Situation, wo ein «insider» des Milieus aufklärend wirken konnte; und das eben gelang mir gelegentlich als legitimer Gast jener Loge. In der damaligen Ära Toscanini waren zu allem Glanze öfter auch Probleme zu lösen. Dafür eignete sich die Diplomatenloge besonders, denn oft ist die unkonventionelle die wirksamste Diplomatie.

Der Maestro fühlte sich im Hause der Musikfreunde so wohl, daß er dem großen Musikvereinssaal unwandelbar die Treue hielt, trotz mancher Versuche, ihn für andere Säle zu gewinnen. Die Magie des Hauses wirkte. Für ihn war der genius loci Johannes Brahms, dessen symphonische Werke er alle in unseren Konzerten dirigierte, wie auch einige Serenaden, sowie die «Liebeslieder-Walzer» mit vierfach besetztem Gesangsquartett und vierhändiger Klavierbegleitung, nach deren Schluß der «stille Applaus», wie ihn Mozart bei seinem Auftreten zartsinnig schildert, fühlbar war, bevor der Jubel sich löste. Nach dem der Staatsopernchor in heiter gezischelten Tönen und musterhafter Textformung «Nein, es ist nicht auszukommen mit den Leuten; alles wissen sie so giftig auszudeuten» gesungen hatte, ging in der kurzen Atempause ein hörbarer Seufzer des Entzückens durch den Saal. Da gewann die Begeisterung die Oberhand über unser sonst so diszipliniertes Publikum der «Philharmonischen» und entlud sich in einem Intermezzo der Huldigung.

In seinem letzten Wiener Konzert wiederholte Toscanini die im ersten Konzert dirigierten Brahms-Haydn Variationen. Der Ring hatte sich geschlossen, und wir ahnten nicht, daß es der Abschied für immer von Arturo Toscanini im Musikvereinssaal und bald auch vom damaligen Österreich war.

Eine Epoche historisch-italienischer Meisterschaft ging zu Ende; wogegen das Österreichische Lustrum seit 1933 wie eine Reprise höfischen Opernprunks aus dem 18. Jahrhundert schien, da durch die gemeinsame Verwaltung der Wiener Oper und der Mailänder Scala dortige Maestri als habsburgische Untertanen das Musikleben beherrschten. Aus dieser Perspektive betrachtet, war Arturo Toscanini wahrscheinlich der letzte mächtige Musik-Condottiere legendärer Opern-Inkarnation. Die politische Zeitgeschichte veranlaßte seine Teilnahme in den schicksalsschwangeren Jahren bis 1938, wonach er ein namentlich wenig bekanntes, aber bedeutendes Angedenken in Salzburg hinterließ: nämlich den von ihm initiativ herbeigeführten Neubau des Bühnenhauses, an dessen Rückseite sich nun der Toscaninihof befindet. In seinem letzten Salzburger Sommer 1937 hat der Maestro neben zwölf Opernaufführungen und zwei Konzerten am 24. August ein außerordentliches Konzert dirigiert, dessen Reinertrag dem Baufonds des Festspielhauses und dem Pensionsfonds der Philharmoniker zugeführt wurde (siehe Ankündigung auf S. 92). Als der Neubau im Sommer darauf fertiggestellt war, waren manche Mitarbeiter ihrer weiteren Tätigkeit in Salzburg entsetzt. Max Reinhardts Fauststadt und Bruno Walters Aufführungen entschwanden in chiliastischem Fanatismus. – Es war ein rüdes Erwachen aus Künstlerträumen; ein Ausklingen gläubig gegründeter Kunst.

Der Salzburger Dichter Karl Heinrich Waggerl meinte: «Die Zeit gehe mit der Kunst; es scheint nun, als ginge die Kunst mit der Zeit, und mit dieser Zeit geht sie auch zugrunde.»

München, d. 6. III. 1938

Sehr geehrter Herr Burghauser,

Im Anschluß an das kürzlich mit Ihnen geführte Gespräch möchte ich wiederholen:

Ich dirigiere vier der Abonnement-Konzerte der Wiener Philharmoniker und das Nicolai-Konzert. Über die Festspiele werden wir uns noch verständigen. Die vier übrigen Abonnements-Konzerte werden zu je zwei zwischen Toscanini und Br. Walter geteilt. Kommt [illegible] also, so haben Sie die Liebenswürdigkeit mir vor der endgültigen Entscheidung mitzuteilen, wann Sie zu den Konzerten einzuladen beabsichtigen. Programm-Vorschläge werde ich mir gestatten Ihnen baldigst zugehen zu lassen.

Auch bitte ich um rechtzeitige Mitteilung, in welcher Form Sie die Vereinbarung an die Öffentlichkeit gelangen lassen wollen.

Ich bin mit besten Grüßen an das Orchester

Wilhelm Furtwängler

Hinter den Kundgebungen rastlos geschürter Volksbegeisterung über die großdeutsche Wiedergeburt lag etwas Unheimliches in der Luft. Hellseherische Naturen glaubten die drohenden Vorzeichen hereinbrechenden Unterganges zu sehen: das weithin leuchtende Fanal der brennenden Rotunde, von deren hoher Dachkuppel die goldene Kaiserkrone, das Symbol einstiger Macht und Ordnung, ohnmächtig in die Flammen stürzte; das dramatische Scheitern des Donaudampfers «Wien» im sagenhaften Finsterwind an der Reichsbrücke; das gerüchtweise gemeldete Auftauchen des gefürchteten «Pestvogels», des Künders bevorstehender Seuchen; und das seit Menschengedenken nicht mehr beobachtete fahle Nordlicht (alte Wiener behaupteten, die letzte Erinnerung dieses seltenen Himmelsphänomens gehe auf das Jahr 1866 zurück, das Jahr der Niederlage Österreichs gegen die Preussen). Während einer «Tristan»-Vorstellung platzte die erste Stinkbombe. Das Publikum flüchtete. Bruno Walter dirigierte heroisch den Akt zu Ende. Als letzte in der Reihe prophetischer Ankündigungen folgte Margarete Wallmanns Ballett über die Legende vom Wiener-Dudelsackpfeifer und seinem Lied: «O du lieber Augustin, alles ist hin.» Bald darauf brach die «Braune Pest» Hitlers über Österreich herein.

Die politischen Ereignisse spiegelten sich vielfach im musikalischen Bereich. Sie ergriffen uns Philharmoniker in allen Gangarten einer großangelegten tragischen Symphonie; vom harmlosen Andante und Allegro bis zum Assai feroce des Finales; auch fehlte zwischendurch manch groteskes Scherzo nicht.

Brief von Wilhelm Furtwängler eine Woche vor dem «Anschluß»:

«Sehr geehrter Herr Burghauser, In Anschluß an das kürzlich mit Ihnen gehabte Gespräch möchte ich wiederholen: Ich dirigiere vier der Abonnementskonzerte der Wiener Philharmoniker und das Nicolai-Konzert. Über das Finanzielle werden wir uns noch verständigen. Die vier übrigen Abonnementskonzerte werden zu je zwei zwischen Toscanini und Br. Walter geteilt. Kann ersterer nicht, so haben Sie die Liebenswürdigkeit mir vor der endgültigen Entscheidung mitzuteilen, wen Sie zu den Konzerten einzuladen beabsichtigen. Programm-Vorschläge werde ich mir gestatten, Ihnen baldigst zugehen zu lassen. Auch bitte ich um rechtzeitige Mitteilung, in welcher Form Sie die Vereinbarung an die Öffentlichkeit gelangen lassen wollen. Ich bin mit besten Grüßen an das Orchester Wilhelm Furtwängler»

Bronislaw Huberman weilte konzertierend in Wien und als Kurgast im Cottage-Sanatorium, als er am 12. Februar 1938 die Radio-Nachricht hörte, daß der österreichische Bundeskanzler Dr. Kurt von Schuschnigg auf Hitlers Berghof in Berchtesgaden erwartet werde. Huberman fuhr zum Westbahnhof und bestieg den nächsten Zug nach Zürich, wo er sein gewohntes Quartier am Dolder bezog. Vermutlich war er der einzige, der die Lage richtig beurteilte und konsequent handelte. Einen Monat später, nach den ereignisreichen Iden des März, begegnete ich seiner Mutter, die noch im Hotel Imperial wohnte. Auf meine Besorgnis, mit dem Führer unter einem Dach zu logieren, erwiderte sie unbefangen, daß sie als ausländische Aktionärin berechtigt sei, ihr dort investiertes Kapital zu konsumieren. Ihre unbekümmerte Haltung war mir unbegreiflich.

Als alarmierende Ouvertüre war in Wien schon am 13. Februar, unmittelbar nach dem Besuch des österreichischen Kanzlers in Hitlers Alpenfestung, die Kunde von der Absage Toscaninis an die Salzburger Festspiele eingetroffen. Im Orchester begannen wir Schlimmes zu ahnen. Jetzt aber, am 11. März, war die nächtliche Tankparade der deutschen Armee auf der Wiener Ringstraße keine Ausgeburt verängstigter Phantasie, sondern harte Wirklichkeit.

Schon während der Vorstellung von Tschaikowskis «Eugen Onegin» drang das Getöse der rollenden Wehrmacht ins Haus, und vor dem Staatsoperngebäude bot sich der Menge das volle martialische Spektakel. Der Dirigent des Abends, Karl Alwin, äußerte sich später in der Emigration, er sei damals der «letzte Dirigent Österreichs» gewesen, was der anwesende Kritiker der «Neuen Freien Presse», Josef Reitler, mit den sarkastisch doppelsinnigen Worten kommentierte: «Das ist's, was ich immer über ihn geschrieben hatte!»

Der Wirklichkeit gewordene nächtliche Spuk setzte sich im hellen Tageslicht unter ohrenbetäubendem Surren und Schwirren der über Wien kreuzenden deutschen Kampfflieger fort, begleitet von kriegerischer Marschmusik, die aus den in den Baumkronen montierten Lautsprechern grölte. Das politische Pandämonium war an der Tagesordnung, und Wien sank nun täglich mehr in seine neue Rolle als Provinzhauptstadt der aus der Republik Österreich regressiv geschaffenen Ostmark.

Nur der energischen Intervention Wilhelm Furtwänglers war es zu verdanken, daß der Erlaß zur Auflösung der Wiener Philharmoniker rückgängig gemacht wurde und daß diese nicht jede Selbstbestimmung und ihr beträchtliches Vereinsvermögen verloren. Viel zu wenig ist Furtwänglers Schutz der «versippten» Orchestermitglieder und deren Gattinnen gewürdigt worden, welcher ihm dauernd die Mißbilligung seiner Regierung eintrug.

Zunächst folgten Blitz- und Paukenschläge gegen individuelle Opfer sowie existenzzerstörende Verfügungen kollektiver Art. Es war nur konsequent, daß alle öffentlich exponierten Institutionen in kommissarische Verwaltung übergingen; auch ich wurde als Vorstand der Wiener Philharmoniker zum «politisch untragbaren» Funktionär erklärt und durch einen Kommissar ersetzt. Der typische Wiener Nörgler, dem das nun beendete autoritäre Regierungssystem nicht schmackhaft geschienen hatte, lernte jetzt den Ernst und die totale Gründlichkeit der deutschen Diktatur kennen.

Seit Jahrzehnten hatten die Opernvorstellungen allabendlich ohne Unterbrechungen stattgefunden; jetzt aber gab es für uns Philharmoniker spielfreie Abende für obligate politische Versammlungen. Die markanteste von diesen war die Einberufung zum Anhören einer Rede des Propaganda-Ministers Goebbels von der Opernbühne herab. Seinem Auftreten nach hätte er besser als Mephistopheles in eine «Faust»-Vorstellung des Burgtheaters gepaßt. Seinem Wunsche gemäß waren die Philharmoniker angewiesen, als musikalischen Rahmen, als Vor- und Nachspiel seiner Rede, die Ecksätze von Schuberts großer C-Dur-Symphonie vorzuführen, wie zur unbeabsichtigt ironischen Widerlegung des Kernsatzes seiner Festrede, wonach «die *Lüge* Österreich» aufgehört habe zu existieren. Der Widerspruch seiner Worte zu dem lebendigen Zeugnis der Musik des größten in Wien geborenen Komponisten schien den Demagogen nicht anzufechten. Der personifizierten Lüge entsprach der Mephistofuß.

In den fortlaufenden persönlichen Episoden mischte sich oft Tragik mit unfreiwilligen Wendungen schwarzen und braunen Humors. Als Nachklang meiner nunmehr verflossenen Vorstandschaft der Philharmoniker erhielt ich die Gerichtsvorladung zur Abhandlung der gegen mich erhobenen kollegialen Ehrenbeleidigungsklage, die ich (und vielleicht auch mein Kläger) im Zuge der geschichtlichen

Ereignisse vergessen hatte. Der altösterreichische Amtsschimmel war jedoch verläßlich nachgetrottet und hatte mir nun den neuen Verhandlungstermin zugestellt. Nach dem erstrichterlichen Vorschlag des österreichischen Landesgerichtsrates hätte ein versöhnlicher Ausgleich erfolgen sollen. Der radikale Umschwung meiner Rechtslage wurde mir bewußt, als ich den neuen Richter, ebenso wie meinen Gegner – lauter «Arischgesichter», wie Karl Kraus solche Leute nannte – mit dem Parteiabzeichen im Knopfloch geschmückt sah. Dieser Umstand beschleunigte den Vollzug des Urteils; ohne in Details einzugehen, sprach der Richter die Verurteilung zu einer Arreststrafe aus. Mein Delikt hatte offenbar inzwischen an Gewicht gewonnen, weil die neue Justiz meinem Gegner Franz Klein als gekränktem Patrioten des neuen Reiches volle Genugtuung zuzusprechen hatte. Die gerichtliche Bestrafung war, nach den vielen offiziellen Anerkennungen meiner Amtsführung, den Umständen entsprechend der Tiefpunkt meiner Karriere (Adagio funerale).

In jenen Tagen fand auch die Volksbefragung zur neuen Regierungsform durch eine Wahl statt, die eine 99%ige Zustimmung ergab. Man war harmonisch gestimmt und zog es aus guten Gründen vor, seinen Stimmzettel mit «Ja» vor den Augen des Kontrollbeamten abzugeben. Im «Neuen Wiener Tagblatt» konnte man die Erklärung Dr. Karl Renners, des Präsidenten der Ersten und Zweiten Republik Österreichs lesen: «Ich stimme mit Ja».

Nr. 93 Wien, Sonntag Neues Wiener Tagblatt

Staatskanzler a. D. Dr. Renner: „Ich stimme mit Ja."

Das Abstimmungsresultat schien die Erwartungen noch übertroffen zu haben, und in Anerkennung dieses überwältigenden Volksentscheides erließ der Führer eine kleine Amnestie. Unter diese fiel auch meine Verurteilung, die damit automatisch aufgehoben war; – eine paradoxe Intervention aus den allerhöchsten Sphären (Rondo capriccioso). Die Spruchbänder: «Wir danken unserm Führer» hatten jetzt auch für mich Geltung.

Doch die Maßnahmen des neuen Regimes gingen weiter. In der Musikakademie, wo ich unterrichtete, instruierte ein Erlaß die Pädagogen, die Schüler seien von nun an nach dem Grade ihrer politischen Zuverläßigkeit zu klassifizieren. Meine eigene Zuverläßigkeit war längst als ungenügend befunden worden und war Grund genug, mich meiner diversen Ämter zu entheben. Dies enthob mich jedoch nicht der amtlichen Aufforderung, Rechenschaft über meine abgelaufene Amtsperiode zu geben, und ich mußte einen Fragebogen ausfüllen, auf dem unter anderem die vorgedruckte Frage zu beantworten war: «Wieviel Geld haben Sie während Ihrer Amtszeit gestohlen und unterschlagen?» Ich hielt das zuerst für einen sadistischen Witz, wurde aber rechtzeitig gewarnt, daß bei Nichtbeantwortung Verhaftung erfolge.

Nun hatte ich im Laufe mehrjähriger Prosperität der Wiener Philharmoniker unter anderem zwei Häuser für den Verein erworben und die damit verknüpften Transaktionen meiner Geschäftsführung durch einen beeidigten Sachverständigen überprüfen lassen. Der Name des Prüfers, auf dessen Aussage es jetzt ankam, um die Korrektheit meiner Geschäftsgebarung zu beglaubigen, war Siegfried Herz, was mich im Hinblick auf die Nürnberger Gesetze mit Sorge erfüllte. Zu meinem Erstaunen stellte sich jedoch heraus, daß Siegfried Herz Parteimitglied war (doppelt «illegal»), wodurch sein positives Prüfungsergebnis Gültigkeit hatte.

Dessen ungeachtet senkte sich mein bürgerlicher Status weiter. Eines Tages fand ich auf meinem Orchesterpult, der letzten Bastion meines Berufslebens, den «Stürmer», ein blutrünstiges politisches

3. April 1938 3

Hetzblatt, das mit seinen Karikaturen ans Absurde grenzte. Die mir zugekommene Edition nannte sich «Österreichische Spezialnummer» und erwies sich als Tribunal politischer Abrechnung mit jenen, die beschuldigt waren, bodenständige völkische Talente unterdrückt zu haben. Ich befand mich da in guter Gesellschaft: Bruno Walter und Max Reinhardt standen an der Spitze der Verdammungsliste.

Das Echo dieser Verfemung widerhallte vielfach. So hatte es den Grimm meines Hausbesorgers erregt, der kürzlich zum «Blockwart» ernannt worden war und als solcher für die Durchführung der nationalsozialistischen Grundsätze bei den Hausbewohnern zu sor-

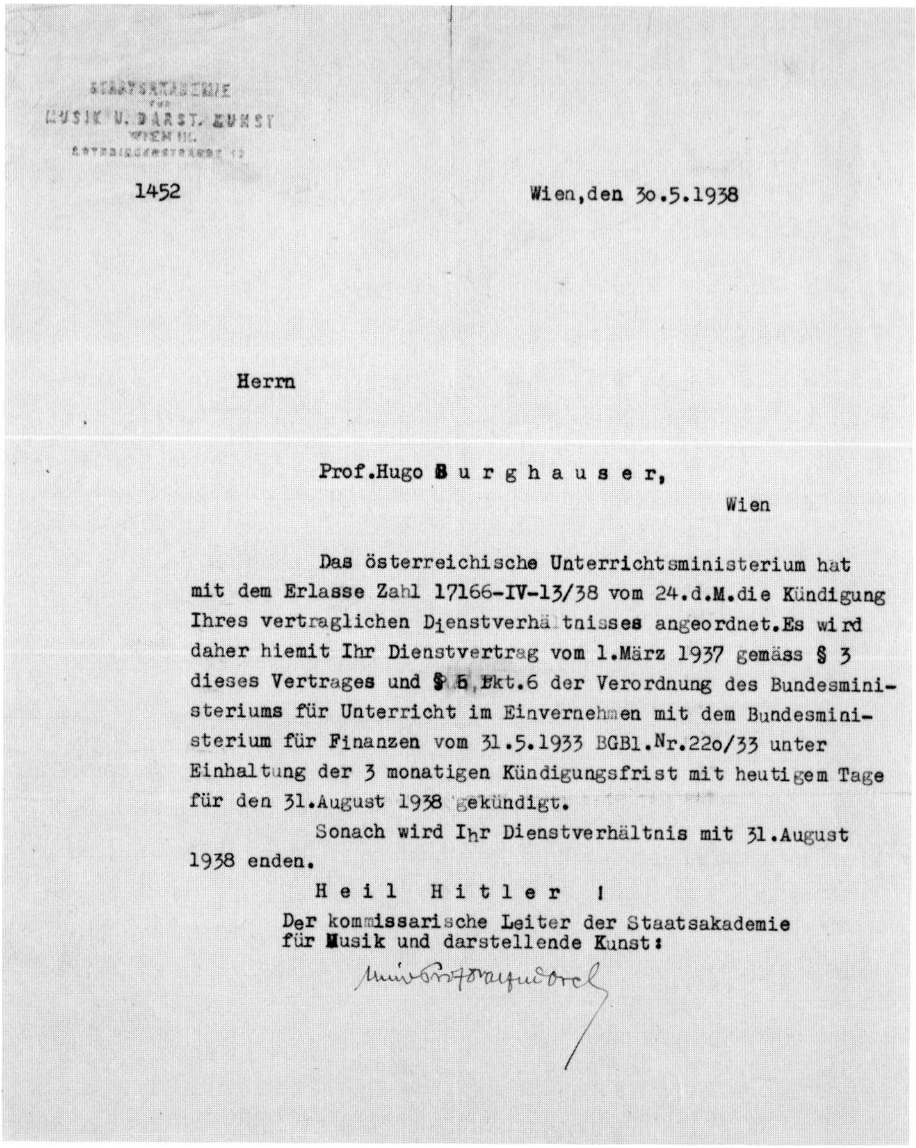

STAATSAKADEMIE
FÜR
MUSIK U. DARST. KUNST
WIEN III.

1452

Wien, den 30.5.1938

Herrn

Prof. Hugo B u r g h a u s e r,
Wien

Das österreichische Unterrichtsministerium hat mit dem Erlasse Zahl 17166-IV-13/38 vom 24.d.M. die Kündigung Ihres vertraglichen Dienstverhältnisses angeordnet. Es wird daher hiemit Ihr Dienstvertrag vom 1. März 1937 gemäss § 3 dieses Vertrages und § 5, Pkt. 6 der Verordnung des Bundesministeriums für Unterricht im Einvernehmen mit dem Bundesministerium für Finanzen vom 31.5.1933 BGBl. Nr. 220/33 unter Einhaltung der 3 monatigen Kündigungsfrist mit heutigem Tage für den 31. August 1938 gekündigt.

Sonach wird Ihr Dienstverhältnis mit 31. August 1938 enden.

H e i l   H i t l e r   !

Der kommissarische Leiter der Staatsakademie für Musik und darstellende Kunst:

Entlassung aus der Staatsakademie für Musik auf den 31. August 1938

STAATSOPER

Wien,am 13.Februar 1939

Sehr geehrter Herr Burghauser!

Die Direktion der Staatsoper bedauert,Ihnen mitteilen zu müssen,dass sie nicht in der Lage ist,Ihren Vertrag zu verlängern,sodass Ihr Dienstverhältnis zur Staatsoper mit 31.August 1939 erlischt.

HEIL HITLER!

Die Direktion der Staatsoper:

Herrn
Hugo Burghauser,
zu Handen Herrn Rechtsanwalt
Dr.Konrad Zembathy,
Wien I.,
Krugerstrasse 8.

rekom.m.Rückschein

Entlassung aus der Staatsoper auf den 31. August 1939.
Erreichte den Autor in Toronto (Kanada)

gen hatte. Damals hatte gerade der Fenstersturz des erzbischöflichen Sekretärs Weinbacher aus dem Erzbischöflichen Palais Aufsehen erregt und Ähnliches, polterte mein Blockwart, würde eine angemessene Strafe für mich sein.

In der erwähnten Nummer des «Stürmers» wurden unter anderen auch die Porträts von Dr. Kurt Schuschnigg und von Louis Rothschild im Gewahrsam der Gestapo-Zentrale gezeigt. Daß auch ich von dort hören sollte, wäre mir anfangs als eine Überschätzung meiner Bedeutung erschienen. Bald aber wurde ich eines anderen belehrt; ich hatte die Aufmerksamkeit dieses gefährlichen Amtes selbst auf mein Haupt gelenkt.

Dies war so gekommen: In den ersten Tagen des «Anschlußes», als so mancher die Erfüllung seiner kühnsten Wunschträume erwartete, erhielt ich den Besuch meines jungen Hausmeistersohnes; er kam in seinem Feiertagsanzug (meinem letzten Weihnachtsgeschenk an ihn) mit einer Bitte. Die Bitte betraf mein Auto, das in jenen Tagen meist unbenützt in der Garage stand. Mein halbwüchsiger Besucher erklärte mir höflich und schüchtern, daß er für seine nächsten Aufgaben unbedingt einen Wagen benötige, und würde ich . . .? Ich unterbrach ihn, und zu seiner freudigen Überraschung händigte ich ihm ohne weitere Erörterung den Garageschlüssel aus. «Viel Glück zum künftigen Herrenfahrer», sagte ich («Herrenfahrer» war die amtliche Bezeichnung, die den Amateur-Chauffeur von den Berufs- und Taxi-Fahrern sozial unterschied). Mein schneller Entschluß schien mir der geeignete Weg, zugleich auch seinen militanten Vater zu befriedigen. Bald danach traf ich jedoch die beiden auf der Straße wandernd, «per pedes apostolorum». Auf meine Erkundigung, warum zu Fuße anstatt im Auto, erwiderte diesmal der Alte: «Es gibt ja auch jetzt keine Gerechtigkeit! Die Gestapo hat den Wagen beschlagnahmt.»

Wenn ich nun geglaubt hatte, das strittige, weil von so vielen durch die Naziwelle Emporgehobenen skrupellos begehrte Objekt auf elegante Art losgeworden zu sein, so sollten mich die weiteren Geschehnisse bald eines Schlechteren belehren.

Einstweilen aber war ich durch die Einladung der Deutschen Kulturkammer zu einer philharmonischen Konzertreise ins Altreich der auf unvorhergesehene Weise drohenden Vorladung zur Wiener Gestapo-Zentrale entrückt. Unter den gegebenen Umständen befand

Der Reichskommissar
für die Wiedervereinigung
Österreichs mit dem Deutschen Reich

Wien I, den 17.V.1938
Parlamentsgebäude
Fernruf R 50-5-60

Stab/B. J/Wi.

Herrn

Prof. Hugo B u r g h a u s e r

W i e n ., IV.,

Argentinierstr. 35

Betrifft : Autorückgabe

Wir haben Ihr Schreiben zuständigkeitshalber an die Polizeileitstelle Wien.I.Hotel Metropol übersandt. Sie werden von dort weitere Nachricht erhalten.

Heil Hitler !

i.A.

Czernin

(Czernin)

Brief vom 17. Mai 1938, auf den Ende August die Vorladung zur Einvernahme in die Gestapo-Zentrale im Hotel Metropol erfolgte ich mich, selbst als abgeurteilter politisch verdächtiger Bürger, unter dem Schutze der mir anbefohlenen Pflicht.

Die Reise ging zuerst nach Berlin. Dort wandelten wir, gewissermaßen in der Sicherheit lokaler Anonymität, im Blütenduft «Unter den Linden». Es war wie eine Utopie öffentlicher Ordnung, verglichen mit der hektisch geladenen Atmosphäre Wiens. Während eines Spazierganges auf dem belebten Kurfürstendamm beschloß unsere kleine Gruppe von Musikern, ein Restaurant aufzusuchen. Es war um die Mittagsstunde, das Restaurant gedrängt voll. Im Warten auf einen frei werdenden Tisch hatte einer unserer «Ostmärker» den Einfall, den Hitlergruß zur Begrüßung in den Saal zu rufen. Die Wirkung war überraschend, geradezu magisch. Im Augenblick erstarb das geräuschvolle Treiben, alles starrte auf den Rufer; es war wie die Schreckensszene eines Alptraums. Plötzlich aber löste den geisterhaften Bann eine höhnische Stimme mit den Worten: «Das ist ja ein Österreicher!», worauf allgemeines Gelächter folgte. Die für ihren Humor bekannten Berliner hatten schließlich einen fünfjährigen Vorsprung vor uns Wienern. Unsere Landsleute holten diesen Vorsprung ziemlich schnell auf, wie die zahllosen Witze über das Nazi-Regime verrieten.

In München, der «Stadt der Bewegung», dem nächsten Orte unserer Konzertreise, bekamen wir weitere Proben des Subversivgeistes zu hören. Schon der Fahrschein der Elektrischen Strassenbahn zeigte auf seiner Rückseite einen Ziegenkopf mit dem Zusatz «Nicht meckern». Wir erlebten eine besondere Abart untergründigen Humors im Bürgerbräu, wo der beliebte Komiker Weiss Ferdl auftrat. Er erschien auf der Bühne mit ausgestrecktem Arme und dem Ruf «Heil!», den er mehrmals wiederholte und wie reuig hinzufügte: «Jetzt hab' ich den Namen vergessen.» Man lohnte ihm diese und ähnliche geistreich verkappte Kühnheiten mit schallendem Gelächter. Fast konnte man glauben, zu altgewohnter Gemütlichkeit eingekehrt zu sein.

Ein Mammut-Festzug wälzte sich stundenlang durch die Stadt. Riesenbauten, angeblich dem Architektengenie des Führers entsprungen, zeigten sich unseren Augen, belebt durch huldvoll lächelnde Germaninnen, Urtypen teutonischer Wunschtraum-Mädchen, die jedem Siegfried das Herz höher schlagen lassen mußten. Unser

Konzert fand an einem Abend unter freiem Himmel statt. Vor dem Justizpalast beim Stachus war dafür eine Tribüne errichtet, die wie eine Insel inmitten einer erwartungsvoll wogenden Menschenmenge herausragte. Große Bierfässer standen bereit, um die Ausdauer der Versammelten nicht erlahmen zu lassen. (Divertimento rusticale.)

Unsere erste Nummer war Franz Liszts «Les Préludes», ein Stück, das mit leisen Streichern anfängt und sich erst später zu größerer Klangentfaltung steigert. Eine solche, in anderer Tonart distonierend, kam jedoch ungerufen und plötzlich von schmetternden Fanfaren aus der Höhe des Turmes. Die Fanfaren waren und blieben die Stärkeren im Kampfe mit uns, und eine Verständigung mit ihnen schien aussichtslos. Auf das Murren der Menge folgte ein Kommando aus dem Lautsprecher, das Ruhe gebot, jedoch den gegenteiligen Effekt hervorrief. Maßkrüge flogen durch die Luft, und einer davon landete krachend auf der Orchestertribüne. Es wurde das Signal zur Flucht, aus Angst für die Instrumente und auch für die eigene Sicherheit. Alles drängte zur Treppe, deren Konstruktion für einen so stürmischen Exodus keineswegs berechnet war. Wegen meines entfernten Platzes war ich zum Warten gezwungen und sah inzwischen der sich vor mir entfaltenden Rüpelszene zu, wahrscheinlich mit einem nachdenklich spöttischen Lächeln auf den Lippen.

Der «Meistersinger»-Spuk war bald vorüber, und ich erreichte mein nahe gelegenes Hotel. Kaum auf meinem Zimmer, rief mich eine Meldung in die Halle zurück. Dort wartete eine Polizeirotte auf mich, deren Anführer mir meine Verhaftung mitteilte; als Grund hiefür gab er mir eine Anzeige «wegen Verhöhnung des Führerfestes» bekannt. Mein Ersuchen, mir Hut und Mantel zu holen, bewilligte er. Auf dem Wege über die Treppe zu meinem hochgelegenen Zimmer bot sich mir Gelegenheit, eine Befreiungsstrategie zu improvisieren. Ein schneller Telefonanruf brachte mir Hilfe von unserem Kapellmeister Leopold Reichwein, einem wohlwollenden Vorgesetzten; er erteilte mir den guten Rat, mit Berufung auf ihn zu sagen, daß ich beim morgigen Konzert unentbehrlich sei, aber nach dessen Beendigung zur Verfügung stünde. Der Polizist gab sich damit zufrieden, ich aber eilte unverzüglich zum Bahnhof, um den nächsten Zug nach Ludwigshafen zu besteigen, wo unser nächstes Konzert stattfinden sollte. Dem lokalen Bereich der Münchner Amtsgewalt entronnen, konnte ich der akuten Arrestgefahr entgangen sein. Mein Fehlen beim folgenden Konzert in München mochte allfälligen Beobachtern des Zwischenfalles unter meinen Kollegen als Bestätigung eines wirksamen behördlichen Verfahrens erschienen sein.

Um so überraschender war für diese mein Auftauchen im gemeinsamen Ludwigshafener Hotel an der Table d'hôte, wo wir als Ehrengäste verpflegt wurden. Während des Wartens auf das Servieren konnte man zwei voneinander scharf kontrastierende Gruppen unserer Mitglieder wahrnehmen: die einen schweigsam und vergrämt, die anderen geschwätzig und munter, mit anzüglichen Bemerkungen offenbar auf Gegner der «Neuen Ordnung» zielend, deren es nicht wenige gab. Auf mich selbst schien nichts direkt gemünzt zu sein, vielleicht weil ich längst als Abtrünniger gezeichnet war.

Beklommen sinnierend kramte ich in der linken Außentasche meines dunklen Orchestersakkos, in der ich ein drahtiges Ding fühlte und es automatisch herauszog; es war das rotweissrote Band der aufgelösten «Vaterländischen Front» Österreichs. Es war, als ob es sich meinen starr darauf schauenden Nachbarn als stumme Anklage präsentiere. Ich wußte, daß ich mich dieses provokativen Abzeichens zu entledigen hatte, nicht aber, wie, ohne mich in irgend einer Weise verdächtig zu machen. Mir gegenüber saß der hemmungsloseste Verhöhner des alten Regimes, derselbe Hornist, der in den jüngst verflossenen Zeiten an den Kammermusikabenden mitzuspielen pflegte, die von österreichischen Aristokraten in ihren Wohnungen arrangiert wurden und denen der Kanzler Dr. Kurt Schuschnigg regelmäßig beigewohnt hatte. Der neugebackene großdeutsche Wortführer rühmte sich später, über die Anwesenheit der Teilnehmer an diesen Abenden an entsprechender Stelle Bericht erstattet und dort erschienene Honoratioren angezeigt zu haben. Zorn und Verachtung gingen mir im Kopf herum, und der sinnlose, aber unwiderstehliche Impuls stieg in mir auf, ihm das verpönte Zeichen österreichischer Loyalität ins Gesicht zu schleudern; ich tat es mit den Worten: «Vergessen Sie nicht, sich *das* da bei der nächsten Kammermusik für Schuschnigg anzustecken!» Mein Gegenüber prallte zurück wie von einer Natter bedroht und entfernte sich schweigend mit mehreren Genossen. Unmittelbare Folgen blieben diesmal merkwürdigerweise aus.

Die Salzburger Festspiele und die ihnen vorangehenden Proben waren nun bald fällig, meine Mitwirkung an ihnen durch den Direktor, Dr. Erwin Kerber, gesichert, so daß ich einer einstweiligen Immunität gewiß war. Inzwischen aber verschärfte sich meine Lage für die nahe Zukunft. Zu allen regulären Quälereien und Bedrohungen gesellte sich eine exterritoriale; die Steuerbehörde forderte für meine in Buenos Aires am Colón-Theater gastierende Gattin deren Zahlungsrückstände, für die ich als «Haushaltungsvorstand» (meine letzte Würde) verantwortlich war. Hier setzte der auf unserem einstigen Auto lastende Fluch erneut wieder ein. Ich kam auf den Gedanken, diesen fragwürdig gewordenen Besitz zur Begleichung der Steuerforderung heranzuziehen. Ich war auf ungewöhnliche Weise zu dem Schluß gelangt, daß ich immer noch als der legale Eigentümer des von mir entfernten Vehikels gelte. In einer frühen Morgenstunde, die sonst nur dem Anläuten des Milchmannes zustand, erschien mit allen Zeichen des Erschreckens meine Haushälterin, um mir zu sagen, daß die Polizei mich erwarte. Tröstend fügte sie hinzu, sie werde schon herausfinden, wohin «die» mich bringen würden, um dann Hilfe für mich bei Freunden zu suchen. Schnell angekleidet, empfing ich die beiden Polizisten. Sie benahmen sich überaus höflich, so daß ich die Frage riskierte, wohin sie mich denn zu bringen hätten und was der Grund dafür sei. Sie lächelten verlegen und sagten, sie seien gekommen, um mich um einen Gefallen zu bitten. Nur zu gerne dazu bereit, erfuhr ich, daß es meine Automobilversicherungspolice war, die dringend benötigt wurde; die widerrechtlich den Wagen benützenden Fahrer hatten während einer «Schwarzfahrt» einen Schaden erlitten, den sie mittels meiner Police getilgt bekommen wollten. Sie hatten mich damit fälschlich davon überzeugt, daß das Auto trotz allem mein Eigentum geblieben sei. Ich mußte daher jetzt nur die Behörde ersuchen, das Auto verkaufen zu dürfen, um mit dem Erlös die Steuerschuld tilgen zu können, die anzuerkennen meine ferne Gattin unwillig war.

Das für diesen Zweck erforderliche Gesuch an den Gauleiter Bürkel war es, was mich nun doch in die bisher erfolgreich vermiedene schwerste Gefahrenzone führte. Wenig half mir der Spott des Volksmundes, der den Gauleiter Bürkel, seiner jovialen Trinkfestigkeit wegen, «Bierleiter Gaukel» getauft hatte. Es überraschte mich, daß mein harmloser autoinspirierter Brief mir die Vorladung in die Zentrale der Gestapo ins Hotel Metropol eintrug, zum Verhör durch die gefürchtete Organisation, die unter dem Stummelnamen «Gestapo» (GEheime STAatsPOlizei) bereits ein schreckenerregendes Eigenleben erlangt hatte und deren verkürzt angedeuteten Sprachwurzeln das Schlimmste ahnen ließen. Das Vorladungsdokument aus

O P E R
ORCHESTER: WIENER PHILHARMONIKER

W. A. MOZART: **COSI FAN TUTTE**
Jarmilla Novotna / Mita Vasari / Ezio Pinza / Mariano Stabile
Dirigent: **BRUNO WALTER**
Regie: **LOTHAR WALLERSTEIN**

W. A. MOZART: **DON GIOVANNI**
Margit Bokor / Elisabeth Rethberg / Herbert Alsen
Virgilio Lazzari / Ezio Pinza
Dirigent: **BRUNO WALTER**
Regie: **KARL HEINZ MARTIN**

GIUSEPPE VERDI: **FALSTAFF**
Maria Caniglia / Angelica Cravcenco / Mita Vasari
Virgilio Lazzari / Mariano Stabile
Dirigent: **ARTURO TOSCANINI**
Regie: **GUIDO SALVINI**
Choreographie: **MARGARETE WALLMANN**

L. VAN BEETHOVEN: **FIDELIO**
Harriet Henders / Lotte Lehmann / Alfred Jerger
Alexander Kipnis / Helge Roswaenge
Dirigent: **ARTURO TOSCANINI**
Regie: **LOTHAR WALLERSTEIN**

RICHARD WAGNER: **DIE MEISTERSINGER VON NÜRNBERG**
Maria Reining / Kerstin Thorborg / Herbert Alsen
Joel Berglund / R. Sallaba / H. Wiedemann
Dirigent: **ARTURO TOSCANINI**
Regie: **HERBERT GRAF**

W. A. MOZART: **LE NOZZE DI FIGARO**
Maria Caniglia / Angelica Cravcenco / Jarmila Novotna / Eszther Rethy
Ezio Pinza / Mariano Stabile
Dirigent: **BRUNO WALTER**
Regie: **LOTHAR WALLERSTEIN**

CH. W. GLUCK: **ORPHEUS und EURYDIKE**
Margit Bokor / Dora Komarek / Jarmila Novotna / Kerstin Thorborg
Dirigent: **BRUNO WALTER**
Regie: **MARGARETE WALLMANN**

RICHARD STRAUSS: **DER ROSENKAVALIER**
Lotte Lehmann / Jarmila Novotna / Eszther Rethy
Fritz Krenn / Hermann Wiedemann
Dirigent: **HANS KNAPPERTSBUSCH**
Regie: **LOTHAR WALLERSTEIN**

RICHARD WAGNER: **TANNHÄUSER**
Hilde Konetzni / Lotte Lehmann / Alexander Kipnis / Alexander Sved
Dirigent: **ARTURO TOSCANINI**
Regie: **HERBERT GRAF**

W. A. MOZART: **DIE ZAUBERFLÖTE**
Dora Komarek / Hilde Konetzni / Jarmila Novotna / Julia Osvath
Kerstin Thorborg / Alfred Jerger / Alexander Kipnis / Helge Roswaenge
Dirigent: **ARTURO TOSCANINI**
Regie: **HERBERT GRAF**

EINFÜHRUNGS-VORTRÄGE zu den Opern der Festspiele (Mitia Mayer-Lismann, Frankfurt a. M.) jeweils am Tage der Aufführung um 10 Uhr im Hotel Bristol

Vorprogramm vom Januar 1938, das nach dem «Anschluß» entscheidende personale Änderungen erfuhr

der Reichskanzlei trug die Unterschrift von Czernin, des Sohnes des letzten Außenministers der Monarchie. Der Termin für mein Erscheinen im Hotel Metropol war darin festgesetzt.

Meine Situation erschien mir nun als das, was man in Wien «Matthäi am letzten» nennt, und ich faßte den Entschluß, meine Flucht vorzubereiten. (Fuga miserabile.) Wie und wohin war das

Richard Wagner:
Die Meistersinger von Nürnberg

Dirigent: Wilhelm Furtwängler
Regie: Erich v. Wymetal

Hans Sachs	Friedrich Kamann
Eva	Maria Reining
Walter v. Stolzing	Eyvind Laholm
Pogner	Herbert Alsen
Beckmesser	Alfred Jerger
David	Erich Zimmermann
Magdalena	Piroska Tutsek
Kothner	Fritz Krenn

Richard Wagner: **TANNHÄUSER**

Dirigent: Hans Knappertsbusch
Regie: Max Hofmüller

Tannhäuser	Set Svanholm
Landgraf	Herbert Alsen
Elisabeth	Maria Reining und Hilde Konetzni
Venus	Piroska Tutsek
Wolfram v. Eschenbach	Alexander Sved
Walter von der Vogelweide	Anton Dermota
Hirtenknabe	Eszther Rethy

W. A. Mozart: **DON GIOVANNI**
(In italienischer Sprache)

Dirigent: Karl Böhm
Regie: Wolf Völker

Don Giovanni	Ezio Pinza
Leporello	Virgilio Lazzari
Don Ottavio	Anton Dermota
Donna Anna	Elisabeth Rethberg
Donna Elvira	Luise Helletsgruber und Hilde Konetzni
Zerlina	Maria Cebotari
Masetto	Karl Ettl

W. A. Mozart: **LE NOZZE DI FIGARO**
(In italienischer Sprache)

Dirigent: Hans Knappertsbusch
Regie: Guido Salvini

Conte Almaviva	Mariano Stabile
Contessa	Maria Cebotari
Figaro	Ezio Pinza
Susanna	Eszther Rethy
Cherubino	Martha Rohs
Marzellina	Angelica Cravcenco
Bartolo	Virgilio Lazzari
Basilio	Gino del Signore
Barberina	Dora Komarek

L. van Beethoven: **FIDELIO**

Dirigent: Hans Knappertsbusch
Regie: Erich v. Wymetal

Florestan	Helge Roswaenge
Leonore	Hilde Konetzni und Gertrud Rünger
Don Pizzaro	Paul Schöffler
Rocco	Josef v. Manowarda
Marzelline	Luise Helletsgruber
Jaquino	Richard Sallaba
Minister	Carl Bisutti

Richard Strauß: **DER ROSENKAVALIER**

Dirigent: Karl Böhm
Regie: Erich v. Wymetal

Marschallin	Hilde Konetzni
Ochs v. Lerchenau	Fritz Krenn
Octavian	Martha Rohs
Faninal	Walter Großmann
Sophie	Eszther Rethy
Sänger	Helge Roswaenge

Giuseppe Verdi: **FALSTAFF**
(In italienischer Sprache)

Dirigent: Vittorio Gui
Regie: Guido Salvini

Falstaff	Mariano Stabile
Ford	Piero Biasini
Fenton	Gino del Signore
Bardolph	Giuseppe Nessi
Pistol	Virgilio Lazzari
Alice	Augusta Oltrabella
Nanetta	Gianna Perea-Lebia
Quickly	Angelica Cravcenco

MOZARTS C-MOLL-MESSE (St. Peter)

Dirigent: Meinhard v. Zallinger
Solisten: Felicie Hüni-Mihacsek, Helene Vierthaler, Julius Patzak, Georg Hann

BACH-ORGELKONZERT (Dom)

Johann Sebastian Bach:

Präludium und Fuge, A-moll / Arien aus Johannes / Passion und Kantaten
Präludium und Tripelfuge, Es-dur / Toccata und Fuge, D-moll / Choralvorspiele
Passacaglia und Doppelfuge, C-moll

An der Orgel: Prof. Franz Schütz
Sopran: Majorie McClung (New-York)

Opern-Spielplan der Salzburger Festspiele 1938

Problem. Ein Versuch, dem von Huberman in Palästina gegründeten Philharmonischen Orchester beizutreten, war, wie man mich wissen ließ, an meiner «rassischen Fremdheit» gescheitert; es sei denn, ich käme als Gatte einer Jüdin ins Land, aber dazu war meine dem Christentum angehörige Gattin, die in Argentinien choreographierte, ungeeignet.

Es war mir klar, daß ich nicht in westlicher Richtung aus dem Lande gehen konnte, wiewohl ja für mich gerade nur der weite Westen als Zukunft in Betracht kam. Reisende und Fluchtverdächtige riskierten, an der Grenze zurückgewiesen zu werden. Als zunächst mögliches Ziel lockte Budapest, wo wir mit Toscanini alljährlich die Wiener Konzerte wiederholt hatten. Auch hatte ich von dort Klari Szarvas, eine vorzügliche und bildschöne Harfenistin, für Toscaninis Gastspiel in Tel Aviv engagiert, die dann mit Vater, Gatten und Kindern dort eine glückliche Zukunft finden sollte. Mit ihrer großherzigen Hilfe gelang die erste Phase meiner Flucht. Bevor es dazu kam, hatte ich noch eine Gnadenfrist bis zur Beendigung der Salzburger Festspiele im August.

Der ursprüngliche Salzburger-Spielplan 1938, der die Leitung Max Reinhardts, Bruno Walters und Toscaninis vorgesehen hatte, die jetzt durch ihre Abwesenheit auffielen, war der neuen Ordnung angepaßt worden. Das neue Bühnenhaus, zu dessen Bau das ganze Gebäude um 180 Grad gedreht werden mußte, um Platz zu gewinnen, war gewissermaßen ein Symbol großer Wendung des politischen Theaters, hier, und bald in ganz Europa. Die Führerloge mit dem Anschluß- und Gestapo-Stab erinnerte mich an das Hofmannsthal-Zitat aus der Erzählung «Das Märchen der 672. Nacht»: «Wenn das Haus fertig ist, kommt der Tod.»

Im «Falstaff» sang das Ensemble der Mailänder Scala unter Vittorio Gui aus Florenz. Die «Meistersinger» übernahm Wilhelm Furtwängler. Die von Max Reinhardt erbaute «Faustst adt» war verschwunden; nur die grünende «Linde» für den Volkstanz stand einsam da und blieb erhalten. Der Platz vor dem Dom, wo jeden Sommer seit 1920 «Jedermann» gespielt worden war, diente nun als Parkplatz für die vielen Reisebusse, die deutsche Gäste mit «Kraft durch Freude» in die Felsenreitschule transportierten. Man mußte an

Reinhardts Wort denken, wonach «das Schöne an den Festspielen war, daß sie jedesmal die letzten sein konnten». Er selbst war bereits in den USA.

Ein letzter, entscheidender Segen für meine Pläne erreichte mich in Salzburg durch die italienischen Mitglieder der Festspiele: Toscanini habe aus Kanada einen Brief von Sir Ernest MacMillan erhalten, der als Chef des Symphonieorchesters von Toronto mein Engagement dorthin wünsche. Das einzige Problem für meine Annahme war alllerdings die Hinreise, für die ich keinen Paß besaß und kein anderes Papier in meinen Händen hatte als eine briefliche Einladung. Mir wurde jedoch versichert, daß für die kanadischen Immigrationsbehörden deren Vorweisung an der Grenze oder im Hafen genügen würde. Die übrige Durchführung lag bei mir.

Der Endtermin (die «deadline») meiner Einvernahme im Hotel Metropol stand nun nahe bevor, der erste Schritt zur Reichsflucht mußte «prestissimo» erfolgen.

Zur Reise nach Budapest brauchte man eine Fahrkarte und kein Geld, da nur der Gegenwert von 20 Schilling oder 10 Reichsmark mitzunehmen erlaubt war. Auch der fehlende Reisepaß war kein Hindernis, da ich die ungarische Grenze nach Vorweisung eines alten Taufscheines und der Einladung einer ungarischen Konzertdirektion überschreiten konnte. Von dort bis zu einem Hafen weiterzugelangen, lag bei den Glücksfeen, die mir bisher beigestanden hatten. Die erste dieser Feen war meine «Küchenfee», wie in Wien die Haushälterinnen genannt wurden. Es gelang ihr später sogar, einen Koffer mit Kleidern und Wäsche als Gepäcksgut an mich aufzugeben, womit für bessere Umstände vorgesorgt war, vorausgesetzt, daß solche jemals Platz greifen würden.

Da ich, um nicht als Auswanderer aufzufallen, nur mit meinem Fagottfutteral als Gepäck reiste, kam ich ohne Schwierigkeiten durch die Untersuchungen an der Grenze. Überdies fand an dem Abend meiner Ausreise am 12. September die erste Probeverdunklung Wiens statt, und zugleich dröhnte aus den öffentlichen Lautsprechern eine Rede des Führers, die geeignet war, die Wachsamkeit der behördlichen Funktionäre abzulenken.

Im Waggon des Motorzuges schien im Dämmerdunkel und in der lautstarken Sendung der Führerrede für die wenigen Reisenden alles normal zu verlaufen, als ich unvermittelt meinen Namen nennen hörte. Mein erster Impuls, ihn zu überhören, war erfolglos. Eine junge Dame wies mit dem Finger auf mich, und der ungarische Grenzbeamte kam auf mich zu – um mir ein Anliegen von ihr zu überbringen. Es handelte sich um ihren Hund, für den sie eine Grenztaxe zu erlegen hatte, zu der ihr ein Restbetrag fehlte. Meine 10 Mark reichten genau dafür aus, und wie Hans im Glück, war ich den letzten Geldbesitz los. Das Gebot des Apostels Matthäus «Geh ohne Geldbeutel» war erfüllt. Ihre Eltern haben mir die kleine Hilfe in Budapest reichlich vergolten.

Erst vor wenigen Monaten hatten wir mit Bruno Walter und Knappertsbusch dort konzertiert. Verglichen mit Wien war die Atmosphäre immer noch eine der scheinbaren Freizügigkeit; man konnte unzensuriert ins Ausland schreiben und von dort Antwort erhalten.

In Budapest traf ich den angesehenen und kunstbeflissenen Grafen Franz Esterházy, der als wohlbeschlagener Musikamateur gerne dirigierte und sogar auf seinem Landgut vor einer Berghöhle mit sämtlichen Kräften der Budapester königlichen Oper Richard Wagners «Siegfried» in Naturszenerie aufgeführt hatte. Esterházy war auch selbst Komponist und befolgte als solcher die Weisungen seines Theorielehrers Joseph Marx, wonach eine Partitur «schwarz von lauter Noten» sein solle. Er war ständiger Gast bei den Salzburger Festspielen, nicht zuletzt auch in dem Bestreben, Kontakt zu den führenden Künstlern zu finden, vor allem zu den maßgebenden Dirigenten, denen er seine Werke zur Beurteilung vorlegte.

Eines schönen Nachmittags erschien er im Café Bazar, dem Salzburger Treffpunkt der musikalischen Elite, und berichtete voll Stolz seinen erfolgreichen Besuch bei Bruno Walter, der seine Partitur einer Lesung unterzogen hatte. Walter habe gesagt: Form, Periodenbau und Themenentwicklung gut, auch die Durchführung und Reprise, es fehle nur «das, was von Gott kommt». Unser charmanter Graf hatte die gewinnende Naivität, sich im Tonfall des populären «Graf Bobby» auszudrücken; er erzählte den letzten Satz des immer rücksichtsvollen Walter, der damit sein eigentliches Urteil verschleiert hatte, wie folgt: «Der Walter hat g'sagt, es fehlt mir nur noch etwas, nämlich das, was von Gott kommt.» Diese Gottesgabe hatte Esterházy offenbar bloß als eine noch fehlende zusätzlich zu ergänzende Qualität aufgefaßt.

Auf meinen Wunsch begleitete mich unser Musikgraf zum französischen Gesandten, um diesen in dem von ihm beherrschten Französisch um ein Einreisevisum für mich zu ersuchen. Trotzdem erklärte sich der hohe Funktionär infolge einer amtlichen Verfügung außerstande, ihm den Gefallen zu erweisen; hiefür sei ausschließlich mein Heimatort Wien zuständig. Wir mußten unverrichteter Dinge abziehen.

Mein nächstes Ziel war nun die jugoslawische Grenze, die ich von Ungarn aus frei passieren konnte. In Zagreb angekommen, ordnete ich die Habseligkeiten, die mir meine Haushälterin aus Wien nachgesandt hatte. Unter anderen Nebensächlichkeiten, die sie in der Naivität ihrer ländlichen Herkunft für wichtig hielt, hatte sie auch meine Orden und Auszeichnungen eingepackt (Leo Slezak bewertete Orden als Fruchtsalat nach Gewicht); was sollten die mir wohl jetzt nützen?! Beim Durchsehen dieser Erinnerungsstücke blieb mein Blick an der mir von der französischen Regierung im Vorjahre anläßlich unserer philharmonischen Konzerte bei der Pariser Weltausstellung verliehenen Auszeichnung haften. Das gab mir die Idee ein, damit beim französischen Konsul vorstellig zu werden und von ihm das in Budapest abgelehnte Einreisevisum zu erlangen. Als Honoratior seiner Regierung erhielt ich es von ihm ohne weiteres bewilligt.

Ermuntert durch diese privilegierte Wendung, machte ich nun einen ähnlichen Versuch an der italienischen Grenze. Als mich der Grenzoffizier nach meinem Militärurlaub fragte, wies ich meinen italienischen Kronenorden vor; er salutierte stramm und ließ mich respektvoll einreisen.

In Mailand war mein erster Gang in die Via Durini, wo Toscaninis Haus steht. Ich fand den Maestro in einer unerwarteten Situation vor, die allerdings den herrschenden Umständen der Diktatur und seiner Opposition zu dieser entsprach. Seine Bewegungsfreiheit war innerhalb einer vorgeschriebenen Bannmeile begrenzt. Diese Einschränkung war auf Befehl des deutschen Führers verhängt worden, dessen Grimm Toscanini durch die Festkonzerte in Luzern erregt hatte, die er unter dem Motto «Salzburg in Luzern» veranstaltete. Der Maestro hatte auch in Tribschen, dem Exilheim Richard Wagners, das «Siegfried Idyll» dirigiert, und zu dieser Aufführung auf der Terrasse über dem Vierwaldstättersee hatte sich ein internationales Publikum eingefunden, dessen Denkungsart und politische Einstellung vor dem Anschluß in Österreich zu finden gewesen war. In der Jesuitenkirche Luzerns hatte er auch Verdis Requiem zelebriert. All dies hatte eine weltweite Resonanz geweckt, die beide Diktatoren verhindern wollten; Mussolini zumal deshalb, weil Toscanini sich weigerte, in seiner Heimat zu dirigieren, wiewohl er ungehindert seine Sommerferien weiterhin auf seiner Insel im Lago Maggiore verbringen konnte.

Im Flur seines Hauses war eine Liste aufgelegt, in welche sich alle Besucher unter dem wachsamen Auge eines Beamten einzutragen hatten.

Ich berichtete dem Maestro über den letzten Salzburger Sommer, auch über die Vollendung des neuen Bühnenhauses, dessen Pläne ihm vor Jahresfrist vom Landeshauptmann Dr. Franz Rehrl vorgelegt worden waren, einschließlich des nach Toscanini benannten Hofes. Ich berichtete auch über meine Lage; zunächst war ja ich der Befreite, bis auf die Fesseln des zum Reisen noch fehlenden Geldes. Toscanini versorgte mich mit allem Nötigen für die Reise nach Paris und gab mir Empfehlungen an Pariser Freunde, die mir weiterhelfen sollten. Getröstet und mit halber Hoffnung fuhr ich weiter, während Toscaninis nächste Zukunft im Ungewissen blieb, insbesondere seine als bevorstehend geplanten Konzerte mit dem New Yorker NBC-Orchester.

Paris wimmelte und brodelte von Emigranten, besonders in deren beliebten Treffpunkten, dem Café Weber und dem Café de la Paix. Jeder aus der Heimat neu Angekommene wurde begrüßt wie ein Totgeglaubter.

Zunächst schrieb ich an Stefan Zweig in London über Toscaninis Situation in Mailand, die ihm unbekannt war. Er unternahm eine diskrete Strategie durch Intervention bei anglo-amerikanischen Behörden, die vielleicht den Bann aufzuheben vermochten.

Um die Überfahrt nach USA betreiben zu können, präsentierte ich meinen Kreditbrief und erfuhr, daß in diesen Tagen des Chamberlain-Besuches in Bad Godesberg eine Kreditsperre eingetreten war, die jede Banktransaktion unmöglich machte. So hieß es also abwarten. Das aber war für Transitvisa-Reisende nicht für lange möglich, denn die Behörde argwöhnte dauerndes Verbleiben solcher Ankömmlinge und drohte ihnen, sie zu internieren oder per Schub an die deutsche Grenze zu stellen.

Erst im Vorjahr waren die Wiener Philharmoniker unter Bruno Walters Leitung konzertierende Gäste gewesen, wobei die ehrenden Veranstaltungen und Gast-Einladungen kaum zu bewältigen waren. Eine Dekade früher hatte die Wiener Staatsoper unter der Direktion Franz Schalks ein mehrwöchiges Gastspiel an der Pariser Großen Oper triumphal durchgeführt.

Am Eröffnungsabend, als Direktor Franz Schalk am Kapellmeisterpult erschien, ertönten zu seinem Schrecken drei dumpfe Schläge von der Bühne herab; als ob die verlöschende Beleuchtung des Hauses dafür nicht genüge. Es gelang den verzweifelten Bemühungen Schalks, für die kommende «Tristan»-Vorstellung diese spektakuläre Tradition zu unterlassen. Rousseaus Bonmot war bis dahin unbeachtet geblieben, wonach die Pariser Oper das einzige Theater in Europa ist, wo man den Takt schlägt ohne ihn zu halten, während man ihn anderswo hält ohne ihn zu schlagen. Von Mozarts «Entführung» zum «Rosenkavalier» von Richard Strauss hatte das Publikum in Genüssen geschwelgt. Der Pariser Operndirektor Rochée erklärte die eigenen Produktionen launig als «Liaison» gegenüber der «bewährten Ehegemeinschaft der Wiener Oper mit der Musik».

Auf Grund dieser gastlichen Erlebnisse schien es mir denkbar, aus den Kreisen der Hochfinanz jene Hilfe zu erhalten, für die ein Brief des Maestro eine Garantie geschrieben hatte. Doch die Zeilen Toscaninis, sonst immer als Autogramm vielbegehrt, erwiesen sich als wirkungslos. Ein Hollywood-Filmdirektor, der mir noch kürzlich ein Engagement angetragen hatte, erklärte, derzeit nur «Hitlersorgen» zu haben.

Ich kannte in Paris James Hazen Hyde, einen amerikanischen Nabob und Mäzen. Er war zu jeder Festspielzeit in Salzburg und Wien erschienen, wo er sich's angelegen sein ließ, mit Künstlern und Direktoren zu verkehren. Für seinen Wiener Aufenthalt bezog er im Hotel Bristol, gegenüber der Staatsoper, eine Zimmerflucht, die mit Möbeln aus seinem Schloß in Versailles eingerichtet wurde. Seine

Gattin residierte in einem nahe gelegenen Louis XV-Palast, und sie besuchten einander abwechselnd.

Bei seinen Kunstfahrten und Planungen hatte er zuweilen auf meine Beratung Wert gelegt, und so beschloß ich, mich bei ihm zu melden. Bald darauf fuhr ein Rolls-Royce bei meinem bescheidenen Hotel «Opal» vor, der mich zu der Residenz des Mäzenas brachte. Mein Kredit im Hotel stieg beim Anblick des livrierten Chauffeurs ins Ungemessene, zumal er mich auch zurücktransportierte.

Unter den Umständen meiner «fahrenden» Existenz war das Diner in dem unwirklich märchenhaften Milieu des Ancien-Régime wie ein Traum. Mein Gastgeber sprach fließend Deutsch und erzählte mir, wie es kam, daß er in Frankreich dauernd Aufenthalt genommen habe. Er war als Großaktionär an der Spitze einer mächtigen amerikanischen Korporation gestanden. In einer Generalversammlung der Aktionäre war der Vorwurf verschwenderischen Lebens gegen ihn erhoben worden, das, wie man sagte, die Gewinne der Gesellschaft gefährde. Hierüber verärgert legte er sein Amt nieder und übersiedelte nach Frankreich, wo dem Schöngeist die Atmosphäre zuträglicher schien. In Amerika war sein Lebens-Standard so bewundert worden, daß zu Silvester 1950 eine Nummer von «Life» erschien, die seinen Reichtum und Luxus bebilderte; sie zeigte ihn unter anderem in einer vierspännigen Kutsche im Central-Park von Manhattan, dann wieder in dem dem Park gegenüberliegenden Hotel «Sherry Netherland», wo er opulente Gastereien gab und wo auch seine Pferde verpflegt wurden (was sonst nur Gästen in Menschengestalt erlaubt war).

Unsere Konversation fand bei Mokka und Cognac in einer herrlichen Bibliothek statt. Der Zeitpunkt schien mir gekommen, ihn in meine kleinen Finanzprobleme einzuweihen. Er zeigte sich erfreut, über mein Engagement nach Toronto zu hören, zu dem ich mich allerdings aus eigenen Mitteln einfinden mußte. Mit Hinweis auf das bestehende Bankmoratorium erbat ich seine Aushilfe zum Kauf des Schiffsbilletts.

Der große Kunstfreund erklärte mir daraufhin die Grundsätze seiner Lebensphilosophie: «Das Schönste ist die echte Freundschaft», dozierte er. «Dieses kostbare Gut wird gefährdet durch Geldgeschäfte, die zwischen Freunde treten, am häufigsten dann, wenn es sich um kleine, scheinbar belanglose Beträge handelt wie in Ihrem Falle.» Aus diesem Grunde vermeide er jede solche mögliche Verwicklung. Diesem skurrilen Erlebnis mit James Hazen Hyde sollte einige Jahre später ein noch skurrileres mit ihm folgen.

Mister Hyde war meine letzte Hoffnung gewesen, die Überseereise machen zu können, und ich mußte einen anderen Ausweg aus meiner Lage suchen. In den Zirkeln der ständig beratenden und Rat suchenden Emigranten fand ich die Lösung: als dritte Alternative neben Anhaltelager und Deportierung gab es die Fremdenlegion. In deren Büro am Boulevard Malesherbes fand man mein Alter, 42 Jahre, und meinen Gesundheitszustand befriedigend und forderte mich auf, in zwei Tagen zur Vereidigung und Einschiffung wiederzukommen. Dakar und Senegal, die mir nun bevorstanden, waren mit den Erinnerungsbildern verknüpft, die von den Südamerikareisen der Philharmoniker und den damaligen Reiseeindrücken tröstlich in mir lebten, wenngleich ich mir sagen mußte, daß das Barackenleben in der Legion ein frugales sein würde. Andererseits schien es mir immer noch dem Einrücken zur Tankwaffe der deutschen Armee vorzuziehen, in die ich, offenbar durch meinen Autoführerschein qualifiziert, eingegliedert worden war. Noch zwei Tage vor dem Abschied von der europäischen Welt! Im Französischen sagt man: «partir c'est mourir un peu», «weggehen ist ein wenig sterben». Ich wachte zeitig auf und beschloß, den Weg durch Umwege bis zum Beginn der Amtsstunden zu verlängern. Über die Boulevards fegte und wirbelte der Herbstwind die trockenen Blätter, wahllos, wie das Schicksal die zahllosen Flüchtlinge als kulturellen Humus fortblies, um irgendwo abgeladen zu werden. Sir Thomas Beecham, der damals in Vancouver dirigierte, schockierte seine dort angesiedelten Gäste, indem er ihre Lage an kulturellem Niveau mit demjenigen einer Mülltonne verglich; eine solche also war nun mein Ziel.

Halb unbewußt führte mich mein Weg durch die Rue Castiglione an der Bank vorbei, die mich als erste zurückgewiesen hatte; deren Direktor, M. Reuter, auch ein Musikfreund und regelmäßiger Besucher unserer Konzerte, hatte es mit den Worten getan: «Wir Franzosen (er selbst war in Brünn geboren) müssen uns ‹kantonisieren›.» Der Ausdruck war mir unbekannt, ich übersetzte ihn jedoch korrekt mit «Nein».

Die Place Vendôme hatte schon immer eine ästhetische Anziehungskraft für mich; als architektonischer Freiluftsaal schien er mir für Aufführungen wie geschaffen. In meiner jetzigen Stimmung war das Ritz-Hotel, mit den Erinnerungen an dessen so üppige Gastlichkeit, ein melancholischer Kontrast zu der Gegenwart, mehr in der Tonart des benachbarten Sterbehauses Chopins (Grave lugubrioso).

In der angrenzenden Ecke gibt es dort den Modesalon Schiaparelli, dessen Schaufenster wie eine Bühnenszene arrangiert war, die eine letzte Vision der Salzburger «Zauberflöte» in mir wachrief. In einem goldenen Käfig saß eine junge Schöne, die sich schmückte, bewacht von einem Mohren; der konnte Monostatos sein und sie die Pamina, die sich soeben mit einem neuen Hut tröstete. Mir war wie Papageno zumute, der am letzten Loch seiner Panflöte pfeift, als ich, aufgeschreckt durch das Bremsgeräusch von Autoreifen, mich umsah, und wiederum eine rettende Märchenfee erschien. Aus dem Auto stieg Signora Carla Toscanini. Unsere Verwunderung war gegenseitig, da sie mich in Kanada vermutete und ich die Familie weiter in Mailand festgehalten glaubte. Sie hatten tags zuvor ihre Pässe erhalten, worauf sie unverweilt im Auto abreisten. In wenigen Stunden hofften sie in Le Havre das Schiff nach New York zu erreichen. Der Maestro frühstückte nebenan im Ritz-Hotel, während Signora Carla bei Schiaparelli eine andere Auffrischung im Sinne hatte. Mein Dilemma war schnell erklärt. Mit einem Griff in ihre Reisetasche holte Frau Toscanini eine Handvoll Banknoten heraus mit den Worten: «È abbastanza?» Es war mehr als genug, um bei der nächsten Schiffsagentur die Überfahrt nach New York auf dem Dampfer «Champlain» zu bezahlen, anstelle eines Freibilletts nach dem Senegal. Wenige Sekunden hätten mich diese entscheidende Begegnung verfehlen lassen. Innerhalb einer Woche landete ich im New Yorker Hafen.

Mein Versailler Besuch bei James Hazen Hyde fand dort, fünf Jahre später, seine Fortsetzung. Ich spielte bereits im Orchester der Metropolitan Opera. Sir Thomas Beecham dirigierte mit Elan Massenets Oper «Manon». Er wartete den Szenenwechsel am Pult ab, als sich ihm ein hochgewachsener Herr aus dem Parkett näherte und, auf mich zeigend, etwas zu ihm sagte. Es war James Hazen Hyde, der sagenhaft reiche Mann aus Versailles. Sir Thomas sagte mir in der

Pause, daß sein Freund Hyde uns beide am nächsten Tag in seinem Hotel Savoy zum Essen erwarte. Aus Respekt für den mir wohlgesinnten Dirigenten willigte ich ein.

Unser Wiedersehen im Kreise illustrer Gäste verlief konventionell unbefangen. Von dem Grade seiner Unbefangenheit erfuhr ich bald eine erstaunliche Probe. Nach dem Essen, bei Kaffee und dem würzigen Aroma von Havannazigarren, richtete unser Gastgeber an mich die Frage: «Als wir uns zuletzt in Frankreich sahen, waren Sie in einem ‹Fix› (so heißt in amerikanischer Alltagssprache eine schwierige Lage); wie haben Sie diese Situation damals überwunden?» Ich war von seinem nachträglichen Interesse einigermaßen verblüfft und erzählte dann von meinem Zusammentreffen mit Frau Toscanini und von ihrer spontanen Rettungsaktion, die meine Reise nach Kanada ermöglichte. Auch daß ich unlängst beim Maestro in seiner Villa Paulina gewesen sei und mit einem Scheck die von seiner Gattin empfangene Summe zurückerstattet habe. Dann, beim Abschied, habe mir Toscanini etwas in die Manteltasche gesteckt mit der Bemerkung, darüber nicht weiter zu sprechen: es war der von mir überbrachte Scheck. Dazu sagte der große Mäzen, dem «die ungetrübte Erhaltung der Freundschaft das Wichtigste war», sein Schlußwort: «Vraiment très chic.»

«Totschick sieht er aus», fiel mir ein, hatte die Witwe von Josef Kainz von ihrem berühmten Gatten an dessen Bahre gesagt. Worauf Arthur Schnitzler replizierte: «Jetzt weiß ich, woher diese Redensart stammt.»

Bis zur Generalprobe zum ersten Konzert in Toronto blieben mir drei Tage Zeit in New York. Ich konnte Toscaninis Proben zu seinem ersten NBC-Konzert hören: Beethovens 5. Symphonie und Richard Strauss' «Don Quichote» mit Emmanuel Feuermann als Cellist; ich berichtete Richard Strauss von meinem Eindruck. Er trug mir brieflich Grüße an «Freund Karl Alwin» auf, der kürzlich in New York eingetroffen war und dann nach Mexiko-City weiterreiste, wo er eine Opern-Kompanie organisierte, die mehrere Jahre, bis zu seinem frühen Tode, florierte. Alwin hatte gehofft, bei Kriegsende nach Wien zurückkehren und dort seinen alten Platz an der Staatsoper mit erweiterten Machtbefugnissen wieder einnehmen zu können und bat mich hiezu um meine Mitarbeit. Es schien damals, 1938, ein aussichtsreicher Plan, der jedoch im Jahre 1945 ganz anders aussah. Als Alwin dann trotzdem an die Rückkehr dachte, starb er plötzlich nach einer Flugreise an Herzschwäche.

In New York nahm ich nochmals vom Maestro Abschied, dessen Gast ich im ehemaligen Hotel Astor am Timessquare gewesen war. Fast hätte es ein abermaliges Wiedersehen mit ihm gegeben; denn nach Kanada führten zwei Grenzstationen, bei deren einer, zu der ich reiste, mein Kommen nicht amtlich vorgemerkt war. Der Grenzposten bei Niagara hieß «Eri» (das gleichlautende englische Wort für eerie «unheimlich-gespensterhaft»), und genauso war mir zumute, als mich der Grenzbeamte aus dem Zug herausholte und anwies, zu der nächtlichen Stunde in frostiger Herbstkühle auf den Retourzug nach New York zu warten. Es folgte jedoch ein für Europäer damals ungewohntes Beispiel bürokratischer Humanität; meine Behauptung, daß ich in Toronto am nächsten Morgen zur Generalprobe erwartet werde, veranlaßte den Grenzbeamten, eine Telephonverbindung mit dem Konzertmanager herzustellen und meine Aussage bestätigt zu erhalten, worauf er meine Einreise zuließ. Er ging jedoch noch weiter, als sich herausstellte, daß während der Nacht kein Zug mehr nach Toronto gehen würde. Aus der Tür des höher gelegenen kleinen Zoll-Blockhauses deutete er auf die Landstraße hinunter mit den Worten: «Catch yourself a Greyhound!», worauf ich schüchtern fragte, wozu mir ein Hund jetzt dienen könne. Er klärte mich

«Greenhorn» auf, daß dies der Name des Fernbusses sei. Nach geraumer Zeit kam das graue Gefährt herangebraust, erwies sich als wohlig geheizt und brachte mich in wenigen Stunden in die Stadt meiner kanadischen Zukunft.

Zu meiner Überraschung erwarteten mich einige Herren, die mir der Manager als Journalisten vorstellte. Diese zeigten sich weniger neugierig auf musikalische als auf politische Neuigkeiten, besonders über die Lage in Österreich nach dem erfolgten Anschluß. Um diesem

Karl Alwin, 1920 bis 1938 Staatsopern-Kapellmeister, dann in Chicago und Mexiko. Gatte von Elisabeth Schumann

Thema auszuweichen, sagte ich: «Darüber zu sprechen ist in meiner Lage peinlich.» Am nächsten Morgen brachte der Zimmerkellner mit dem Frühstück die Zeitung, auf deren erster Seite, unter den wichtigsten Ereignissen, in großen Buchstaben zu lesen stand: Neu angekommener Wiener Musiker sagt: «Peinlich über Hitler zu sprechen!»

In Masseyhall, wie das akustisch gut beschaffene Konzertgebäude hieß, erkannte ich eine Nachbildung der Londoner Queenshall, die bald darauf im «Blitzkrieg» über England zerstört wurde. Mein Chef war der gebürtige Kanadier Sir Ernest MacMillan, ein Orgelvirtuose, der gut Deutsch sprach. Diese Kenntnis hatte er sich als Kriegsgefangener im Ersten Weltkrieg erworben. Im Gefangenenlager nahe von Bayreuth, wohin er 1914 zu den Festspielen gepilgert war, so erzählte er, sei es ihm gar nicht übel ergangen, und er habe dort sogar eine Kantate komponiert. Ich lernte ihn in den kommenden drei Spielzeiten als einen erfahrenen, allseitig gebildeten Musiker kennen, mit natürlicher Dirigentenbegabung, der neben dem internationalen Standard-Repertoire die anglosaxonische und finnische Musikliteratur vorzüglich interpretierte.

Außer einem neu engagierten Oboisten war ich der einzige Ausländer. Es herrschte die Tendenz, mit einheimischen Kräften zu musizieren, wofür das Royal Conservatorium die Spieler heranbildete; dort unterrichteten auch europäische Künstler, unter anderem die dramatische Sopranistin Irene Jessner von der Wiener Staatsoper und unser philharmonisches Ehrenmitglied Moriz Rosenthal.

Ich stellte mich dem Publikum mit dem Mozart-Fagottkonzert als neues Orchestermitglied vor. Bei dem nachfolgenden gastlichen Empfang machte mich einer der freigebigen Förderer mit seiner Gattin bekannt, indem er sagte: «Helen, dies ist der Gentleman, der das Mozart-Konzert als Solist spielte auf dem . . .» Hier pausierte er, um den Namen meines Instrumentes richtig zu sagen, und brachte schließlich hervor: «with the balloon» (anstatt «bassoon»). Meine einheimischen Kollegen trieben mit mir einigen Schabernack (im Englischen «practical joke» genannt), der sich hauptsächlich auf Fälle von Lapsus Linguae stützte. Zahlreiche Musiker stammten aus Osteuropa und meinten, ihr Jiddisch sei, als eine Abart von Deutsch, für Deutschsprachige verständlich, was die Basis für ein reiches Feld amüsanter Mißverständnisse ergab.

Im Vergleich zu meinen eben überstandenen Erlebnissen war die in dem weiten gastlichen Lande vorherrschende Stimmung ausgesprochen pastoral und in scharfem Kontrast zur europäischen, wo das allgemeine Bewußtsein der Diktatur und deren Folgen alle Gemüter beschäftigte. Selbst die Radioberichte wirkten hier nicht viel anders, als wie es Goethes «Faust»-Worte beschreiben: «... Wenn hinten weit in der Türkei die Völker aufeinanderschlagen». Für einen Einwanderer, der aus jenen Bereichen kam, war das ein täglich scharf empfundener Gegensatz, der sich freilich bald für alle ändern sollte. Binnen Jahresfrist wurde der Kriegszustand verkündet.

Als Neu-Einwanderer wurde ich zum «enemy alien» (zum feindlichen Ausländer) erklärt; als solcher konnte man, nach Ermessen der Behörden, für Kriegsdauer entweder in Kanada oder in Australien interniert werden. Mein schützender Chef Sir Ernest, Dirigent des Symphonieorchesters und Direktor des Royal Conservatory, meldete mich als einen «asset» an, d. h. als ein Aktivum in seiner Bilanz, und bewirkte so meine vorläufige Freiheit, die allerdings durch Anzeigen fremdenfeindlicher Patrioten jederzeit annulliert werden konnte. Nach einer solchen Razzia entschloß ich mich zur neuerlichen Wanderung, diesmal in die angrenzenden Vereinigten Staaten, wo noch Frieden herrschte und, wie man mir versicherte, auch im Kriegsfalle nur gerichtlich überwiesene Gesetzesbrecher interniert würden.

Doch auch im Lande der Freiheit war diese für mich einigermaßen reduziert durch ein Gewerkschaftsverbot, das Einwanderern für ihr erstes Halbjahr eine regelmäßige Berufstätigkeit untersagte, zum Schutze der bereits Ansäßigen. Verschärft war dieses Verbot durch die Kontrolle, ob der Betroffene wirklich immer im Stadtbereich blieb und sich nicht etwa außerhalb ungesehen beruflich betätige. Stellen in anderen Arbeitszweigen waren zuläßig, meist allerdings manueller Art und ohne Beziehung zur Musik. Allmählich ging mir die Erkenntnis auf, daß die berühmten «unbegrenzten Möglichkeiten» vor allem nach unten unbegrenzt sind.

Im Lokal der Musikergewerkschaft gab es ein schwarzes Brett, auf dem Verlautbarungen über freie Arbeitsplätze zu lesen waren. Einer davon schien mir wie für mich geschaffen; es war ein halbtägiger Chauffeursposten mit der Bedingung, während der täglichen Spazierfahrt musikalische Konversation zu machen.

Das wichtigste Erfordernis hiefür, einen amerikanischen Führerschein, besaß ich noch von meinem Besuch in Hollywood. Meiner schriftlichen Bewerbung fügte ich Toscaninis Adresse bei, der meine musikalische Eignung für fachlichen Gedankenaustausch bestätigen könnte. In der Erwartung, mich mit dieser Referenz als besonders wünschenswert vorzustellen, erlebte ich die Enttäuschung, daß mich der erhoffte Arbeitgeber daraufhin abwies, ohne mich überhaupt sehen zu wollen; ein solcher, musikalisch so versierter Konversations-Chauffeur war nicht, was er im Sinne hatte, sondern er hatte offenbar eher an einen Unterhaltungs-Jazzmusiker gedacht, anstatt an einen «Long-haired». So nannte man damals die konservativen Orchesterspieler, gleichviel ob sie Haare am Kopfe hatten oder nicht; von den Haarlosen erwartete man aber, daß sie sich mit Perücken versahen, weil alles, was nach reifem Alter aussah, als nachteilig galt, und weil überdies eine glänzende Glatze im Fernsehen störende Reflexe verursachte.

Es gab allerhand Neues zu lernen und zu erwägen. New York liegt am Breitengrad von Neapel und hat dasselbe Sommerklima, mit wesentlich höherem Feuchtigkeitsgehalt und mit dem Ausstoß von Müllverbrennungsanlagen und Millionen Autos. Ein arbeitsloser Zwangsaufenthalt im Hochsommer wird zur Qual. Den Eingeborenen scheint das kaum bewußt zu sein, und es bleibt mir bis heute rätselhaft, wie so viele Europäer das früher einmal ohne Klima-Anlagen ertragen konnten.

Als Einwanderer aber kann man vieles ertragen, mehr als man selber erwartet hätte. Eine aus ihren alten Angeln gehobene Existenz sucht, nach all den überstandenen Zwischenstationen, vor allem ein erträgliches Dauerquartier. Ein solches in den zahllosen Wohnungsangeboten der seitenlangen Zeitungsinserate zu finden, besonders wenn man über beschränkte oder gar keine Mittel verfügte, war ohne geographische Lokalkenntnisse der fünf New Yorker Großbezirke (boroughs) eine unabsehbare Forschungsaufgabe.

Auch hier lag es bei den «Glücksfeen», die mir bis hieher geholfen hatten, eine unerwartete Lösung herbeizuführen. Es gab gutsituierte Kunstfreunde, die, wenn sie auf längere Reisen gingen, ihre Wohnung zwecks regelmäßiger Instandhaltung und Behütung für die Zeit ihrer Abwesenheit ihnen empfohlenen Gästen kostenlos zur Benützung überließen.

Die weitläufigen, luxuriös eingerichteten Räume der Wohnung, in die ich einzog, kontrastierten allerdings auffallend mit meiner wirtschaftlichen Lage. Als Fremder enthielt ich mich zu erforschen, wer da vielleicht außer mir noch hauste. Doch eines Tages erschien, aus einem der Nebenzimmer kommend, ein distinguierter Herr bei mir, der sich als Mitbewohner vorstellte; sein Name war Baron Wolfgang Hans von und zu Putlitz (Putlitz war ein Ort in Ostpreussen). Ich kannte den Namen als den eines Intendanten der Stuttgarter Oper und, richtig, war das der Onkel meines Mitbewohners. Herr von Putlitz (senior) galt als der Entdecker und Mentor Lotte Lehmanns, als sie noch Anfängerin war.

Mein Quartiergenosse, als Gesandtschaftsattaché der vormaligen deutschen Regierung, hatte gegenwärtig denselben Status wie ich, auch er war jetzt ein Emigrant. Er hatte sich anfangs vor mir verborgen gehalten, in der Befürchtung, vielleicht von mir als einem Gestapo-Agenten «beschattet» zu werden, bis er dann auf dem Klavier Photographien mir befreundeter Künstler sah, die seinen Verdacht entkräfteten. Wir begannen eine gemeinsame Haushaltung und Lebensmittelversorgung, und nach vollbrachtem Tagewerk der weiteren Existenzsuche für die Zukunft, genossen wir abendliche Mußestunden musikalischer Erholung am Klavier und am Radio. Wir beide nahmen den Verkehr mit uns bekannten Künstlern auf, darunter Lotte Lehmann und Elisabeth Schumann, bei der wir Weihnachten und Silvester feierten.

Lotte war eine lebhafte und willige Erzählerin ihrer Erinnerungen. Als wir wieder einmal auf die gemeinsame Salzburger Zeit zu sprechen kamen, schilderte sie ihr persönliches Zusammentreffen mit Toscanini und was es ihr bedeutete. Sie begann mit dem Versuche, seine Wirkung zu definieren:

«Ich glaube, Genie ist angeborenes Talent verbunden mit der magischen Kraft, es in restloser Hingabe zum Ausdruck zu bringen.

Ich habe in Salzburg unter Toscaninis Führung die Leonore in ‹Fidelio› und die Eva in den ‹Meistersingern› gesungen und vergesse nie die nervenaufreibenden Proben, die alle Mitwirkenden an den

Lotte Lehmann

Lotte Lehmann mit Hugo Burghauser bei einer «Tannhäuser»-Vorstellung in der Garderobe

Elisabeth Schumann

Rand der Verzweiflung brachten, denn der gefürchtete Maestro war kaum jemals mit unseren Leistungen zufrieden. Anstatt aber seine Kritik durch eines seiner kolportierten Temperamentsgewitter zu klären und fruchtbar zu machen – hüllte er sich in eisiges Schweigen. Nur Blicke melancholischer Unzufriedenheit streiften uns hin und wieder, wodurch unser Ungenügen nicht gebessert wurde; wir verfehlten die einfachsten Phrasen, tauschten wissende Blicke des Bedauerns untereinander und würden zornige Zurechtweisung allem andern vorgezogen haben.

Schließlich faßte ich mir ein Herz und näherte mich dem grollenden Löwen. ‹Maestro›, begann ich, ‹wollen Sie uns nicht sagen, wie und weshalb wir Ihre Erwartungen enttäuscht haben? Wir möchten Ihnen gerne folgen, wenn wir nur wüßten, wie!› Er sah mich an wie ein verwundetes Tier und erwiderte: ‹Es mangelt euch allen an Feuer und Passion, an der Entschlossenheit, alle Geister der Tiefe furchtlos aufzurufen!›

Nun verstand ich, was er meinte: wir sollten die Furcht vor ihm, dem Gestrengen, abwerfen, vor dessen überwachen Ohren alle Details kleinster Unregelmäßigkeit ein Vergehen gegen den Geist der Kunst ist. Ignorieren wir unsere Schwächen und führen wir einfach unsere Mission menschlich durch, nach besten Kräften, jedoch mit unvermindertem Enthusiasmus! Dann wird das bisher durch Hemmungen getrübte Feuer auch durchbrechen. Ich versuchte, ihm das, so gut ich konnte, zu erklären.

Toscaninis verfinsterte Miene erhellte sich zu dem gewinnendsten Lächeln, das alle Befangenheit verscheuchte und die Flamme der Begeisterung strahlend hervorbrechen ließ.

Beethovens ‹Fidelio›, bisher immer eine gepflegte Repertoirevorstellung, wuchs zur unübertrefflichen hymnischen Manifestation menschlichen Leidens und seiner Erlösung.

Ähnlich ging es im nächsten Jahre mit den ‹Meistersingern›. Die letzte Probe hiefür ist mir in unauslöschlicher Erinnerung. Ich bin überzeugt, daß die darauf folgende herrliche Aufführung nicht in demselben Maße überwältigend gewesen sein kann wie jene Probe, in der wir alle, Toscanini allen voran, die äußerste Hingabe lyrischen und dramatischen Ausdrucks reproduzieren konnten, ungehemmt durch die Beobachtung Außenstehender. Den Hans Sachs gab Hermann Nissen, eine jener glücklichen Naturen, denen Nervenkrisen unbekannt sind, ausgestattet mit einem warmen strömenden Bariton; dieser scheinbar unerschütterlich Gleichmütige wurde in der Probe während des ‹Wach auf!›-Chors so tief ergriffen, daß er mir mit bebender Stimme zuraunte: ‹O Gott, wie soll ich jetzt singen können, wo dieser Dämon da unten mich mit seiner Passion außer Rand und Band gebracht hat?!›

Ich selbst fühlte mich wie in einem Delirium und rannte nachher in Toscaninis Garderobe, ohne anzuklopfen, zum Schrecken seines Faktotums Emilio, der ihn soeben abtrocknete und labte. Tränenüberströmt umarmte ich ihn, stammelte Dankesworte und lief aus dem Zimmer.

Ich glaube, die Furcht, die fast alle Sänger vor dem Maestro empfinden, irritiert ihn selber sehr. Es verstimmt ihn, wenn er ihr begegnet. Unbewußt seiner eigenen Macht über andere, ist er im Grunde simpel bis zur Naivität und unvoreingenommen gerecht. Freilich, sein musikalischer Fanatismus, durch romanisches Temperament verstärkt, fordert von jedem alles, wie von sich selbst. Man fühlt in seiner Gegenwart jedes kleinste Manko intensiviert und als eine ihm zugefügte Kränkung, die mit Recht seinen Unwillen erregt. Ich erinnere mich, wie mir im ‹Fidelio› ein Fehler passierte, unbemerkt von der Menge, aber verletzend für den Maestro. Ich hatte nicht den Mut, mich bei ihm zu entschuldigen, bis mich seine gütige Carla zu ihm führte. Er erwiderte meine Reue mit einer Geste, die Verzeihung bedeutete, aber nicht Vergessen.

Nachdem ich seine menschliche Haltung und Gerechtigkeit wiederholt erkannt hatte, verlor ich jedes Angstgefühl und sang befreit von aller Beschwer. Dann aber war es, als trügen mich die Schwingen des Genius in idealer Vereinigung, wie es nur in Augenblicken höchster künstlerischer Sublimierung erreicht wird.»

Durch Lotte Lehmanns Reminiszenzen angeregt, erzählte Elisabeth Schumann ein musikalisches Abenteuer, das ihr auf einer gemeinsamen Tournee mit Richard Strauss in Amerika widerfahren war. Vor ihrem Liederabend am 7. Dezember 1921 war das Gepäck verloren gegangen. Dem Manager gelang es, eine Konzerttoilette mit allem Zubehör zu beschaffen, nicht aber die Noten für die Klavierbegleitung. Richard Strauss, obgleich nicht gewohnt, auswendig zu begleiten, blieb unerschütterlich ruhig. Frau Schumann sang trotz einiger Nervosität verläßlich ihre Liedertexte, denen sich Strauß improvisierend anpaßte. Da verließ ihn bei seinem Lied «All mein Gedanken» nach dem dritten Takt das Gedächtnis. Er komponierte ein neues Lied, das beiden übereinstimmend zu beenden gelang. Beim Verbeugen bemerkte die Sängerin den über die Klaviatur gebeugten Komponisten, wie er von einem Ohr zum andern grinste. Für das folgende Lied «Freundliche Vision» fiel ihr die nötige Sammlung schwer. Nach Beendigung der Liedergruppe lachten beide im Künstlerzimmer noch herzlich über das gelungene Wagnis. Frau Schumann bat Strauss, das eben komponierte Lied aufzuschreiben, aber er meinte, es bereits wieder vergessen zu haben. «Wie schade», sagte sie, «ich fand es schöner als das Original.»

Gerne erinnerte sich Elisabeth Schumann ihrer letzten Mitwirkung in unserem Konzert bei der Pariser Weltausstellung 1937, wo sie unser Ehrenmitglied wurde in einhelliger Bewunderung ihrer edlen Mozartinterpretation und der nie getrübten Schönheit ihres Ziergesanges. Sie hat mir den Ehrenring der Philharmoniker, den ich ihr 1934 habe überreichen dürfen, testamentarisch vermacht. Seither trage ich ihn anstelle des meinigen.

Unsere wohlige Geborgenheit nahm erst ein Ende mit der Rückkehr unserer Gastfreunde, und jeder von uns verfolgte dann seinen Lebensweg gesondert. Später beschrieb Putlitz in seinen Memoiren in launiger Weise die Periode unseres Zusammenseins, und ich las darin nach dem Krieg die Schilderung seines wechselvollen Schicksals nach seiner Rückkehr in seine alte Heimat, und manche gemeinsam erlebte heitere Begebenheit.

Die Kontakte mit prominenten Künstlern führten zur Bekanntschaft mit einem georgischen Prinzen, der, mit einer reichen Amerikanerin verheiratet, seinen Neigungen für großzügige musikalische Veranstaltungen frönen konnte. In mir fand er einen erwünschten Berater, seine phantasievollen Pläne zu realisieren. Ähnlich wie seinerzeit Graf Esterházy wollte er im «Gartenstaat» New Jersey auf seinen Ländereien inmitten welliger Landschaft («rolling country») Aufführungen veranstalten, die, bei Mond- und Fackelschein, einen naturverbundenen Charakter haben sollten. Vor der Anhöhe seines

Landhauses (obgleich eher im Stil eines Stadtpalastes) lag ein ausgedehntes Gartenparkett, umrahmt von Büschen und Wald, das Platz für über tausend Besucher hatte. Sein Reichtum gestattete dem Prinzen, prominente Künstler dafür anzuwerben und den Ertrag der Veranstaltungen einer karitativen Stiftung zu spenden.

Die Organisation dieses Unternehmens war mir gewerkschaftlich erlaubt, vermutlich wegen der dadurch erweiterten Arbeitsbeschaf-

Hugo Burghauser bei der Probe einer Mozart-Serenade im Claremont-House, Bernardsville, New Jersey, Juli 1942

fung für Orchestermusiker. Als Dirigent war Adolf Busch in Aussicht genommen, der zusagte, dann aber erkrankte. Fritz Reiner wollte, nach anfänglich geäußertem Interesse, seinen prächtigen Landsitz während der Ferien nicht verlassen. So fiel *mir* die musikalische Leitung der Programme zu. Mit Nathan Milstein und Egon Petri als Solisten in Mozartkonzerten war das Unternehmen ausverkauft. Besonderen Applaus ernteten daneben die Posthorn-Serenade und

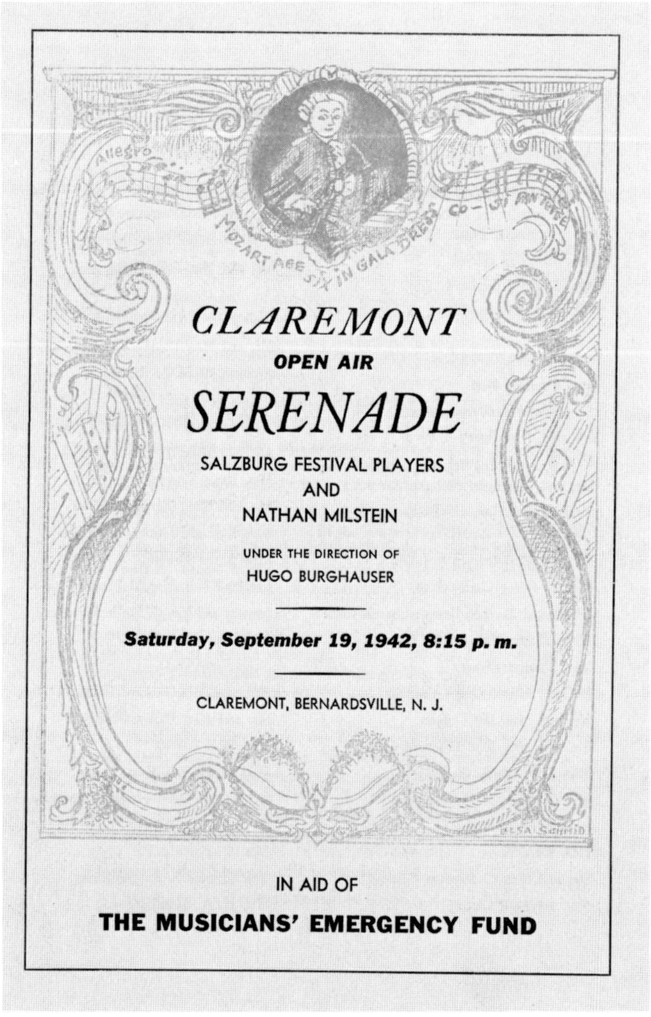

Menuette von Mozart durch den ungewöhnlichen Umstand, daß in diesen Stücken die Horn- und Trompetensignale unerwartet aus der Höhe kamen, aus den Baumkronen von unsichtbaren Bläsern produziert. Im ersten Konzert waren die Fanfaren zu Händels «Wassermusik» vom Söller des Schlosses geblasen worden. Solche sowohl visuelle wie akustische Äußerlichkeiten boten einen gesteigerten Genuß für ein überwiegend auf Landsitzen residierendes Publikum, das

PROGRAM

NATIONAL ANTHEM

1. Water Music . . . . *G. F. Handel*
   Six Movements
   (Arr. by Sir Hamilton Harty)

2. Serenade for Strings . . . . *Joseph Haydn*

3. Concerto in E Flat for French Horn and Orchestra . . . . . *W. A. Mozart*
   K.-Nr. 447

TIBOR SHIK

4. Five Menuets . . . . . . *W. A. Mozart*
   1. The Organ Grinder
   2. Menuet in G Major
   3. The Canary
   4. Menuet in D Major
   5. The Sleigh Drive

(Intermission—30 minutes)

5. Prometheus Ouverture . . . . *L. V. Beethoven*

6. Three Movements for Violin and Orchestra . . . . . . *W. A. Mozart*
   Rondo — Adagio — Rondo

NATHAN MILSTEIN

7. Symphony Nr. 35 in D Major (Haffner) . *W. A. Mozart*

Conductor
Professor Hugo Burghauser

PLEASE BRING THIS PROGRAM WITH YOU

Musik sonst nur in der Wintersaison im Konzertsaal zu hören gewohnt war. Es schien nur natürlich, daß viele begüterte Nachbarn eine ständige Veranstaltung dieser Art wünschten und die finanziellen Erfordernisse dazu beisteuerten. All das war eine jener Fügungen, die dem Rufe des «Landes der unbegrenzten Möglichkeiten», diesmal *nach oben,* entsprachen.

Nach diesem Start mit großer Beteiligung und guter Presse hätte es kaum einen Zweifel für die Zukunft gegeben, wenn nicht, bald nach Kriegsbeginn, die Rationierung aller Treibstoffe die Cadillacs unserer Konzertbesucher in ihren Garagen stillgelegt hätte. Bernardsville, wo unsere prinzlichen Feste stattfanden, war ein isolierter Platz, damals durch keinerlei öffentliche Verkehrsmittel erreichbar. Das Projekt mußte auf Friedenszeiten verschoben werden.

Die immer wachen Antipoden der «Glücksfeen», die boshaften kleinen Schicksalsteufel, schnitten mit grausamem Zugriff die wiederum möglich gewordene Erneuerung unseres Projektes auf tragische Weise ab. Unser Prinz, ein leidenschaftlicher Autofahrer, neu belebt durch den wiedergewonnenen Benzinüberfluß, raste als eines der ersten Opfer unbeschränkter Fahrgeschwindigkeit, in euphorischem Übermut, in eine tödliche Verkehrskatastrophe. Seine Initiative zur musikalischen Belebung des schönen Naturterrains versandete hilflos im Flugsand einer neuen Zeit.

Abermals in eine noch ungewisse Zukunft blickend erlebte ich in einem Broadwaytheater den Erfolg einer von Max Reinhardt inszenierten «Fledermaus» von Johann Strauß, dirigiert von Erich Korngold. Das Stück ging jahrelang auf Tournee. Ein Novum war es, daß die Rolle des Prinzen Orlowsky hier, anstatt von einer Altistin, von dem Wiener Schauspieler Karlweis dargestellt wurde.

Einstweilen ließ mich die Direktion des New Yorker «College for Music» zur Unterrichtserteilung zu. Meine neuen Schüler waren, im Vergleich zu denen an der Wiener Musikakademie, etwas weniger beflissen. Wenn ich sie unvorbereitet fand und sie ermahnte, schien ihnen das «unfair» und ein Eingriff in ihre freie Selbstbestimmung, den sie beredt debattierten. Einer von ihnen meinte, er wolle erst einmal wissen, wieviel Geld er mit dem Zeug, das ich ihn lehre, machen könne. Das Institut war das älteste seiner Art; schon Antonín Dvořák hatte hier unterrichtet, vermutlich vor einer weniger aufgeklärten Studentenschaft. Der Direktor, ein gebürtiger Deutscher namens Hein, gestand mir, daß es ihm bisher nicht gelungen sei, seinen Hörern im Theorieunterricht die Enharmonik annehmbar zu machen. Wozu die Komplikation einer Noten-Orthographie, meinten sie, wenn es auch auf weniger logische und dafür freiere Weise geht? Mit der progressiven Richtung der Abweichung von syntaktischen Regeln und harmonischer Gesetzlichkeit glaubte man sogar «modern» zu sein und wurde darin durch Stipendien bestärkt, deren Hauptbedingung es war, haufenweise Notenmanuskripte zu erzeugen. Ich schien mir fehl am Platze und gab mein Lehramt auf.

Nach Ablauf der gesetzlichen Wartefrist spielte ich im NBC-Orchester unter Toscanini, was natürlich das Ziel meiner Wünsche gewesen war, freilich nicht unter den gegebenen Umständen; denn anschließend an seine Konzerte dirigierte dort eine Reihe Kapellmeister, deren buntscheckiges Repertoire auch Jazzmusik einschloß.

Als ich den Verwaltungsdirektor Samuel Chotzinoff, einen Russen (wie die meisten Mitglieder des Orchesters), kennenlernte, überraschte er mich mit der Mitteilung, daß sich bereits ein halbes Dutzend «Präsidenten der Wiener Philharmoniker» bei ihm vorgestellt hätten. Tatsächlich stieß ich bald darauf auf einen gewesenen Wiener Industriellen, der mir in einer Gesellschaft mit meiner verflossenen Amtswürde vorgestellt wurde; er hieß Hauser.

Der Hausherr des Abends, an dem das geschah, sagte mir vertraulich, er zweifle nicht an meiner Musikerlaufbahn, doch sei man in diesem Lande gewohnt, sich unter «Präsidenten» arrivierte Millionäre vorzustellen, was in meinem Falle nichts weniger als überzeugend sei. Mein selbsternannter Amtskollege und Namenshalbbruder Hauser, ein begüterter Mann, der als Musikliebhaber regulärer Abonnent der Wiener Philharmonischen Konzerte gewesen war, entsprach diesem Image besser und fand offenbar nichts dabei, sich mit dem aus meiner Vergangenheit entwendeten Titel zu schmücken. Er war nicht der einzige, auf den die Redensart vom «Bernhardiner» paßte, der kurz vorher im alten Lande noch ein «Dackel» war.

In vielen Kreisen, insbesondere in den jüdischen, galt das Pauschalurteil, jeder Deutsche sei ein Faschist, und als Deutsche galten seit dem Anschluß auch die Österreicher, selbst wenn sie erklärte Gegner der Diktaturen waren. Diese bereits sehr aktuelle Einstufung machte sich auch im NBC-Orchester geltend, das schon durch sein russisches Management politische Vorurteile hatte. Es war wie ein unsichtbares, aber deutlich fühlbares Stigma, das uns Zentraleuropäern anhaftete, im Grunde vielleicht auch ein praktischer Behelf gegen befürchtete Konkurrenz bei der noch hohen Vorkriegsquote der Arbeitslosigkeit.

Mein Gewährsmann, der mich über das Thema «Präsident» aufgeklärt hatte, selbst ein Zionist und Vertreter der erwähnten Vorurteile, meinte, es sei für mich aussichtslos, unter den gegebenen Umständen in New York beruflich vorwärts zu kommen. Auf meine Frage, wieso ich trotz seiner orthodoxen Einstellung seine Gastfreundschaft und sein persönliches Vertrauen genieße, erklärte er, er habe sich über mich erkundigt und erfahren, daß Stefan Zweig bei uns Trauzeuge gewesen war und daß Schalom Asch mit mir befreundet sei; das genüge ihm natürlich. Mein zionistischer Freund war stolz darauf, wie er sagte, «der jiddischste Jid in der Bronx (N. Y.)» zu sein. Man kann offenbar auf alles stolz sein, dessen höchsten Grad man erreicht hat. Im übrigen hatte er in allem recht, was die Lage in der rauhen Wirklichkeit betraf. Eine Bestätigung davon erhielt ich durch den Friseur des Gewerkschaftslokales. Dieser Berufsfigaro begann mit der Frage: «You are Spanish?» und als ich das mit Kopfschütteln verneinte, war sein nächstes Raten: «Hungarian?», dann «Italiano?» Nach allen meinen stoischen Negationen fragte er zuletzt, fast verzweifelt, als sei das die einzig übrigbleibende Voraussetzung für die Anwartschaft hier im Hause der Musiker: «But! Then you are Jewish!?»

Meine trüben Aussichten wendeten sich über Nacht, als am 7. Dezember 1941, nach dem samstäglichen NBC-Konzert, die Nachrichten von Pearl Harbor das Land in Alarm versetzten. Die Kriegserklärung änderte alles. Die Plätze der Einberufenen mußten gefüllt werden. Für mich wurde einer in der Metropolitan Opera frei.

Die erzwungene Wartezeit war weit weniger als befürchtet ein Leerlauf gewesen, eher ein bewegtes «up and down» verhältnismäßiger Tiefen und Höhen sozialer Geltung. Sehr rasch und für viele kommende Jahre hatte ich auf pragmatischem Wege den Charakter von Land und Leuten im Bereiche der Musik kennengelernt. Nach der mißlungenen Chauffeurstellung und dem luxuriösen Frei-Quartier gemeinsam mit dem aristokratischen Diplomaten waren die Opernfreunde aus Wien die natürlichen Kontakte zur amerikanischen Kunstwelt. Von den Ex-Europäern wurden die allabendlichen Vorstellungen lebhaft kommentiert; besonders aber waren es die Tourneen, die so abenteuerlich anmuteten, wenngleich diese den einheimischen Besuchern wenig sensationell erscheinen mochten. Im Grunde herrschte der traditionelle Usus der italienischen Opernstagione vor, gepflegt und vertreten durch den gewesenen Tenor-Manager Edward Johnson, einen gebürtigen Kanadier, der, nachdem er an der Mailänder Scala unter Toscanini den ersten «Parsifal» gesungen hatte, als künstlerisch wohlversierter General-Manager die Met bis zum Amtsantritt Rudolf Bings leitete.

Außer meinen technischen Fähigkeiten, die andere in gleichem Maße besaßen, hatte ich etwas, das sich als Monopol herausstellte: eine Repertoire-Kenntnis, wie sie der in Amerika heimische Musiker selten erwirbt. Für alle, auch die populären Opern sind nämlich vor Saisonbeginn ausreichende Proben vorgesehen, hingegen keine weiteren nach der ersten Vorstellung der Spielzeit. Gleich die erste von diesen, unter Georg Szell, war «Salome» von Richard Strauss, bald darauf Mozarts «Figaro». Diese Opernabende mit Sängern, die auch in Wien und Salzburg mitgewirkt hatten, erweckten ein traumhaft tröstliches Heimatgefühl in mir.

In der Met traf ich als einen der ersten ehemaligen «Prominenten» der Wiener-Staatsoper den mir bis dahin unbekannten Claque-Chef, der einer längeren Haft in Dachau entronnen, hier ein ideales Betätigungsfeld gefunden hatte. Vor allem übertraf die Bezahlung eines solchen gedungenen Beifallsklatschers bei weitem die eher bescheidene in der alten Heimat. Der Grund hiefür war die Wichtigkeit der Applausmeldungen, wie stark und wie lange applaudiert wurde (bzw. gerufen, Blumen gestreut und was sonst noch der zirkusartigen Vorgänge mehr sind); wie viele «Vorhänge» nochmals hochgingen, was alles in den Zeitungen kolportiert wurde. Während ich in Wien den Namen Schostal als Führer der Claque selten gehört hatte, konnte er hier in Opernkreisen ein offenes und lukratives Geschäft betreiben. Josef Schostal hatte, wie er mir bewies, in seinem obskuren Beruf ein wirkliches Fachwissen zum Unterschied von andern bezahlten Lärmmachern, die dem Publikum die Namen der Sänger in die Ohren grölten, aber mit falsch einsetzendem Applaus den Erfolg gefährden konnten. Schostal kannte die Musik und Kadenzen genau genug, um sein Kommando wie ein guter Kanonierkorporal zielsicher an seine Truppe abzugeben. Er behandelte mich hier von Anfang an als seiner kameradschaftlichen Beachtung würdig.

Das Zusammentreffen mit einem Musiker der Wiener Staatsoper löste Schostals Zunge vielleicht mehr als sonst, denn er erzählte mir von den näheren Umständen seiner Haft in Dachau, die ihn in engen Kontakt mit ehemaligen Mächtigen der Wiener Staatstheater brachte. Sein nächster Schicksalsgenosse in einer Arbeitergruppe war kein geringerer als Dr. Hans Pernter, der letzte Unterrichtsminister Österreichs vor der deutschen Besetzung, der, nun weniger begünstigt als Schostal, das ferne und ungewisse Kriegsende abwarten mußte, um seine Freiheit wiederzugewinnen. Aber Egon Hilbert war sein Mithäftling, der als Konzeptsbeamter im Konsulardienst ins Lager eingeliefert worden war und noch nicht ahnen konnte, daß ihm eine große Theaterlaufbahn bevorstand. Diese begann erst im zerstörten Wien, wo er, wahrhaft theaterbesessen, zuletzt als Generalintendant, durch viele Jahre am Wiederaufbau der alten Institutionen arbeitete. Hilberts Leben endete beinahe symbolisch. Im Dienste an der Wiener Oper hatte so mancher vor ihm nach Erfüllung seiner Aufgabe den Tod gefunden oder den Verstand verloren, als erster der

Architekt Van der Nüll, der das Haus erbaut hatte, das von der damaligen Kritik als «versunkene Kiste mit schlechter Akustik» verschrien wurde. Er beging Selbstmord, und sein Baumeister Siccardsburg folgte ihm nach kurzer Zeit in tiefer Depression nach. Auch später lag, neben ihren Welt-Triumphen, ein seltsames Geschick auf dieser Oper, in deren Räumen Hugo Wolf vom Wahnsinn erfaßt wurde, wo Direktor Herbeck und andere mehr an gebrochenen Herzen starben. Egon Hilbert fand seinen Tod, als er bei einer Autofahrt in seine geliebte Oper dort leblos ankam.

Schostal, der mit allem, was die Wiener Oper betraf, vertraut schien, erzählte mir auch, wie er unter den Arkaden des Opernhauses mit Freikarten und Autogrammen gehandelt habe, halb aus Musikbegeisterung, halb aus Gewinnsucht. Das Lob eines prominenten Sängers oder Dirigenten war nicht selten der einzige Lohn für seine Wirksamkeit, zuweilen auch eine Mahlzeit in der Küche seines Auftraggebers oder die Gabe abgelegter Kleidungsstücke. Sein Vorgänger als Chef der Wiener Claque hatte sich ihm gegenüber gerühmt, er habe das duftende Badewasser nach dem Bade einer Primadonna genießen dürfen zu einer Zeit, da es nur in den vornehmsten Wohnungen schon Badezimmer gab. Er verriet auch die ihm von berühmten Komponisten erteilten «Regieanweisungen», wie z. B. von Weingartner vor der Aufführung seines «Meister Andreas» unter der Bezeichnung «Komische Oper»: zur Sicherung der beabsichtigten komischen Wirkung stand an einer Stelle als Regieanweisung: «Hier laut anhaltend lachen.» Josef Schostal belehrte mich darüber, daß der Claqueur oft nur den latenten Applaus des Publikums zu erwecken hat, und betonte die Wichtigkeit seiner strategischen Position: in Wien auf der Höhe der «Vierten Galerie», in der Met in unmittelbarer Nähe der Bühne, von wo er wie von einem Feldherrnhügel seiner Gefolgschaft die taktischen Einsatzkommandos erteilte.

Demokratischer Freiheit entsprechend, hantierte Schostal hier sicht- und hörbar mit der Prominenz eines populären Sportlers. Seine Berufstüchtigkeit erntete ihm in New York den Ruf ehrlichen Kunsthandwerks. Er war Schützer und Schützling vieler Berühmtheiten, die an seinem Grabe trauerten.

Meine mir vom Schicksal gewährte Vergünstigung, allabendlich

Die alte
Metropolitan Opera
New York

herrliche Musik zu hören, darunter manche mir vertraute Stimmen, wie etwa Lotte Lehmann als Sieglinde oder als Marschallin, hatte aber die Kehrseite jener «Nebengeräusche», die mein Landsmann aus der Wiener Staatsoper professionell erzeugte. Und nicht nur er; denn, wie Artur Schnabel sagte, «applaudiert wird sogar auch in guten Vorstellungen», d. h. auch ohne die Beihilfe der Claque. Der sporadische Opernbesucher leidet vermutlich, wenn überhaupt, weit weniger als wir Musiker unter den barbarisch anschwellenden Beifallsäusserungen, zumal er selbst oft begeistert in die Hände klatscht. Jedoch nach jeder Cherubin- oder Barbarina-Arietta durch wilde Detonationen und Namen-Brüllen aus der Stimmung gerissen zu werden, steht in schreiendem Gegensatz zum Metier des Belcanto.

Ich erfand meine eigene Lösung dieses Problems. Das Zuhalten beider Ohren während der Applaussalven wäre eine offensichtliche Gegendemonstration gewesen, und so half ich mir durch permanentes Verstopfen eines Ohres. Zum Musizieren genügte das andere, und dieses konnte ich durch Anlegen eines Fingers abdämpfen.

Es gibt aus der wenig bekannten Orchesterperspektive noch andere Irritationen, die durchaus nicht immer identisch mit denjenigen der Kapellmeister sind. So haben die Violinisten die Gewohnheit, während kurzer Pausen ständig an den Saiten ihrer Instrumente zu zupfen, deren Quinten für den Nachbarn störend in andere Tonarten hineinklingen.

Noch schlimmer erging es mir in der unmittelbaren Nachbarschaft der poetisch wirkenden Harfe. Die Künstlerin (es waren meistens Damen) hatte das unfehlbare Gehör, während des Spielens in verschiedenen Tonarten ihr auf «Ces» basierendes Instrument einzustimmen. Bei der Seltenheit eines H-Dur-Stückes bedeutete das eine Nervensäge für den daneben Spielenden. Daß dabei der schwere Stimmschlüssel gelegentlich polternd auf dem Boden landete, war beinahe ein erlösender Effekt. Das dekorative Instrument ist in der Met als Schaustück im Zentrum postiert, so daß das Verlassen des Raumes während eines unbeschäftigten Akts schwer möglich wird. In Europa pflegt die Harfe beim Orchesterausgang auf einem eigenen kleinen Postament placiert zu werden.

Was treibt die Harfenistin, wenn sie während langer Szenen unbeschäftigt bleibt? Sie betreibt Kosmetik! Nagelfeilen, Zangen,

Pinzetten und aromatische Essenzen sind in Aktion, besonders auffällig die Nagelfeilen, sogar bevor sie noch zu Boden fallen; sie tun dies des öfteren, da die musikalischen Finger nur auf den Saiten treffsicher sind. Indifferenz gegenüber diesen Vorgängen ist nur den Administratoren möglich. Für den davon betroffenen Orchestermusiker hat dann sogar ein Zwischenapplaus der Hilfstruppe Schostal eine angenehme Wirkung. Im übrigen waren ihre hübschen Gesichtszüge ständig belebt durch Wiederkäuen von Kaugummi. Ein russischer Kapellmeister unterbrach deshalb irritiert die Probe und ahnte offenbar nicht, wie sehr er damit gegen die Freiheit des Landes und dessen Konstitution verstieß. Vermutlich galt er als Barbar. In mir regte sich unter diesen Umständen eine schmerzliche Nostalgie nach der Zeit, da vom Kapellmeisterpult in der Wiener Oper eine Konzentration ausstrahlte, die solche Ablenkungen ausschloß.

In Amerika spielen Opernmusiker nicht nur physisch im «Graben» unterhalb der Bühne, sie genießen im Vergleich zu den auf erhöhtem Podium symphonisch Musizierenden ein geringeres Ansehen. Dieses Vorurteil gründet sich zum Teil auf die relative Anonymität des Theatermusikers, obwohl gerade seine Leistung die technisch kompliziertere ist. Dazu kommt, daß Konzerte gewöhnlich nur halb solange dauern wie Opernabende. Vielleicht geht die erwähnte Mindereinschätzung historisch auf die Zeit der fallweise zusammengestellten Opernstagione zurück, die öfters identisch mit der «Theater-Schmiere» war, deren Qualität von mehreren Faktoren abhängt und in der Verbindung mit Gesang und Bühne größere Risiken des Gelingens läuft als die hievon unabhängigen Konzerte. Dem symphonisch-instrumentalen Spiel wird eine höhere kulturelle Sphäre zugebilligt als dem vorwiegend auf Unterhaltung zielenden Musiktheater. Die Differenzierung beider Spielarten ist im immer noch «jungen» Amerika in Kraft geblieben, während in Europa deren künstlerische Gleichwertigkeit längst als selbstverständlich gilt, insbesondere wenn beide Arten, Oper und Konzert, abwechselnd von demselben Orchester produziert werden.

Der Stagione-Charakter bedingte auch die Kürze der Spielzeit, die sich viele Jahre auf etwa zwanzig Wochen erstreckte, verlängert durch einige Reisewochen. Das Repertoire enthielt kaum die Hälfte desjenigen von Wien und weniger Neueinstudierungen. In New York wuchs die Spielzeit später zu einer halbjährigen und schließlich, 1966, im neuen Haus am Lincolnsquare zur ganzjährigen Saison. Vorläufig aber behielt die Met den Grundcharakter der Stagione, die ein Ensemble für einen kurzen Zeitraum organisiert, das sich nach dessen Ablauf auflöst, um allenfalls später, wenn auch zumeist etwas verändert, wieder zusammenzufinden. Zuweilen wird ein solches Ensemble zu einer Familie von verläßlichen Zugvögeln, die in den internationalen Opernhäusern als Gäste überall die gleichen Hauptrollen singen.

Das National- und Sprachgemisch der Künstler antizipierte in der Met die kommenden Vereinigten Nationen. Damals und noch lange wurde jedes Mitglied nur für die Dauer einer Spielzeit engagiert, und man erfuhr erst im Herbst, von wem weitere Dienste gewünscht wurden. Gerade dieser letzte Umstand sicherte den meisten die Fortsetzung, da ein Ersatz dann nicht mehr prompt aufzutreiben war. Später wurden die Verträge bereits im Frühling erneuert, wodurch jedem eine andere Bewerbung zeitgerecht möglich wurde. Von einer lokalen Tradition, wie sie von Mahler in Wien oder Nikisch in Leipzig noch Jahrzehnte später festgehalten und überliefert wurde, konnte bei der New Yorker Organisation schwerlich die Rede sein. Es mag damit zusammenhängen, daß in Amerika die Idee des Fortschritts eine so wichtige Rolle spielt und daß man das «Alte», selbst das «Altbewährte» als rückschrittlich und konservativ beurteilt, ohne sich klarzumachen, daß der am meisten besuchte Spielplan, mit Ausnahme einiger späterer Werke von Puccini und Richard Strauss, aus dem 19. Jahrhundert stammt. Fast nichts anderes hat sich im Repertoire erhalten können, wiewohl es noch nie soviel Propaganda für die zeitgenössische Produktion gegeben hat. Während der Sommer-Tourneen blieb die Programmbildung noch mehr in die Vergangenheit gerichtet, da die oft von weither kommenden Farmer dann die Hauptkonsumenten der Musikproduktionen waren, die ihre Lieblingsmelodien von Verdi, Rossini und Puccini hören wollten, gleichviel in welcher Übersetzung; bleibt doch der Text auch in der eigenen Muttersprache meist unverständlich.

In den Pausen ging ich in den Wandelgängen umher und machte mancherlei Entdeckungen. Die Wände waren mit vielen gerahmten

Autographen behängt, auch mit Briefen und Widmungen der meisten populären Komponisten des 19. Jahrhunderts. Im alten Haus, das inzwischen selbst ein Stück Erinnerung geworden ist, gab es noch gewisse Relikte, die an die Direktions-Periode Gatti-Casazza gemahnten, als Caruso, Gustav Mahler und dann Toscanini die Szene beherrschten. Die Hausvorschriften waren damals ausschließlich in italienischer Sprache. Gatti kannte keine andere, und seine einzige öffentliche Rede in New York soll gelautet haben: «Evviva la Met!» Immerhin hinterließ er einen Budgetüberschuß von einer Million Dollar. Vielleicht noch eindrucksvoller ist das Erbe der Stimmenpracht jener Sänger, deren Ruhm man für übertrieben halten könnte, wenn nicht die Platten, trotz ihrer technischen Unvollkommenheit, unwiderleglich den selten gewordenen Belcanto erklingen ließen.

In der Zusammensetzung des Orchesters konnte man den Einfluß der verflossenen Direktionsperioden erkennen. Aus der Ära Bodanzkys, der selbst Wiener Philharmoniker gewesen war, gab es Deutsche, aus der Gatti-Casazza-Zeit Italiener und Franzosen. Auf dieser nationalen Mischung beruhten stilistische Verschiedenheiten der Spielweise, die, bei dem ständigen Nationalitätenwechsel auf der Bühne, eine Art musikalisches Volapük produzierten, das den Wiener Neuankömmling anfangs etwas befremdete. Aber in einem Ensemble, das Opern in der Originalfassung von bis zu fünf verschiedenen Sprachen produziert, ist jede Diktion illusorisch. Da klingen wegen Konsonantenschwundes Arien wie Vokalisen und schön timbrierte Stimmen als kämen sie aus Mündern, gefüllt mit Powidl (= österreichische Bezeichnung für Pflaumenmus)!

Ich versuchte zu erforschen, was sich im Orchester an Erinnerungen an große Dirigenten erhalten habe. Das lokale seelische Klima schien hiefür nicht günstig. Zuletzt stieß ich auf einen älteren Geiger, der sich gut an Mahler erinnerte; sein Viola-Pult hatte nahe dem des Dirigenten gestanden, und wenn er mir auch nichts musikalisch Wesentliches erzählen konnte, hatte er sich doch einen Ausspruch Mahlers gemerkt, der ihm aufgefallen war und den er aus sprachlichen Gründen weder verstehen noch übersetzen konnte; es war ein Satz im Wiener Dialekt, und im Orchester gab es damals keinen Wiener. Mahler schien ihm nervös, reizbar und melancholisch, und wenn die Probe enttäuschend verlief, habe er den Kopf in die Hände gestützt und etwas vor sich hin gemurmelt, dessen Sinn sich meinem Gewährsmann verschloß. Der unverstandene Satz, den er sich trotzdem gemerkt hatte, lautete: «Das ist alles ein Schmarrn» (Wiener Dialektausdruck für minderwertig). Mein Geiger hatte sich einen zweiten Ausspruch des berühmten Dirigenten gemerkt, und diesen konnte er verstehen; bei einem Orchesterausflug zu den Niagarafällen hatte Mahler in sichtlicher Bewunderung ausgerufen: «Ah! ein echtes Fortissimo!»

Damit endete meine Nachforschung im Orchester. Hingegen erfuhr ich ein neues Kapitel amerikanischer Mentalität während meiner Bemühungen, die oft krausen Buchstaben und Noten an den Wänden der Wandelgänge der Oper zu entziffern. Jemand fragte hinter mir: «How did Anaconda perform today?» Es war eine Scheuerfrau aus der nahen Toilette, die das fragte, und da wir gerade die Oper «Gioconda» von Ponchielli probten, glaubte ich, sie meine diese, und sagte, die Probe ginge gut vonstatten. Sie aber meinte nicht die Oper, sondern Anaconda, eine Börsenaktie, über deren letzte Kursnotierung sie orientiert sein wollte. Das war für mich verblüffend, aber ein Kollege klärte mich darüber auf, daß hierzulande auch viele kleine Leute in Börsenpapieren spekulieren. Bald überzeugte mich die allstündliche Radio-Ansage, daß die «Kurse» ebenso wichtig sind wie die Wetterlage, und daß sie letzten Endes auch das Wohl und Wehe der Oper beeinflussen.

Neben meiner Tätigkeit in New York gab es die jeweilige sommerliche Operntour, die sich später bis zu sechs Wochen und mehr erweiterte. Wir reisten in Extrazügen (viel später erst in Flugzeugen), die aus Schlafwagen bestanden; die Bezeichnung ist euphemistisch, da von Schlafen kaum die Rede war. Die Abreise erfolgte gewöhnlich nach der letzten Vorstellung, somit nach Mitternacht. An den Betten lag es nicht, denn diese waren größer, breiter und bequemer als die europäischen, auch rollten die großen Waggons ruhiger. Es lag vielmehr an dem Verhalten der Mitreisenden, die auf der Fahrt familiär und gesprächig wurden. In solchen Situationen gibt es eine kleine Minorität, die immer und unter allen Umständen wach bleibt, konversierend und kartenspielend, mit den geräuschvollen Begleiterscheinungen stimulierender Geselligkeit.

Hin und wieder gab es Sensationen. So, wenn wir in Dallas (Texas) erfuhren, daß in der gestern von uns verlassenen Stadt Atlanta (Georgia) inmitten einer regennassen Allee unser hübscher Spiel-Tenor totgeschossen aufgefunden wurde; der Täter blieb unentdeckt, der Fall niemals aufgeklärt.

Der Transport der Kulissen und Kostüme folgte uns in Lastwagen, die mitunter verspätet ankamen; dann mußte eben der 1. Akt von «Carmen» in Straßenkleidern über die Bühne gehen, mit aktweise zunehmender Kostümierung bis zur Vollständigkeit in der Schluß-Szene. Zum Glück waren die Instrumente rechtzeitig vorhanden, und das Publikum fand derlei Ungewöhnlichkeiten immer amüsant.

Damals gab es noch wenig Opernhäuser in den Städten. Vorwiegend fanden die Vorstellungen in Kinos statt, die bei enormem Fassungsraum akustisch erstaunlich gut waren, durchwegs besser als die legitimen Opernhäuser, doch mit einem Nachteil: die Bühne hatte keine Tiefe, jede Maßenszene blieb ohne Perspektive und oft ohne die Möglichkeit größerer Aktion. Für die Mitwirkenden ergab sich überdies ein Mangel an Räumen zur Kostümierung und zur Unterbringung der Orchesterinstrumente. Für die letzteren kamen Kellerräume zur Verwendung, die leider zum Teil von Miniatur-Bewohnern bevölkert waren. Dieser Umstand trat bei den großen Kontrabässen nicht in Erscheinung, eher schon, wenn aus einer Klarinette, gereizt durch die Atemwärme des Spielers, aus einem Griffloch ein aufgeschrecktes Insekt seinen zierlichen Kopf herausstreckte. Manchmal mußten Zelte auf freiem Gelände aufgeschlagen werden wie bei Armeemanövern, Wind und Wetter ausgesetzt. Man lernte eben noch Pionierzeiten kennen; schon ein Jahrzehnt später standen an denselben Stellen hohe Gebäude mit Klima-Anlagen. Diese wurden dann in großzügiger Weise unterkühlt, so daß der Hauch der Sänger wie kleine Winterwolken sichtbar wurde und die Temperatur von außen her reguliert werden mußte. Früheres «Zuwenig» wechselte mit späterem «Zuviel», wie denn überhaupt der Begriff ausgeglichener Verhältnisse zu fehlen schien. In der Halle eines modernen, prächtig ausgestatteten Theaters besagte eine nahe dem Eingang angebrachte Marmortafel: «Der Fassungsraum des Saales weist um sechs Sitze mehr auf als derjenige in Radio-City» (dem größten Kinogebäude New Yorks), also einen Rekord-Fassungsraum. Auf dieser Bühne waren jedoch Vorgänge wie das Verschwinden des Komturs in «Don Giovanni» in die unterirdische Hölle nicht auf die übliche Weise darstellbar, weil der Bühnenboden aus einer soliden Betondecke bestand. Alle anderen technischen Möglichkeiten des Verschwindens, etwa das Entschweben in die Höhe, sowie alle sonstigen elektronischen Kommunikations-Kunststücke existierten in jeder Dimension. Ein Kurzschluß konnte allerdings bei solcher Modernität zum Verhängnis werden.

Ein solcher ereignete sich einmal in St. Louis und faßte eine Vielfalt von Bühnenunfällen in sich zusammen. Im Auditorium, einem Theatersaal von der Größe einer riesigen Bahnhofhalle, konnte man sich ebenso leicht verirren wie später im Ablauf der unerwarteten Vorgänge. Richard Wagners «Lohengrin» war die Eröffnungsvorstellung und Fritz Busch der Dirigent. Das Haus war gedrängt voll, man spürte förmlich die erwartungsvolle Spannung der Menge, die dem Erscheinen des Schwanes und seines Ritters entgegensah. Kurz vor dem Augenblick des Beginnes sank das Haus durch einen Kurzschluß in Finsternis. Ein Ansager erschien vor dem Vorhang und versprach Abhilfe.

Einstweilen erfüllte das Summen plaudernder Menschen den Raum. Starker Applaus folgte einer zweiten Ansage, die mitteilte, daß ein Notkabel über die Bühne gelegt werde, weil die Ursache des Schadens bisher unauffindbar sei. Die Menge strömte jetzt geduldig durch die schwach beleuchteten Notausgänge ins Freie einer lauen Frühlingsnacht. Inzwischen wurde über die Breite der Bühnenrampe ein Kabel geschleppt und, nach weiteren umständlichen Prozeduren, flammten im ganzen Haus die Lichter auf. Langsam sickerte das Publikum zurück auf seine mehrere tausend Sitze, und Fritz Busch bestieg das Kapellmeisterpult.

Das andauernde Summen machte den leisen Beginn des Vorspieles unhörbar, mehr aber noch das Schlürfen aus hunderten Coca-Cola-Flaschen. Busch, der auf seiner ersten Met-Tournee war, gab bald jeden Appell auf, nachdem er vergeblich versucht hatte, sich und die Musik bemerkbar zu machen.

Allmählich hörten die anfänglichen Nebengeräusche auf, man begann zuzuhören – aber auch zuzuschauen, denn vor dem beleuchteten Vorhang kamen von der einen Seite vier mächtige Männer auf die Rampe, die das Notkabel in sichtlich erprobter Gewandtheit auf die Schultern nahmen und, im wiegenden Gang der Wolgaschiffer, abschleppten. Dies war nötig geworden, denn das quer über die Bühne gelegte Kabel hätte unter anderem die Kahnfahrt des vom Schwan herangezogenen Ritters behindert.

Der ursprüngliche Defekt war inzwischen gefunden und behoben worden. Das alles war während des Vorspiels geschehen und von der Menge aufmerksam verfolgt worden, als gehöre der Vorgang zur Handlung der Oper. Mit dem Aufgehen des Vorhangs schien alles ins richtige Geleise zu kommen. Allerdings ließ die gewaltige Breite des Hauses, die das Orchester auf nur zwei Reihen verteilte, an deren äußersten Enden ein Zusammenspiel nur erraten.

Jetzt aber gab es einen neuen Zwischenfall. Bei Reisevorstellungen war es auf Wunsch der Gewerkschaft üblich, daß die von den «Mannen» auf der Bühne geblasene Musik, die aus verschiedenen Hörner- und Trompetenfanfaren besteht, von den am Orte beheimateten Musikern bestritten wird, was den Einheimischen einen kleinen Anteil an dem künstlerischen Ereignis sichert. Selbstverständlich wird alles vorher geprobt.

Nachdem nun im dritten Akt der Aufmarsch des Heerbanns durch Fanfaren angekündigt und begleitet wird, haben diese Musiker den ersten Teil des Aktes auf der Bühne abzuwarten. Die Szene ist das Brautgemach, wo das Paar nach einer Zeremonie des Brautchores allein gelassen wird.

Während des folgenden Duettes wurden die wartenden Musiker von St. Louis neugierig und beobachteten aus den Kulissen heraus die Vorgänge mit so konzentrierter, kindlich naiver Aufmerksamkeit, daß einige von ihnen Schritt für Schritt auf der Bühnenszenerie erschienen. Schließlich folgten alle nach, zum Entsetzen des Dirigenten, der mit großen Armbewegungen versuchte, diese ungebeteten Zuschauer in ihre Schranken zu weisen. Zunächst blieb er unbeachtet, man hielt seine Zeichen für Signale an das Orchester, bis einer, im Zweifel über deren Bedeutung, an die Rampe trat und fragend mit dem Finger auf sich zeigte, um sich zu vergewissern, daß die Zeichen des Dirigenten ihm und seinen Genossen galten. Als sie ihre Entgleisung endlich erfaßten, traten sie alle verlegen den Rückzug an.

Die Zuschauer im Publikum schienen auch das ohne jeglichen

Unwillen hinzunehmen und, als sachliche Realisten, offenbar eher Befriedigung darüber zu empfinden, daß die unerwartet aufgetauchten Probleme erfolgreich gelöst worden waren.

Außer solchen Unfällen wie in St. Louis, die sich gewissermaßen durch die «Tücke des Objekts» ereignen, die oft ingeniös überwunden wird, gab es die anderen, welche anscheinend von dem Manager entweder aus Mangel an kulturellem Feingefühl oder gar aus einer herostratischen Neigung zu Sensationen um jeden Preis, hervorgerufen werden. Als Beispiel diene der folgende Vorfall: Eine «Tristan»-Vorstellung mit Radio-Ausstrahlung an einem Samstag-Nachmittag, auf den ganzen Kontinent übertragen, wurde im zweiten Akt unterbrochen, um an die Millionen von Zuhörern einen Radioappell um Geldspenden zu richten, da die prekäre Budgetlage dies erfordere. Die Musiker fanden vor Beginn der Vorstellung auf jedem Pult ein Schreiben der Administration, in welchem sie angewiesen wurden, an einer bestimmten, mit einer Nummer bezeichneten Stelle und auf das Zeichen des Dirigenten Fritz Stiedry zu spielen aufzuhören. Nach dem Aufruf spielte dann alles munter weiter.

Auch spätere ähnlich originelle Einfälle verdankte man dem erfindungsreichen General-Manager Rudolf Bing; sie trugen ihm das Epitheton «General *Damager* (General-Schädiger) ein. Rudolf Bing, später Sir Rudolf, ein gebürtiger Wiener, hatte sich während des Zweiten Weltkrieges in England als Theaterorganisator beachtliche Verdienste erworben, denen viele Jahre seiner verschiedentlich beurteilten Tätigkeit an der New Yorker Met folgten.

Unter seiner Leitung ereignete sich eine Reihe von bizarren Zwischenfällen administrativer Natur, die er mit skrupelloser Ambition meisterte, sei es auch mitunter um den Preis öffentlichen Skandals. Ein Höhepunkt dieser Art war die seltsame Lösung, mit der er eine durch Sängerindisposition gefährdete «Tristan»-Vorstellung zu retten unternahm. Der südamerikanische Tenor Ramón Vinay, der den Tristan singen sollte, erklärte sich indisponiert und meinte, er würde schwerlich über den ersten Akt hinaus durchhalten können. Ein vollwertiger Ersatz für ihn war im Augenblick nicht aufzutreiben. Unter diesen Umständen stand die Direktion vor der Notwendigkeit, die «Tristan»-Aufführung abzusagen und durch eine andere Oper zu ersetzen. Das hieß jedoch, es dem Publikum freizustellen, sich das

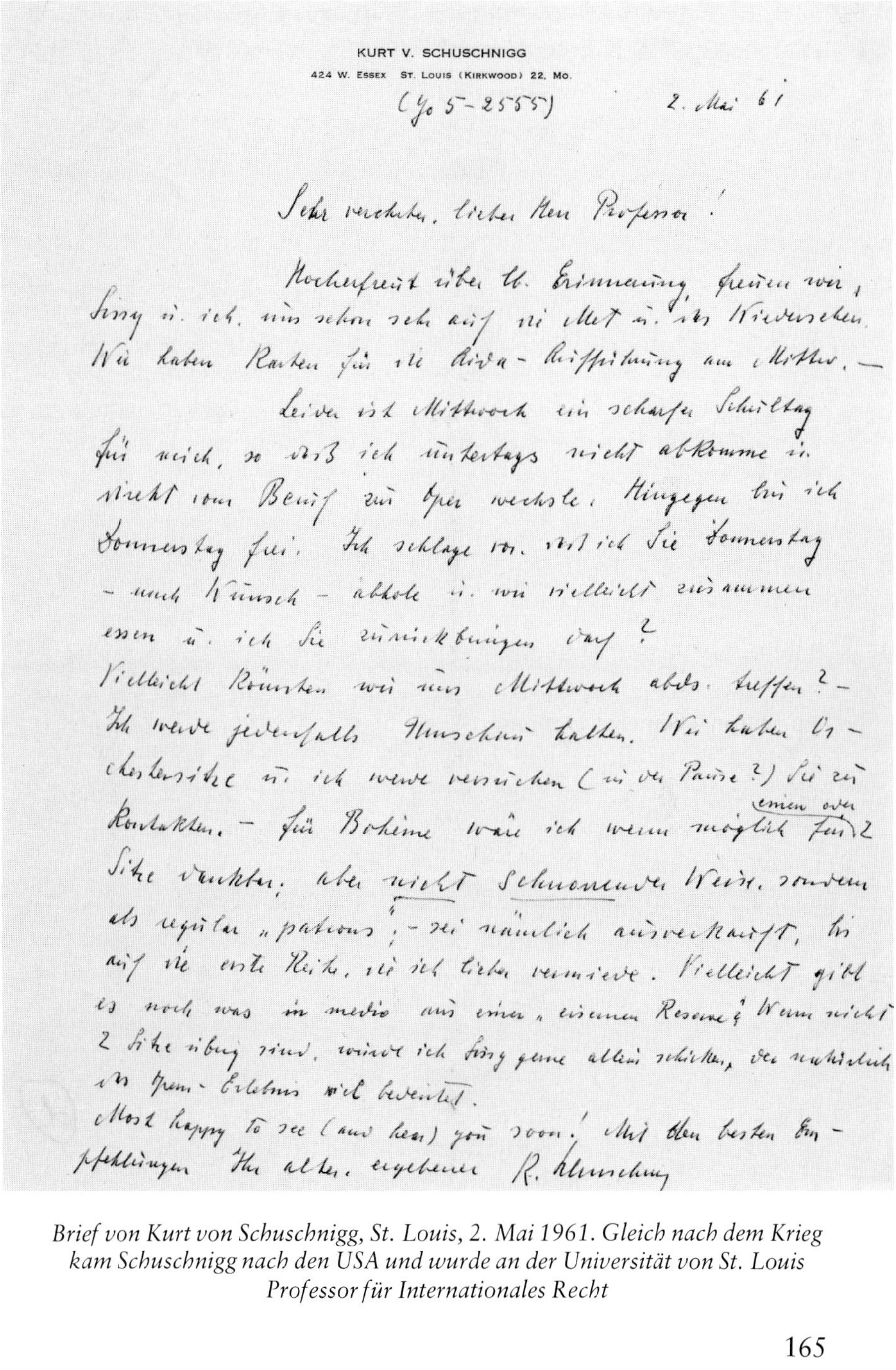

KURT V. SCHUSCHNIGG
424 W. ESSEX ST. LOUIS (KIRKWOOD) 22, MO.

(Yo 5-2555) 2. Mai 61

Sehr verehrter, lieber Herr Professor!

Hocherfreut über lb. Erinnerung freuen wir, Sissy u. ich, uns schon sehr auf die Met u. das Wiedersehen. Wir haben Karten für die Aida-Aufführung am Mittw. —

Leider ist Mittwoch ein scharfer Schultag für mich, so daß ich untertags nicht abkomme u. direkt vom Beruf zur Oper wechsle. Hingegen bin ich Donnerstag frei. Ich schlage vor, daß ich Sie Donnerstag – nach Wunsch – abhole u. wir vielleicht zusammen essen u. ich Sie zurückbringen darf?
Vielleicht könnten wir uns Mittwoch abds. treffen? – Ich werde jedenfalls Ausschau halten. Wir haben Orchestersitze u. ich werde versuchen (in der Pause?) Sie zu kontakten. – Für Bohème wäre ich wenn möglich für einen oder 2 Sitze dankbar; aber nicht Schnorrender Weise, sondern als regular „patrons"; – sei nämlich ausverkauft, bis auf die erste Reihe, die ich lieber vermiede. Vielleicht gibt es noch was in medio aus einer „eisernen Reserve"? Wenn nicht 2 Sitze übrig sind, würde ich Sissy gerne allein schicken, der natürlich das Opern-Erlebnis viel bedeutet.
Most happy to see (and hear) you soon! Mit allen besten Empfehlungen Ihr alter, ergebener K. Schuschnigg

Brief von Kurt von Schuschnigg, St. Louis, 2. Mai 1961. Gleich nach dem Krieg kam Schuschnigg nach den USA und wurde an der Universität von St. Louis Professor für Internationales Recht

Eintrittsgeld an der Kasse zurückgeben zu lassen, was den herrschenden finanziellen Notstand der Oper noch vergrößern würde. Bing glaubte offenbar, das nicht verantworten zu können, und erfand eine andere Lösung: er ließ die Hauptrolle des Tristan von drei verschiedenen Tenören singen, den ersten Akt von Vinay, den zweiten Akt von dem Deutschen Liebel und den dritten von einem jungen Sänger namens Da Costa. Der letztere mußte, die Partie aus dem Klavierauszug lesend, die schwierige Fieberszene singen, was er auf seinem Krankenlager unter einem Baum zur Not auch zustande brachte. Das Publikum, dem dieses Arrangement vor Beginn mitgeteilt wurde, applaudierte in der Erwartung einer interessanten Neuerung. Nachher meldeten sich allerdings Stimmen, die fanden, man hätte den drei Tristans auch verschiedene Isolden gegenüberstellen sollen. Bing fand es tröstlich, daß «Tristan» keinen vierten Akt hat.

Drei Tristan-Tenöre an *einem* Abend war jedenfalls eine in der Operngeschichte noch nie vorgekommene Anomalie. In Europa fragten mich ernsthafte Künstler, die von diesem Sakrileg gehört hatten, ob man ihnen damit nicht vielleicht einen «Bären aufgebunden habe». So unglaubhaft schien es. Als ich den Vorfall bestätigte, erklärte man ihn für «typisch amerikanisch», weil so etwas in keinem anderen Lande denkbar sei. Dieses Belächeln von amerikanischen Möglichkeiten scheint mir jedoch in diesem Falle ungerecht. Denn gewöhnlich waren es gerade die eingewanderten Europäer (wie Bing oder auch Stokowski), die solche Bizarrerien erfanden.

Ein naturhafterer Zwischenfall im 3. Akt der «Walküre» würde den Titel «amerikanisch» vielleicht eher verdienen. Nach dem 2. Akt wollte der Wiener Bariton Otto Edelmann als Wotan krankheitshalber nicht mehr weitersingen. Sein Ersatz wurde in später Abendstunde eiligst herbeigerufen. Es war ein Amerikaner, der als «nightcap» bereits einige Gläschen Scotch konsumiert hatte und wankend ins Theater kam. Rasch zurechtgeschminkt, erschien er auf der Bühne im 3. Akt während des Gewittersturms, so daß sein Taumeln als zur Darstellung gehörig angesehen werden konnte; bis er dann beim Versuch, den Souffleur zu verstehen, im Bücken das Gleichgewicht verlor, im Rausch alles andere vergaß und, auf dem Boden liegend, alle Viere von sich streckte. Der Vorhang mußte fallen, und der krankgemeldete Wotan aus dem zweiten Akt war glücklicherweise noch anwesend, um die Vorstellung zu Ende zu bringen. Solche Vorfälle, die sich zu Zeitungssensationen eignen würden, kommen aber oft nicht bis in das Blickfeld der Redaktionen; denn die Journalisten und Kritiker, die ihre Berichte noch am gleichen Abend abliefern, verlassen das Theater gewöhnlich vor dem letzten Akt.

Ein weiterer Vorfall scheint mir selbst für New Yorker Verhältnisse so grotesk, daß ich ihn trotz seiner Trivialität erwähnen will. Wieder war es während einer «Tristan»-Vorstellung. Nahe dem Kapellmeisterpult hatte ein Geiger einen kräftigen Nieß-Anfall. Ein schützendes Taschentuch schien als Abhilfe nicht erwogen zu werden, und so platzte die orale Explosion in das leise beginnende Duett «O sink hernieder, Nacht der Liebe». Trotz Fritz Buschs versteinertem Erschrecken (er hörte auf zu dirigieren), gingen Gesang und Orchester ohne Unterbrechung weiter; aber eine freundliche Stimme aus dem Publikum rief laut und vernehmlich: «Gesindheit!»

Ich glaube, diese Art Reaktion ist nicht ein Ausdruck scherzhafter Büberei, sondern einfach Alltags-Unbefangenheit, die ohne Beachtung der Umwelt ihren gewöhnlichen Gang nimmt. In eine ähnlich naive Kategorie gehört die schwatzende Dame, die, während der Ouvertüre zum Schweigen ermahnt, erwiderte: «Es wird doch noch nicht gespielt, es ist doch nur Musik»; oder das Paar, das vor dem 4. Akt «Traviata» wegging und dem Garderobier auf sein «Schade, jetzt kommt erst das Schönste!» antwortete: «Wir kennen ohnehin den Ausgang der Geschichte.» Das Wichtigste bleibt die «Story» und die hohen Töne, wenn sie laut und lang genug gesungen werden.

Ein von Rudolf Bing in seiner Direktionsloge verübter Regiefehler, der in einer Posse einen der sichersten Lacherfolge ausgelöst hätte, wäre in der Met beinahe tragisch ausgegangen. Seit Jahrzehnten war keine «First Lady» aus dem Washingtoner Weißen Haus in der New Yorker Oper erschienen. Eines Tages aber kam Mrs. Johnson, die Gattin des amerikanischen Präsidenten, zur «Troubadour»-Vorstellung und nahm ihren Platz als Gast in Bings Loge ein. Während nun Mrs. Johnson (populär «Lady Bird» genannt) die Begrüßungs-Ovation des Publikums dankend mit einer Verbeugung entgegennahm, verschob Bing, in der Absicht, ihr den bequemsten Fauteuil anzubieten, die Sitze innerhalb der Loge. So kam es, daß Lady Bird, als sie sich früher, als der Hausherr es erwartete, niedersetzen wollte, zwischen zwei Stühle geriet und in die Tiefe der Loge versank. Das Publikum erschrak und niemand lachte.

Im Jahre 1949 begegnete ich dem künftigen Sir Rudolf auf der «Queen Mary». Er reiste damals als neu ernannter General-Manager der New Yorker Met den «5000 Opernabenden» entgegen, von denen er später in seinen Memoiren eingehend erzählt hat. Im Laufe unserer Bordplaudereien benützte er die Gelegenheit, mir drei Fragen zu stellen.

Die erste lautete: «Wie kündigt man Angestellte?» Meine Antwort (die heute nicht mehr zutreffend ist) war: «Jede Zugehörigkeit zur Met erlischt mit dem Saisonende. Ein Neu-Engagement erfolgt erst im Herbst, was den Nachteil längerer Ungewißheit hat. Es ist aber auch für die Administration schwierig, in kurzer Zeit neue Spezialkräfte zu finden.» Diese Aufklärung war für Bing ebenso überraschend wie befriedigend. Ein Wermutstropfen für die diktatorische Auffassung des Theaterdirektors war es, daß der in vier Sprachen singende Chor von der Kündigungsgewalt nicht in gleicher Weise erfasst ist, weil das Training eines Chorsängers für 25 verschiedensprachige Opern einen Ersatz nur auf lange Frist ermöglicht.

Bings zweite Frage war: «Welche Reform oder Neugestaltung wäre allen Beteiligten willkommen?» Meine Antwort: «Spielzeit-Verlängerung!» Die Saison war in den Krisenjahren bis auf 16 Wochen gesunken und wurde nur durch kurze Tourneen ergänzt. Erst 1966 wurde sie im neuen Hause zu einem nahezu ganzjährigen Betrieb erweitert.

Bings dritte Frage rührte an eine damals vieldiskutierte Affäre: Richard Wagners «Ring der Nibelungen» war gänzlich neu inszeniert worden, nachdem die jahrzehntealte Ausstattung nicht mehr verwendbar schien; die Neu-Inszenierung hatte sich jedoch sogleich als unbrauchbar und verfehlt herausgestellt und war auf Nimmerwiedersehen versunken. Bing fragte: «Wie kann so etwas geschehen? Und wie steht es mit der Verantwortung dafür?»

Ohne auf dunkel gebliebene Hintergründe einzugehen, konnte ich ihm klarmachen, daß hier das amerikanische Grundprinzip eines demokratischen Systems auch im Theaterbetrieb in Form eines Komitees gewahrt würde, das eine Preisausschreibung für die Lieferung der neuen Ausstattung veranlaßt und darüber entscheidet, welches der eingereichten Szenenmodelle ausgeführt werden soll. Man billigte einem Bühnenmaler die Herstellung zu, die allgemein als mißlungen abgewertet wurde. Die von dem Komitee getroffene Entscheidung schließt daher die Verantwortung jedes einzelnen Mitgliedes wie auch dessen persönliche Haftung aus. Daß im vorliegenden Falle der Vorsitzende sich den ersten Preis im Preisausschreiben und somit auch den Auftrag selber zuschanzte, gehört in die Intrigenwelt der Theatersphäre. Der eigentlich verantwortliche Kulissenmaler verschwand mit seinem Gewinn in der Versenkung. Die überalterte Dekoration wurde wieder in Dienst gestellt und die beträchtlichen Kosten des Mißgriffes irgendwie verrechnet.

Ich vermute, daß meine Beantwortung seiner dritten Frage für Bing eine der interessantesten «a priori»-Erfahrungen in der neuen Welt seiner Wirksamkeit gewesen ist. Seine über zwei Jahrzehnte dauernde Führung des berühmten Hauses blieb, wie jede Direktion, umstritten. Die auffallendste von ihm durchgeführte Veränderung lag in der Erneuerung der Bühnenausstattungen, im Gegensatz zu den Aufführungen der Vergangenheit. Dieser sichtbare Aufwand kontrastierte jedoch mit der künstlerischen Leistung des Musikalischen. Die bedeutenden Kapellmeister der vorhergegangenen Ära, wie Bruno Walter, Georg Szell, Fritz Busch und Fritz Reiner, wurden durch keine gleichwertigen ständigen Dirigenten ersetzt, allenfalls gelegentlich durch prominente Gäste. Die allgemeine Tendenz war es, durch Schau-Effekte von der Hörqualität abzulenken und die Schwächen des Ensembles durch vereinzelte Sänger-Stars zu überdecken. Es gab immer weniger überdurchschnittliche Dirigenten-Leistungen, nicht zuletzt wegen der Frage der Kompetenz für die Rollenbesetzung, die sich kein bedeutender Kapellmeister vorenthalten läßt, da sie das wichtigste Potential einer Opern-Vorstellung ist.

Die empfindlichste Sparte im Spielplan ist die Gesangsbesetzung, beziehungsweise die Instanz, welche die Entscheidung darüber musikalisch oder anderweitig trifft. Das «Wald- und Wiesenrepertoire» wie Clemens Krauß es nannte, ist gegen Fehlbesetzungen robuster als klassische Meisterwerke. So konnte es z. B. geschehen, daß ein sonorer Baß den Don Giovanni im Tonfall seiner regulären Gurnemanzrolle sang, opponiert von einem Masetto in tenoralem Bariton, den eine Zerlina mit dunkler Altstimme tröstet. Dirigiert von einem amerikanischen Talent im Stil eines Broadway-Musicals. Manager Bings Indifferenz für Stimmregister erklärt sich auch aus seiner Auffassung vom Singen, das er für «eine Halskrankheit» hielt, vermutlich im Einklang mit der populären Meinung, wonach das Theater ein Narrenhaus ist, darin die Opernkünstler als Unheilbare von Musikmedici, genannt Kapellmeister, betreut werden. Der artikulierteste Fachmann jener Periode, Sir Thomas Beecham, bewertete diese anschaulich mit den Worten: «Die Szenerie ist gut, aber im Kino besser; die Musik ist besser im Konzertsaal. Opernhäuser sind heutzutage in den Händen von Gemischtwarenhändlern.»

Sir Rudolf Bings Ära in der Met war kommerziell eine günstige.

Seit dem Beginn meiner Tätigkeit an der Met hatte mich ein Problem beschäftigt, das sogar zuletzt zu einem kurzen Briefwechsel mit Albert Einstein führen sollte, das Problem der Stimmung. Ich meine damit nicht die psychologische Stimmung, über deren Bedeutung man schwerlich diskutieren kann, sondern den Normalton, auf den im Orchester alle Instrumente eingestimmt werden müssen. Dieser grundlegende Faktor gewinnt besondere Wichtigkeit für den Musiker, wenn er in einem ihm noch neuen Opernorchester spielen soll. Für die Bläser ist das durch das mensurierte Instrument festgesetzte normal «a» aus physikalischen Gründen problematisch, da die Atemwärme ständige Fluktuierungen hervorruft, die sich bis zur Differenz eines Vierteltones auswirken. Die Streicher pflegen solche Schwankungen vorwegzunehmen und stimmen im voraus «schärfer» ein; überdies können sie sich leicht griffweise angleichen. Die Folge dieser naturgegebenen Tendenz ist erfahrungsgemäß eine stetige Erhöhung des Normal «a», das längst von den in Paris international vereinbarten 435 auf 440 Doppelschwingungen abweicht. Heute wird schon zu Beginn allgemein auf 440 pro Sekunde eingestimmt, und so klingt das Orchester nach einem Tutti-Forte noch um einen Viertelton höher. Richard Strauss kritisierte das mit den Worten: «Meistersinger-Vorspiel in Cis-Dur klingt falsch.» Eine Abhilfe ist nicht in Sicht, und die Haupt-Leidtragenden sind die Sänger, deren Spitzentöne dadurch gnadenlos überhöht werden, womit die Erreichung des berühmten «hohen C» noch mehr in Frage gestellt ist.

Diese Tatsache veranlaßte eine Koloratursängerin der Met, der Klarinettengruppe neue Instrumente tieferer Normalstimmung zu präsentieren, um auf diese Weise ihr drei-gestrichenes f zu sichern; die Reaktion der anderen Gruppen hiezu ist nicht überliefert.

Die vorgebliche Brillanz höherer Stimmung ist eingebildet und nur relativ innerhalb der gegebenen Grundstimmung wirksam, da die Masse der Hörer keineswegs mit einem absoluten Gehörsinn ausgestattet ist.

Es war dieses Phänomen, das mir Kopfzerbrechen machte. Ein Geiger vom Adolf Busch-Quartett hatte mir erzählt, daß er in Princeton mit Professor Einstein Quartett spiele. Ich war neugierig, wie der berühmte Gelehrte sich als Violinist in Mozarts Kammermusik bewähre, und erfuhr, daß er als «Zweite Geige» kompetent musiziere, mit der kleinen Einschränkung eines gelegentlich verlangsamten Tempos. Überraschend war es für mich zu hören, daß der geniale Mathematiker sich öfter bei den Pausen verzähle. Er selbst schien sich der Begrenzung seiner mathematischen Genialität in deren praktischer Anwendung bewußt zu sein und hatte einmal öffentlich erklärt, die mathematische Anleitung in den amerikanischen Steuerformularen sei ihm unverständlich.

Diese Haltung und der Umstand, daß Einstein im Bereiche der Musik die Nachsicht von Berufsmusikern in Anspruch nahm, ermutigte mich dazu, als Musiker eine Laienfrage an den Mann der Wissenschaft zu stellen, die dieser vielleicht mit Nachsicht aufnehmen würde. Er tat es auch, ohne jedoch meine hypothetische Frage zu beantworten, die in seinen Augen offenbar illusorisch war.

Meine Frage war, ob das syntonische Komma, d. i. die mathematische Formel für die Differenz zwischen der reinen und der temperierten Tonhöhe, eine ihr entsprechende Parallele auf dem Gebiete der Optik habe und somit eine allgemeine physikalische Grundregel darstelle. Seine Antwort kam mit belustigter Höflichkeit und lautete:

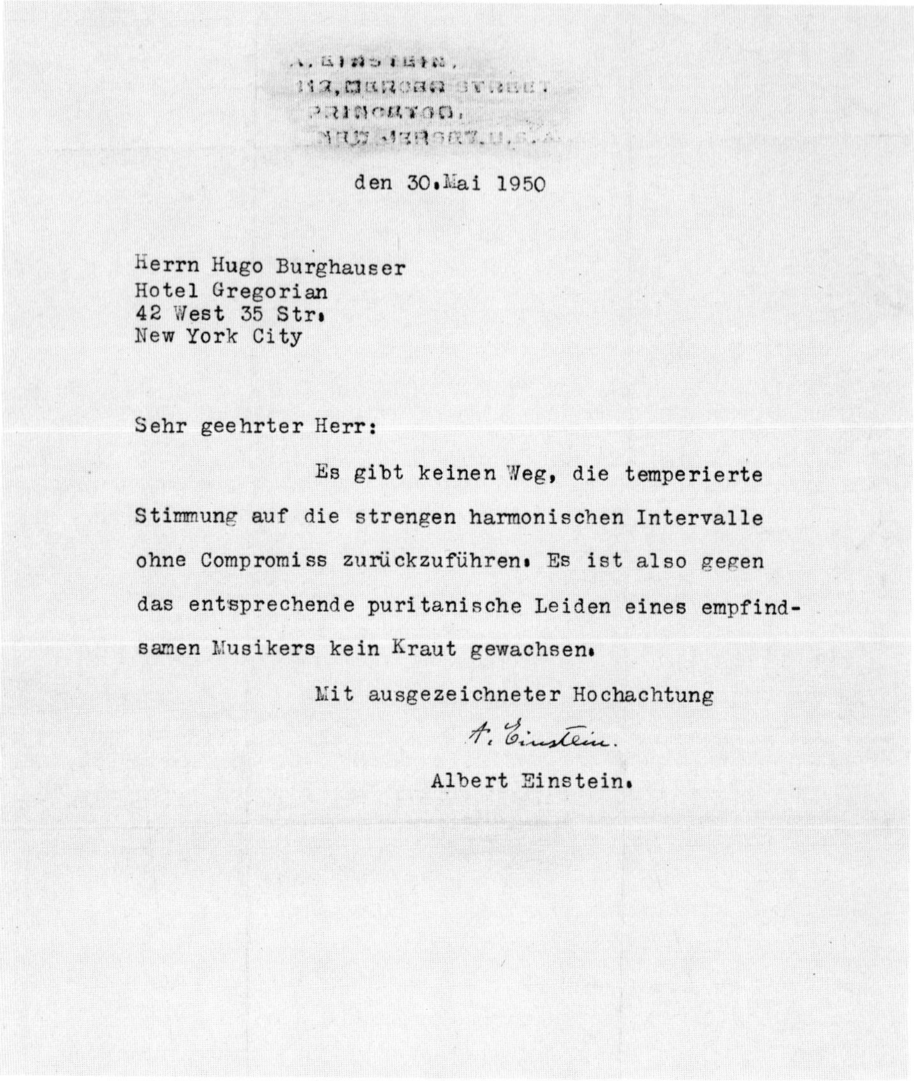

den 30.Mai 1950

Herrn Hugo Burghauser
Hotel Gregorian
42 West 35 Str.
New York City

Sehr geehrter Herr:

Es gibt keinen Weg, die temperierte Stimmung auf die strengen harmonischen Intervalle ohne Compromiss zurückzuführen. Es ist also gegen das entsprechende puritanische Leiden eines empfindsamen Musikers kein Kraut gewachsen.

Mit ausgezeichneter Hochachtung

A. Einstein.

Albert Einstein.

Aus Einsteins Erklärung der Unvereinbarkeit der reinen und der temperierten Stimmung und den dadurch bedingten Fluktuationen der letzteren ergibt sich, daß feinere, beziehungsweise kleinere Tonintervalle als die von uns praktizierten Halbtöne praktisch nicht zu produzieren sind. Dennoch gibt es neuzeitliche Kompositionen, die Vierteltöne in ihrer Partitur enthalten.

Unter laboratorischen Bedingungen können eigens präparierte Instrumente Viertel- und Dritteltöne erzeugen. Wie aber spielt ein Orchestergeiger vorgeschriebene Vierteltöne? Diese Frage beantwortete ein Philharmoniker in der Probe offenherzig und erschöpfend: «Solche Stellen greift man einfach falsch.» Der bedeutende Dirigent und Mathematiker Ernest Ansermet hat es in seinem Werke «Die Fundamente der Musik im menschlichen Bewußtsein» unternommen, den Widersinn jener Theoreme logarithmisch zu beweisen, wiewohl er selbst durch Jahrzehnte solche «progressive» Werke dirigierte, vermutlich dem Prinzipe folgend, alle, auch die gegnerischen Zeitgenossen zu Worte kommen zu lassen.

Es wird oft übersehen, wie sehr die seriell systemisierte Kompositions-Methode befähigt, «Kunstwerke» ohne Musiktalent zu produzieren. Ich hörte einmal einen Propagandisten dieser Richtung im New York City Radio sagen: «Die Befolgung traditioneller Theorie ist so, wie wenn man im 20. Jahrhundert, statt mit Auto und Aeroplan, mit der Postkutsche reisen wollte wie zu Zeiten Haydns und Mozarts.» Anschließend an diesen Urteilsspruch sendete dieser Fortschrittler eine Musik, von der er sagte, sie sei eines der klassischen Stücke des größten Komponisten, und forderte die Hörer auf, zu raten, welches es sei. Es klang irgendwie vertraut, seltsam und wie verhext. Niemand erkannte es, bevor er zuletzt die Aufklärung gab: es war die «Szene am Bach» aus Beethovens Pastoral-Symphonie von hinten nach vorne gespielt.

Meine an Einstein gerichtete Frage beantwortete mir der Wiener Universitätsprofessor Felix Ehrenhaft; er verneinte die Annahme von Parallelerscheinungen auf anderen Gebieten, also auch in der Optik. Dieser Gelehrte hatte schon vor dem Zweiten Weltkrieg Anteil an der Neuregelung der Normalstimmung genommen, die durch eine internationale Enquête festgelegt werden sollte, aber durch den Krieg verhindert wurde; allerdings zum Teile auch durch das mangelnde Interesse von seiten der befragten Kapellmeister.

Im Zeitalter der Aleatorik (ähnlich der Zufalls-Tropftechnik in der Malerei) ist Intonation samt enharmonischer Orthographie und musikalischer Syntax gegenstandslos geworden. Studenten mit Zukunftsinstinkt für ihr Musikstudium hatten das bereits antizipiert und die alte Last über Bord geworfen.

Mit Kriegsende hatte sich die Erwartung auf Nachrichten aus der alten Heimat gesteigert. Ausser privaten Berichten erfuhr ich von den Schicksalen der philharmonischen Berufsfamilie zunächst aus den Zeitungen.

Die kulturelle Regeneration Österreichs hatte mit dem Wiederaufleben der Musik begonnen. In bombenbeschädigten Sälen und Opernhäusern und oft auch im Freien wurde musiziert. Es dauerte nicht lange, bis auch im Ausland wieder gastiert werden konnte.

Die ersten Nachrichten kamen aus Frankreich, wo die Wiener-Oper in Paris und Nizza mit «Così fan tutte» und «Don Giovanni» gastierte und wo zum erstenmal nach dem Krieg wieder deutsch gesungen wurde. Ein Österreicher schrieb an die Theaterverwaltung, daß seither seine Landsleute in Nizza nicht mehr als Fremde beurteilt werden, sondern als «Les compatriotes de l'Opéra et de l'Orchestre Philharmonique de Vienne». Über das nachfolgende Gastspiel in England brachte die New Yorker Times den Bericht über eine Parlaments-Interpellation, deren kritische Anfrage war, wieso das vollzählige Orchester, einschließlich der vormaligen Parteimitglieder des Nazi-Reiches, auftreten dürfe. Premierminister Attlee antwortete: Der Impresario Rudolf Bing und der Dirigent Bruno Walter, beide gewesene Flüchtlinge der deutschen Machthaber, seien Initiatoren des Unternehmens, weshalb kein Grund bestehe, sich weniger tolerant zu verhalten als diese. Freundlicher war die Stimmung, als in der Pause der «Don-Giovanni» Vorstellung der Premierminister im Salon der Covent-Garden Oper, in Anwesenheit des britischen Außenministers und des politischen Vertreters Österreichs erklärte, daß zu dem Ereignis der vollendeten Darbietung von Mozarts Oper durch die Wiener Staatsoper die britische Regierung die Beendigung des Kriegszustandes mit Österreich beschlossen habe.

Die Vergangenheitsbewältigung erwies sich auf dem Kunstsektor leichter als auf andern Gebieten. Die Rückkehr in die alte Heimat war die Kernfrage vieler Interviews. Für mich ergab sich die Antwort aus der Wiener Situation. Nach dem erschreckenden Wiedersehn der geliebten Staatsoper als Brandruine, war das nächste der Besuch meiner Wohnung in der Argentinierstraße, gegenüber dem Theresianumpark. Mein ehemaliges Heim war von einem SS-Geschäftsmann usurpiert. Meine Inanspruchnahme hätte seine Delogierung erfordert. Ich fand ihn leidend aussehend, was sich aber zusehends besserte, als er hörte, daß ich mich nur vorübergehend in Wien aufhalte. Das Führerbild stand vergessen auf einer Konsole. Im übrigen hatte ich den flüchtigen Eindruck, daß es nicht unbedingt nachteilig war, in der Hierarchie des 13jährigen 3. Reiches einen hohen Rang eingenommen zu haben. In der Rücksicht allgemeinen Irrens lautete die Wiener Version reuiger Erkenntnis: «Wir haben aufs falsche Pferd gesetzt.» In Berlin hieß es sachlich: «Die Wiederjutmachung». Die Rückführung in eine human-zivilisierte Zukunft war schwierig genug, um sich auch noch mit der Vergangenheit abzumühen. Mir schien das als eine Konsequenz jener weit zurückliegenden philharmonischen Goodwill-Tournee ins Bruderland, als der Reichstag-Vorsitzende Paul Loebe die Wiener Philharmoniker in Berlin als «Deutsch-Österreicher» willkommen hieß. Aus den politischen Parolen der zwanziger Jahre stammte der großdeutsche Enthusiasmus, gefördert von alemannisch-liberalen Österreichern, deren viele die herbe Ironie erfuhren, im Altreich als «untragbare Kosmopoliten» Heimat und Staatszugehörigkeit einbüßen zu müßen.

In den noch lange kriegsverwüsteten Ländern spielte Musik die Rolle der ersten Friedenstaube der Völkerversöhnung nach der politischen Sintflut.

Um diese Zeit erhielt ich einen Brief meines langjährigen Direktors Richard Strauss aus der Schweiz, wo er aus Gesundheitsgründen mit seiner Frau Aufenthalt genommen hatte. Er schrieb unter anderem:
Ich trage mich mit der Idee eines Doppelkonzertes für Clarinette und Fagott, in besonderem Gedenken Ihres schönen Tones; bis auf ein paar skizzierte Themen ist es bei der Absicht geblieben. Die allgemeine Musikfabrikation ist ja auch nicht sehr aufmunternd. Vielleicht interessiert es Sie, daß mein Vater immer sagte: «Am schönsten für Fagott hat Mozart geschrieben.» Es ist ihm halt auch immer was sehr Schönes eingefallen: direkt vom Himmel herunter.

In dankbarem Gedenken an viele herrliche mit den lieben Philharmonikern vermusizierte Stunden und an schöne Bläserpianos herzlich grüßend, *Ihr Dr. Richard Strauss*

Er trug mir auch Grüße an Kapellmeister Szell auf und fragte: «Spielt er noch immer meinen ‹Eulenspiegel› auswendig?» (Szells trockene Erwiderung war: «Ja, und einige andere Stücke dazu.»)

Als ich Richard Strauss im Jahre 1948 in Montreux besuchte, sprach er sich über die damalige Lage des Musikbetriebes aus. Auf die Aufforderung, in einem Programm zeitgenössischer Komponisten zu erscheinen, antwortete er, er zähle sich nicht zur komponierenden Gegenwart. Das brachte die Rede auf die Atonalität. Er beurteilte diese Kreation der «Wiener Schule» mit einem einzigen Wort: «Schwindel». Zum Kritiker Dr. Max Graf hatte er gesagt: «Mit *dem* Dreck (Atonalität) habe leider *ich* angefangen.» Mir gegenüber wiederholte er seine bekannte Erklärung, in der «Elektra» an die

Richard Strauss - Karte an Hugo Burghauser zum Jahresende 1946

Grenze des zumutbar Dissonanten gegangen zu sein. In der Szene, wo Elektra den totgeglaubten Bruder Orest erkennt, meinte er ihre Verwirrung und ihre überwältigten Gefühle nicht anders ausdrücken zu können als durch ein tönendes Chaos, das freilich bald in das beseelte As-Dur-Duett mündet.

Ich stellte ihm die Frage, die mir seit der Wiener Uraufführung seiner «Frau ohne Schatten» im Sinne lag, ob er mit dem Liedchen Baraks:

Trag' ich die Ware selber zum Markt,
Spar' ich den Esel, der sie mir schleppt,

jene schleppenden Kapellmeister meinte, die so oft seinen Unwillen provozierten. Er schien meine Frage mit einem Lächeln zu bejahen.

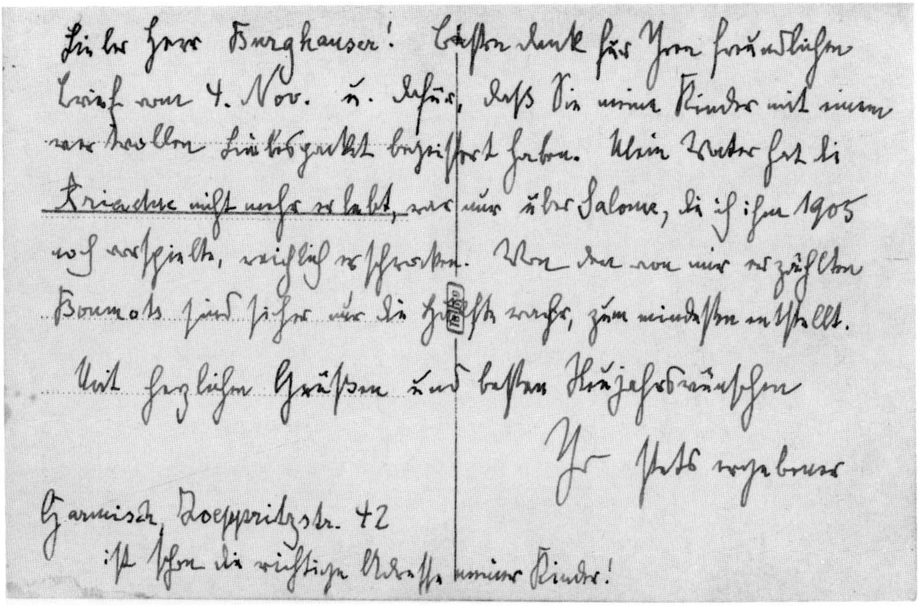

«Lieber Herr Burghauser! Besten Dank für Ihren freundlichen Brief vom 4. Nov. und dafür, daß Sie meine Kinder mit einem wertvollen Liebespaket begeistert haben. Mein Vater hat die Ariadne nicht mehr erlebt, war nur über Salome, die ich ihm 1905 noch vorspielte, reichlich erschrocken. Von den von mir erzählten Bonmots sind sicher nur die Hälfte wahr, zum mindesten entstellt.
Mit herzlichen Grüßen und besten Neujahrswünschen Ihr stets ergebener
Dr. Richard Strauss

Garmisch, Zoeppritzstr. 42 ist schon die richtige Adresse meiner Kinder.»

Nun stellte er mir eine Frage: «Was halten Sie für das beste Stück in meiner Alpensymphonie?» Während ich die effektvollste der Variationen nennen wollte, sagte Strauss: «Die Elegie!» Die Elegie ist das schwermütige Zwischenspiel vor der Reprise, das, vom Englischhorn eingeleitet, auf seltsamen Orgelakkorden als melancholische Schalmei erklingt. Vielleicht war seine Äußerung aus der gedrückten Stimmung seiner Exilexistenz zu verstehen; denn 33 Jahre zuvor, bei der Berliner Uraufführung dieser Symphonie, hatte er gesagt: «Ich habe endlich auch Instrumentieren gelernt.» Und jetzt sagte er: «Nach dem gewaltigen Musikschaffen und Erfindungsreichtum im 19. Jahrhundert war es schwer, innerhalb des überlieferten Tonsystems noch ein eigenes Orchesterkolorit und kompositorisches Idiom zu erfinden; im übrigen komme ich mit den harmonischen Grundfunktionen recht gut aus.»

Von Journalisten über seine weiteren Pläne befragt, antwortete er bekanntlich: «Na, sterben halt.» Doch bald darauf gab er mir einen Beweis seiner ungebrochenen Lebenstüchtigkeit. Schon während eines Spazierganges am Ufer des Genfersees hatte er die Bemerkung gemacht: «Sie sind doch ein Diplomat?» und auf meine zögernde Frage, wie er das meine, war seine Begründung: «Jeder Orchestervorstand ist das, wie es ja auch mein Vater als Obmann des Münchner Hofopernorchesters war.» Später, in seinem Hotelzimmer, nahm er das Thema wieder auf; er wolle mich mit einer diplomatischen Mission betrauen.

Durch die Kriegsblockierung seiner internationalen Tantiemenansprüche waren alle ihm zustehenden Einkünfte gesperrt. Seinen Hotelaufenthalt bezahlte sein englischer Verlag Boosey & Hawkes; für die Versorgung seiner Familie mußte er sich die Mittel auf andere Weise beschaffen. Zu diesem Zwecke hatte er die Partituren seiner symphonischen Dichtungen «Don Juan», «Till Eulenspiegel» und «Tod und Verklärung» in seiner charakteristischen Notenschrift kopiert. In Normalzeiten hätte jede dieser Partituren $ 10 000 erzielt. Der Markt, meinte er, war jedoch überschwemmt mit Notverkäufen zahlreicher Emigranten, denen es gelungen war, solche Schätze auf ihre Flucht mitzunehmen. Unter diesen Umständen wolle er sich mit einem Gesamtbetrag von $ 10 000 zufriedengeben.

Die große Opern-Diva Maria Jeritza, die ihn in Montreux besuchte, hatte Interesse für den Ankauf gezeigt, aber nun höre er nichts weiter darüber. Meine Aufgabe sollte es sein, die Angelegenheit zu betreiben oder einen anderen Käufer in Amerika zu finden. Ich wies auf die vor uns liegende Hotelmappe mit Briefpapier und meinte, mit ein paar Bevollmächtigungszeilen von ihm würde ich das gerne versuchen.

Unsere Unterredung wurde durch Frau Pauline, seine notorisch eigenwillige und urwüchsig temperamentvolle Gattin, unterbrochen, die Bücher und Notenblätter vom Tisch fegte, um für die Jause zu decken. Unter den Papieren fiel mir eine handschriftliche Partitur auf, und ich fragte nach ihrem Inhalt. Strauss erwiderte: «Meine letzten Lieder.» Es waren deren vier mit Orchesterbegleitung, die bald in Konzerten und auf Platten zu hören sein sollten.

Frau Pauline war als Gastgeberin und Gesprächspartnerin sprühend lebhaft. Als die Rede auf die Möglichkeit eines Überseefluges kam, wollte die besorgte Gattin in allen Details wissen, wie es sich auf den Aeroplanen mit den hygienischen Vorkehrungen und mit allen Umständen körperlicher Bedürfnisse verhalte; ob auch jederzeit die Toilettenräume zugänglich seien, denn ihr «Richardl», vermutete sie, habe ein «Steinderl» (eine intuitive Diagnose, die sich leider als zutreffend herausstellte). Zufällig konnte ich sie darüber durch Erwähnung eines Falles beruhigen, der erst kürzlich im Gerichtssaal erörtert worden war. Der Pilot hatte während des Fluges einen Knopf gedrückt, über dessen Funktion er offenbar nicht im klaren war; denn das Flugzeug überschlug sich und kam gewissermaßen auf den Kopf zu stehen, so daß die überraschten Passagiere aus ihren Sitzen gerissen wurden und hilflos umherkugelten. Einer von ihnen befand sich im Augenblicke der totalen Umkehrung gerade im kleinsten Raume des Flugzeugs eingeschlossen, und das bemerkenswert Tröstliche an dem Unfall war, daß er nachher in keiner Weise einer Reinigung bedurfte. Sitz und Spülung waren so konstruiert, daß nichts von den Befürchtungen eintraf, derentwegen mich Frau Pauline so gründlich verhörte. Es beruhigte sie sichtlich, doch kam es nicht zur Erprobung, denn Strauss kehrte zur Feier seines 85. Geburtstages in sein Heim nach Garmisch-Partenkirchen zurück, wo er ernstlich erkrankte. Trotz des Umstandes, daß Strauss im Vorjahr auf Einladung von Sir Thomas Beecham nach London geflogen war

Hugo Burghauser in seiner New Yorker Wohnung mit dem Klavierauszug des Duett-Concertinos für Klarinette und Fagott von Richard Strauss

Richard Strauss: Originalblatt einer Skizze zum Duett-Concertino für Klarinette und Fagott mit persönlicher Widmung «Hugo Burghauser dem Getreuen, Montreux, 20. Februar 1949» (Richard Strauss' Todesjahr)

und der Flug klaglos abgelaufen war, schien ihre Besorgnis für einen viel länger dauernden Überseeflug verständlich.

Als drastisches Beispiel für die resche Art, mit der Frau Pauline ihren großen Gatten zuweilen aus seinen geistigen Flügen in ihre irdische Welt herunter zu rufen wußte, sei noch die folgende, in einem Restaurant spielende Szene, die Dr. Karl Böhm erzählt hat, erwähnt: Ein Gast führte eine animierte Konversation mit Richard Strauss, der die Hotelgäste an den Nachbartischen mit respektvollem Schweigen zuhörten. Das veranlaßte Frau Pauline, die beiden zu leiserem Sprechen zu ermahnen (Strauss hörte auf einem Ohr schwächer). Auf die Erwiderung des Komponisten, die Leute hätten auch aufgehorcht und zugehört, wenn Richard Wagner hätte belauscht werden können, sagte die unbezähmbare Gattin: «Haben S' g'hört, wo der hoch oben is'? Aber den hol' ich gleich herunter.»

Für die liebevolle Strenge, mit der sie ihren berühmten Schützling überwachte, ist ein Telegramm charakteristisch, das sie ihm nach London sandte, während er dort dirigierte. Die britische Kost hatte sich im Laufe der Kriegseinschränkungen so merkbar verschlechtert, daß sie dem aus der friedlichen Schweiz kommenden Komponisten wenig behagte und er fast nur von Austern lebte. Eine Magenverstimmung wurde vom Dienstpersonal des Hotels beobachtet und einem der Reporter gegenüber erwähnt. Die Folge davon war, daß Frau Pauline dieses aufregende Detail in der Zeitung las. Ihr Telegramm lautete: «Was fehlt dir? Sag die Wahrheit.»

Als ich in Montreux von Richard Strauss Abschied nahm, erhielt ich als Andenken ein doppelseitiges Originalblatt der Orchesterskizze zum Duett-Concertino für Klarinette und Fagott, seiner letzten Komposition vor den «Vier letzten Liedern», mit der Widmung: Hugo Burghauser dem Getreuen.

Zur Widmung des Concertinos bemerkte ich: «Damit komme nun auch ich in die Musikgeschichte?», worauf der Meister in typischer Bescheidenheit sagte: «Das ist ja kein Opus, nur Werkstattarbeit und Handgelenksübung.» Zu diesen «Übungen» waren in den Jahren inneren Exils während der Kriegszeit immerhin mehrere Orchester- und Konzertstücke sowie Lieder gekommen. Zur geistigen Belebung hatte er, wie er sagte, nebenher das ganze Lebenswerk Goethes gelesen, von Band 1 bis 45 der Propyläenausgabe. Von ihm selbst erschienen 1949 und, in zweiter Auflage, 1957 im Atlantis Verlag «Betrachtungen und Erinnerungen».

Strauss konzipierte seit jeher seine Musik aus der Inspiration durch eine poetische Idee, die er wie auf einer Art geistigem Kanvas verarbeitete. Dem Concertino liegt eine tanzende Schöne zugrunde, die bei ihrem Kult für Terpsichore von einem Bären überrascht und umworben wird, vor dessen Annäherung sie flüchtet. Zuletzt erlahmt ihr Widerstand und sie gestattet ihm ein Tänzchen, während dem er sich unter dem zaubermächtigen Segen der Schönen in einen Prinzen zurückverwandelt. Strauss, offenbar auf mein schicksalhaft bewährtes Fagott anspielend und der Klarinette die Rolle der Schönen zuweisend sagte: «Und zum Schluß werden Sie selber ein Prinz.»

Ohne diese Verwandlung abzuwarten, reiste ich zunächst nach New York zurück. Eingedenk meiner Ernennung zum «Diplomaten» fand ich einen strategisch aussichtsreichen Weg zu Maria Jeritza. Sie pflegte an Samstag-Matineen mit ihrem Gatten Seery, ihrem sehr vermögenden «Schirmherrn», in der ersten Reihe Parkett der Metropolitan Oper zu erscheinen. Aus dem Orchestergraben heraus konnte ich das Paar über das Anliegen von Richard Strauss direkt informieren. Durch den Bericht meines Besuches in Montreux und meine Vollmacht hinreichend legitimiert, empfing ich das Versprechen, die gewünschte Gegenleistung für die Autographe werde schnellstens abgehen. Bald darauf konnte der besorgte Vater und Großvater Strauss seiner Familie über einige der schlimmsten Nachkriegsmängel hinweghelfen. Ich fühlte mich glücklich in der Rolle der Maus, die die Fesseln des Löwen durchgenagt hatte.

Inmitten des von Kriegsfolgen bedrückten Alltags hatte mein letztes Erlebnis mit Richard Strauss für mich einen transzendenten Anhauch der Heilung von den Wunden jener schweren Zeiten, die hinter uns lagen. Auch meine Philharmoniker haben dieselbe Gesinnung bekundet, indem sie dem Antrag Otto Strassers, des Vorstands der Jahre 1958 bis 1966, zustimmten, mir die goldene Nicolai-Medaille zu verleihen.

Von Hans Pfitzner könnte man sagen, daß er gewissermaßen von Richard Strauss überschattet lebte und wirkte. Sein Lebenskummer war, daß er sich vom Schicksal gegenüber dem glückbegabten, von

Hans Pfitzner, 1929

steten Erfolgen begleiteten Zeitgenossen benachteiligt fühlte, nicht nur an irdischen Gütern, sondern, was noch schmerzlicher war, daß er als philosophischer Geist im Gegensatz zu dem rational eingestellten, lebensbejahenden Strauss weniger anerkannt wurde.

Als kämpferische Natur hatte er sich vielfach kritisch zu den Verfallserscheinungen der Zeit und schließlich auch über das jüngste nationale Unheil seiner Heimat geäußert. Wie manchem der großen Musiker eignete ihm ein sardonischer Wortwitz, mit dem er nicht nur zweifelhaft Schaffende, sondern auch gefährliche Politiker bedachte. Die deutsche Führergestalt sah er längst als inkarnierten Dämon, für den er die Variation «Der entfesselte Proleteus» prägte. Für den germanomythologischen Parteigenossen Baldur von Schirach wollte er eine «Pimpfonie in Bal-Dur» komponieren; das wäre sein letztes Opus geworden, sagte er, ehe ihm «als letztes Thema das Dach eingefallen war».

Er war in Moskau von deutschen Eltern geboren. Von dort, hieß es, stamme seine russische Gewohnheit, als Kapellmeister beim Wenden der Partiturseiten den linken Daumen der ganzen Länge nach mit der Zunge zu befeuchten, was einen großen Feuchtigkeitsaufwand erforderte. Nach Kriegsende lebte Pfitzner, aller Habe beraubt, in einem Altersheim, mit nicht mehr als einem Bett und Stuhl als Wohnkomfort. Ein Armbruch, den er seinen «Glücksfall» nannte, brachte ihn zur Pflege nach Garmisch, wo sich eben auch Richard Strauss wieder eingestellt hatte. Die Wiener Philharmoniker luden ihn durch ihren Vorstand Rudolf Hanzl ein, zur Erholung und zum dauernden Aufenthalt nach Wien zu kommen. In überquellender Dankbarkeit schenkte ihnen der Komponist die Originalpartitur seines größten Werkes «Palestrina».

In ihrem Kreise feierte der 80jährige Komponist seinen letzten Geburtstag. Hier, in der wohligen Stimmung wärmender Geborgenheit, wurde er vertraulich und bekannte, daß er noch einen letzten Wunsch an das Leben hege: er wünsche den um fünf Jahre älteren glückgesegneten Rivalen Strauss zu überleben. Beide starben im selben Jahr 1949; Hans Pfitzner mehrere Monate vor Strauss.

Ihnen folgten in kurzen Abständen alle Dirigenten von Weltruf, die im neunzehnten Jahrhundert geboren waren. Für ihre Nachfolge war ein gutes Dutzend Kronprinzen ernannt; allein für Toscanini in USA deren mehrere. Guido Cantelli, vom Maestro dazu bestimmt und die Hoffnung der Mailänder Scala, verunglückte auf dem Flug nach New York. Leonard Bernstein trat das Erbe seines Mentors Serge Kussewitzky an. Es fehlte nicht an selbstproklamierten Nachfolgern. Für ihre Berufung begnügten sich die meisten mit der Vox populi.

RICHARD STRAUSS

Er besaß die ungewöhnliche Gabe, sich selbst und seine Dirigenten-Kollegen aus der Perspektive des Orchesters, sozusagen von unten herauf, beleuchtet und beurteilt zu sehen. In einem launigen Brief an den Berliner Kammermusiker Hans Diestel, der ein Buch über dieses Thema veröffentlichte und diesen Brief als Vorwort dazu benutzte, finden sich die folgenden Betrachtungen, die eine tiefgehende Einsicht in die Orchestermentalität verraten. Der Brief beginnt mit einem respektvollen Rückblick auf seinen alten Vater:

Als ich in den Jahren 1886 bis 1889 im Münchener Hoftheater als königlicher Musikdirektor meine ersten Opern dirigierte, saß mein 65jähriger Vater noch immer an seinem seit 45 Jahren angestammten Platz am ersten Horn, in märchenhafter Pflichttreue stets eine Stunde vor Beginn der Vorstellung vor seinem Pult, und bangte nicht nur vor seinen eigenen Soli in «Così fan tutte», sondern auch, daß der grüne Taktstock des unroutinierten Filius da oben sich keine Blöße gebe.

Etwas spöttisch tat der alte Bülow-Gegner (Strauss sen.) damals den Ausspruch: «Ach, ihr Kapellmeister bildet euch auf eure Machtstellung wunder was ein! Wenn so ein neuer Mann das Orchester betritt – wie er aufs Pult steigt – die Partitur aufschlägt – bevor er noch den Taktstock in die Hand genommen hat, wissen wir schon, ob er der Herr ist oder wir!»

Dieses Wort . . . möchte auch ich meinen verehrten Pultkollegen zurufen: Seid nicht zu stolz auf euren dreimaligen Hervorruf nach der dritten Leonoren-Ouvertüre! Da unten im Orchester, bei der ersten Violine, da hinten bei den Hörnern oder gar am anderen Ende bei der Pauke, sitzen Wächter mit Argusaugen, die jedes eurer Viertel oder Achtel mit kritischen Blicken verfolgen, die stöhnen, wenn ihr ihnen «Tristan»-Alla-breves in vier Vierteln «vor der Nase herumfuchtelt», die «Szene am Bach» oder die zweite Variation im Adagio der «Neunten» in zwölf richtig ausgeschlagenen Achteln zelebriert. Sie revoltieren sogar, wenn du während der Vorstellung fortwährend «pst» und «piano, meine Herren» hinunterschreist und mit der rechten Hand immer Forte dirigierst. Sie blinzeln mit den Augen, wenn du zu Beginn der Probe monierst: «Die Holzbläser stimmen nicht» und dann selbst nicht angeben kannst, welches Instrument zu hoch oder zu tief ist. Während der hohe Chef glaubt, sie hängen ehrfurchtsvoll an seinem Taktstock, spielen sie getreulich, ohne ihn anzublicken, weiter, wenn er sich «verschlägt», sie kreiden seiner «individuellen Auffassung» jedes falsche Tempo an, wenn er vielleicht zum erstenmal eine Symphonie dirigiert, die sie schon hundertmal unter besseren Dirigenten gespielt haben.

Der erste Solobratscher der Wiener Philharmoniker rief mir in einer Probe, als mein Taktstock nicht da war und ich gerade einen anderen nehmen wollte, zu: «Herr Doktor, nicht den – der hat keinen Rhythmus!»

Kurz, die Geschichten der von Orchestermitgliedern ertappten Chefs könnten Bände füllen! Und doch, diese boshafte Horde, die in chronischem Mezzoforte brummelt, der kein Begleitungs-pp abzuschmeicheln ist, keine Präzision bei Rezitativakkorden, wenn der richtige Mann nicht oben sitzt, mit welcher Begeisterung spielen diese, so oft von des Probierens unkundigen Stümpern gequälten, durch Stundengeben ermüdeten Musikanten, mit welcher Aufopferung proben sie sogar, wenn sie zu ihrem Kapellmeister das Vertrauen haben, daß er sie nicht unnütz schindet, wie folgen sie am Abend (besonders, wenn er ihnen eine Probe «geschenkt» hat) seinem kleinsten Winke, wenn seine rechte Hand im Vollbesitz der eigentlichen Dirigiertechnik aufs genaueste ihnen seine Absichten zu vermitteln imstande ist, sein Auge streng und gütig zugleich ihr Spiel überwacht, seine linke Hand nicht zur Faust ballt, sie beim p nicht ganz unnötig beschwichtigt.

Mein lieber Herr Diestel! Sie haben 20 Jahre in der Berliner königlichen Kapelle unter mir gespielt in einer Zeit, als ich wirklich schon zu dirigieren verstand und nun Gelegenheit hatte, an der Spitze eines erstklassigen Orchesters mein Können allmorgendlich noch zu verbessern und allabendlich zu erproben, und ich schmeichle mir, daß Ihr verdienstvolles Buch das Ergebnis unserer gemeinsamen künstlerischen Arbeit ist.

Ich gebe ihm deshalb auch keine weitere Empfehlung mit auf den Weg, als den Wunsch, daß es fleißig gelesen werde. Es wird denjenigen meiner Pultkollegen reichlichen Nutzen bringen, denen in be-

scheidenem Zurücktreten hinter dem Komponisten ernstlich daran liegt, daß Orchestermusik wieder mehr mit den Ohren, statt mit den Augen gehört werde.

Ihr aufrichtig ergebener *Dr. Richard Strauss.*

SIR THOMAS BEECHAM

Sir Thomas, ein Muster britischer Charakteristik, war zugleich der Träger angeborener vorzüglicher Kapellmeisteranlagen. In früher vielseitiger Entwicklung reifte er zum geistvollen Exzentriker, der mit seinen Paradoxa Proben und Aufführungen würzte, sehr oft zur Verlegenheit der noch in viktorianischer Konvention erzogenen Zeitgenossen, darin ähnlich dem seiner geistigen Haltung verwandten George Bernard Shaw, der übrigens neben seinen berühmten Werken auch zutreffende Musikkritiken schrieb. Beechams Aussprüche machten auch außerhalb des Kunstmilieus die Runde, zumal seine umfassende Intelligenz alle Gebiete der Zivilisation berührte. Er war der größte Förderer englischer Musikkultur, die bis dahin in insularer Begrenztheit hauptsächlich deutsche Musik gepflegt hatte und die erst Beecham «mediterranisierte».

Sir Thomas war der humorvollste Erzähler seiner Impresario-Erlebnisse, der mit ungehemmter Selbstironie vom Mißlingen und Scheitern seiner Unternehmungen berichtete. Die meisten verschlangen Unsummen, die er in souveräner Verachtung materieller Bedenken aufwendete. Er wurde deshalb gern mit Kussewitzky verglichen, der gleichfalls in seinen Anfängen mit viel Geld und eigener Orchestergründung dilettierte und auf ähnliche Weise seinen Ruf begründete.

Beechams munifizenter Aufwand wurde durch die Hinterlassenschaft seines Vaters ermöglicht, der mit dem pharmazeutischen Produkt einer verdauungsfördernden Pille, die dem Sohn das Prädikat «Pillharmoniker» eintrug, ein Vermögen begründete. Zum Unterschied von andern exzedierenden Individualisten kam seine finanzielle Unabhängigkeit seinen künstlerischen Unternehmungen zugute. Gemäß seiner Originalität war er auch als Dirigent höchst eigenartig. Unbekümmert um konventionelle Regeln pflegte er eine

Sir Thomas Beecham

Art sportlichen Freistil, der gelegentlich sogar seine Beine mitaktivierte, was, obwohl rhythmisch kontrolliert, dennoch mehr einer Sportarena zugehörig schien als dem Konzertsaal. Seine Energie war unerschöpflich. Mit seinen Clownerien amüsierte er sich und alle, aber minderte zugleich sein berufliches Ansehn, für das ein gewisses Dekorum nötig scheint, dessen Bedarf er jedoch nach Eulenspiegelart verspottete. Sein Hang zur Persiflage verschonte nichts, am wenigsten seine Kollegen und Mitwirkenden. Er wollte grundsätzlich keine weiblichen Orchestermitglieder und begründete dies mit den Worten: «Sie lenken ab, wenn sie schön sind, und irritieren durch das Gegenteil.» Frauen liebte er nur im Singular. Einer Gruppe von Cello-Spielerinnen hielt er folgende Ansprache: «Ladies, Sie haben eine Gottesgabe zwischen den Beinen. Gerade deshalb sollten Sie nicht darauf kratzen.» Noch mehr als mit ironischen Bonmots brillierte er als Dirigent. Seine Interpretation war manchmal extravagant, was man seinem «Spleen» zugute hielt. Freiheiten seiner Vortragsweise gelang ihm wie von ungefähr, seinen Mitwirkenden abzugewinnen. Ebenso vermochte er seine Musizierfreudigkeit auf Grammophonplatten zu übertragen; ein Effekt, der nicht jedem guten Kapellmeister gelingt.

Die Musikproduktion seiner Ära bezeichnete er als dem gegenwärtigen «Bleizeitalter» entsprechend. Über Bühnenregie und das allgemeine Musikniveau teilte er Toscaninis Ansichten, den er nichtsdestoweniger als «Bandmaster» aburteilte. Sir Thomas war ein Meister artistischer Finesse, deren kapriziöse Anwendung ihm die Bewertung als brillanten Amateur eintrug. In Wien und Salzburg tauchte er nur sporadisch auf. Nach seiner Überzeugung war er dort als Mozartdirigent nötig; in unsentimentaler Objektivität als Gegenpol zu Bruno Walters schwärmerischem Musizieren. Tatsächlich präsentierte Beecham einen feinfühligen Mozartstil. Sein Bestreben war, mit beschwingten Tempi auch den schweren Taktteilen eine Leichtigkeit zu verleihen, indem er den Niederstreich höchst unorthodox nach aufwärts führte und durch Atemkontrolle und entsprechende Phrasierung den besonderen Stimmklang erzielte, der die Knabengenien in der «Zauberflöte» wie eine tönende Aura umschwebte. Er glänzte auch als Richard Strauss-Dirigent und war einer romantischen Interpretation ebenso fähig wie einer majestätischen Händel-Aufführung. Seine Qualitäten waren bei denselben Werken Wandlungen unterworfen. Im Grunde war er eine Kreuzung von aristokratischer Unbefangenheit und anarchischer Ungebundenheit, die er gelegentlich auch seinen Solisten einräumte, ohne daß deren Leistungen dadurch beeinträchtigt wurden. Offensichtlich war es ihm weniger um Erfolg zu tun als um Noblesse. Oft schien er mehr für sich selbst Musik zu machen als für das Publikum, wofür 60 unbekannte Werke unter seinen 100 verschiedenen Opernproduktionen zeugen. Seine Primadonna-Allüren entsprachen seiner maximalen Selbsteinschätzung.

Mit diesen dem Beruf zugehörigen Attributen vermied er jedoch, als sein eigener Mäzen andere tributpflichtig zu machen.

Während des Zweiten Weltkrieges wurde er in der New Yorker Met populär, wo er italienische und französische Opern mit großem Erfolg dirigierte. Einmal ergab sich die Gelegenheit, den Beweis seiner umfassenden Begabung zu demonstrieren. Bruno Walter hatte die «Tristan»-Generalprobe im letzten Moment abgesagt. Beecham erklärte sich bereit zu dirigieren, und fragte bereits am Pult nach der Partitur. Die war bei Walter geblieben. Zwischen zwei Zügen an seiner Churchill-Zigarre hob Sir Thomas den Taktstock und dirigierte die Oper auswendig.

In Chicago dirigierte er «Tristan» mit der jungen und schönen Marjorie Lawrence, die gehbehindert im Rollstuhl die Isolde sang. In ähnlich humaner Vornehmheit lud er bald nach Kriegsende Richard Strauss nach London ein, um dem in der Emigration lebenden Komponisten zur Freigabe seiner Tantiemen zu verhelfen. Dies blieb zunächst erfolglos, brachte aber für den Dirigenten Strauss das Erlebnis seines ersten Fluges und seines letzten Auftretens im Ausland. Beim Gang zum Podium sagte er: «Hier geht noch einmal der alte Gaul aus dem Stall», und dann empfing der greise Meister seine letzte Ovation.

In späten Jahren war Sir Thomas Beecham durch Arthritis verhindert zu dirigieren, was jedoch seinen Esprit keineswegs abschwächte. Er erschien auch am Fernsehn zu Diskussionen, die (typisch für ihn) zu formidablen Streitgesprächen wurden, bei denen er durch diktatorische Emphase faszinierte, auch als improvisierender Redner eine Größe erster Ordnung.

LEOPOLD STOKOWSKI

Leopold Stokowski, einer der eigenwilligsten Interpreten, war seinem eigenen Bilde ergeben wie der sagenhafte Grieche Narzissus. Im Für und Wider seines oft provokativen Wirkens blieb das Fazit seiner Karriere ein bemerkenswert positives.

Er verdankte die Idolatrie seines Publikums nicht nur der Brillanz seiner Klangerzeugnisse, sondern auch der Eigenart seines persönlichen Auftretens, das ein Akt illuminierter Selbstdarstellung war. Stokowski frönte Beleuchtungseffekten seiner Person, vor allem seiner schönen Hände, mit denen er, ohne Taktstock dirigierend, mehr auf das Publikum wirkte als auf das Orchester. Kritiker gingen so weit, seinem Schneider einen nicht unwesentlichen Anteil an dem ästhetischen Erfolg seiner Produktionen zuzuschreiben. Er aktivierte alle Möglichkeiten der Bühne und der Zirkusmanege. In manchen Konzert-Aufführungen dirigierte er in einer von Scheinwerfern projizierten Aureole blauen Magnesiumlichtes, wodurch die Mitwirkenden in magischem Nebel, gleichsam astral, erschienen. Seine verblüffenden Leistungen hatten oft die Eigentümlichkeit von Effekten ohne wahrnehmbare Ursache. Da er mit Vorliebe Meisterwerke instrumentierend bearbeitete, hieß es, er «stokowskisiere» sie, was ihm sowohl Beifall als auch alle denkbar zulässigen Invektiven der Kritik eintrug. Auf den Vorwurf der Übertreibung erwiderte er, eben mehr aus der Musik herauszuholen als andere; demgegenüber wurde eingewendet, seine großen Kollegen verstünden es besser, die Inspiration der Komponisten unverfälscht zu übermitteln. Als progressiver Experimentator wendete er gerne technische Neuheiten an und führte viele auf neuer Systematik beruhende Kompositionen auf, deren schwer erkennbare Vorzüge er mit missionarischem Eifer kommentierte.

Stokowski war ein Adept der Elektronik und der mechanischen Musikproduktion. Seine Einsicht in die Hexenküche der Massenmedien zeigte sich auch in der wirksamen Methode seines Arbeitsprozesses. Mit einem ausgewählten Musikerensemble machte er Plattenaufnahmen beim ersten Durchspielen, was eine frische Wiedergabe sicherte ohne die Ermüdungserscheinungen, wie sie bei vorangehenden Studioproben eintreten. Trotz des vorzüglichen Gelingens seiner technischen Reproduktionen sagte er: «Grammophonplatten sind nur die Illusion einer ‹live performance›.»

Als Doyen seiner illustren Kollegen erschien er auch in der alten Metropolitan Opera in New York, wenige Jahre bevor der Vorhang sich dort für immer senkte. Er studierte Puccinis «Turandot» ein. Mit 80 Jahren konnte er das Werk nicht mehr auswendig dirigieren; das Lesen der Partitur aber war durch den Nichtgebrauch von Augengläsern sichtlich beeinträchtigt. Die Idiosynkrasie, mit solchen vor dem

Publikum zu erscheinen, teilte Stokowski mit manchen Dirigenten. Historisch berühmte wie Spontini und Herbeck behaupteten, daß spiegelnde Augengläser die Blicklenkung vermindern, und verzichteten daher trotz Sehschwäche auf deren Gebrauch. Aus unsicher tastender Führung resultierte Stokowskis unvollkommene Exekution der Oper. Aber auch da gewann der alte Showman seinen Erfolg durch einen theatralischen Trick. Er war einige Zeit vorher infolge eines Hüftenbruches, nach einem Unfall beim Ballspiel mit seinen jungen Kindern, an einer Krücke gegangen. Das war längst wieder gut geworden, und er bedurfte keiner Stütze mehr. In der Abendvorstellung von «Turandot» jedoch kam Stokowski gemessenen Schrittes mit der Krücke ins Orchester und erhielt für sein «heroisches» Auftreten einen Spezialapplaus.

Stokowski unternahm es auch, auf sein Publikum erzieherisch einzuwirken, wenngleich mit unkonventionellen Methoden. So führte er seinen Konzertbesuchern die Unart des störenden Zuspätkommens einmal drastisch vor, indem er ein Stück mit der halben Orchesterbesetzung begann und die übrigen Musiker einzeln während des Spieles lärmend ihre Plätze einnehmen ließ, in einer Art Umkehrung von Haydns «Abschieds-Symphonie», in welcher zuletzt jeder der Musiker still das Podium verläßt, nachdem er seinen Part zu Ende gespielt hat. Ein anderes Mal klopfte er mitten in der Musik ab und forderte die Zuhörer auf, sich zu räuspern, zu schneuzen und auszuhusten, dann aber während des Spieles ihre Halsreflexe zu beherrschen. Mit dem stählernen Blick seiner blauen Augen brachte er die flinken Hände strickender Matronen ebenso zum Stillstand, wie die zum vorzeitigen Weggehen sich erhebenden Gäste. Mit dieser Überheblichkeit, zugleich mit moderner Programmbildung, trug Stokowski, gerade durch seine Exzesse, zur Hebung der Musikkultur und des öffentlichen Dekorums bei. Er war als geborener Brite einer jener Einwanderer, welche durch Assimilation und Mimikry die in Amerika heimische Megalomanie praktizieren. Mit 95 Jahren bot sich ihm der Triumph eines Vertrages, bis in sein hundertstes Jahr zu dirigieren. Mit der Unterzeichnung gestand er implizite sein bis dahin geleugnetes Alter. Die Erfüllung einer letzten Hybris vereitelte sein plötzlicher Tod. Walt Disney hat Leopold Stokowski im Film verewigt, indem er der Mickymaus zum Abschied die Hand reicht.

Fritz Busch, in Glyndebourne als ständiger Gast gefeiert, kam auch an die New Yorker Metropolitan Oper. Dort fiel ihm künstlerische Akklimatisierung schwer, vielleicht gerade wegen seiner englischen Vergangenheit. Die fortwährende Unruhe in den Vorstellungen und das Schwätzen in der Kulisse waren die für ihn störendsten Begleiterscheinungen. Er versuchte dem Unfug mit drastischen Mitteln abzuhelfen. Als Brangänes ferner Gesang in Gefahr war, vom Lärm auf der Hinterbühne übertönt zu werden, brachte Busch das Orchester abrupt zum Stillstand. Jetzt war der Tumult auch dem Publikum deutlich vernehmbar, worauf das Duett für einmal ohne die übliche akustische Verschmutzung folgte. Weniger effektiv war Buschs Strategie, das Publikum zum Zuhören musikalischer Nachspiele zu erziehen. Wieder war es im «Tristan», wo Busch am Schluß des 1. Aktes die schmetternden Fanfaren vernehmlich machen wollte. Im Augenblick beginnenden Senkens des Vorhangs setzte der Applaus ungehemmt durch laute oder auch leise Musik ein. Das größere Problem dieser Art war das Ende des 2. Aktes «Meistersinger». Der stille Abgang Beckmessers, begleitet von solistischen Motivteilchen bis zum plötzlichen Forte-Schlußakkord, verhallte immer ungehört im verfrühten Beifallsklatschen. Buschs Problemlösung: Der Vorhang fiel erst, nachdem der letzte Ton verklungen war, allerdings in einem Bühnenvakuum. Der Anblick einer aktionslos leeren Bühne wurde später durch plötzlich eintretende Verdunklung vermieden. Nach den Jahren seiner Operndirektion in Dresden konnte sich Busch den Umständen einer Pionier-Mission nicht anpassen. Er war einer der ersten, der mit Kriegsende nach Wien ging. Trotz des damals prekären Wiederaufbaues jeder Opernproduktion sagte ihm dieser Notstand mehr zu als die Vorteile amerikanischer Technokratie, um so mehr, als das künstliche Niveau keine Einbusse erlitten hatte.

Busch war bereit, als künstlerischer Leiter die Direktion der Wiener-Oper mit Egon Hilbert zu teilen. Sein Herzleiden setzte dem Plan ein jähes Ende. Fritz Busch war der Modellfall einer in allen Sparten ausgebildeten Kapellmeisterbegabung. Der Prototyp disziplinärer Gründlichkeit, deren Kehrseite trockener Schulmeisterlichkeit durch deutschen Idealismus ausgeglichen war. Bar jeder menschli-

Hans Knappertsbusch

chen und künstlerischen Irregularität, war er ein Zunftmeister der Tabulatur.

Hans Knappertsbusch besaß als Künstler und Mensch die größte Zuneigung aller Philharmoniker. Während der Jahre innerer Emigration im «Dritten Reich» war er ein Vorbild edler Charakterfestigkeit, welche ihm die Bewunderung aller eintrug. Er meinte einmal: «Ich bin kein Vorturner noch ein Brustschwimmer, auch kein Ruderknecht oder Teppichklopfer. Ich bemühe mich, ein Dirigent zu sein.»

DIMITRI MITROPOULOS

Dimitri Mitropoulos war im Kreise der in den Nachkriegsjahren berühmt gewordenen Dirigenten der sonderbarste. Seine athletische Erscheinung mit dem knochigen, tiefgefurchten Gesicht erinnerte an einen urzeitlichen Menschentypus; ebenso hatten seine großen, zuweilen konvulsivischen Gesten etwas naturgewaltig Elementares an sich, das mitunter eine übersteigerte Dynamik hervorrief.

Er stammte aus einer griechischen Mönchsfamilie und hatte seine Jugend im Kloster verlebt. Er verließ das Kloster, um sich ganz der Musik zu weihen, da der Ritus des Ordens die instrumentale Musik verbot. Gleichwohl blieb er unter seinen weltlichen Kameraden immer – ein Mönch. Vor seinem Lesepult, auf welchem die Partituren zu seinem Studium lagen, hatte er Statuen von Mönchen, von Plato und Kierkegaard neben einem Bildnis der Madonna mit dem Jesuskind aufgestellt.

Gleichwohl war er frei von jeder religiösen Doktrin und verrichtete seine Andachten in Kirchen verschiedener Glaubensrichtungen, sofern er nur mit deren geistlichen Angehörigen harmonierte. Er lebte frugal, was ihn jedoch nicht hinderte, naturverbundene und lebensfreudige Geselligkeit zu genießen, ohne gesellschaftliche Schranken zu beachten, zumal er unverheiratet blieb. Er meinte, daß ihn die Musik gänzlich ausfülle und daß er darüber andere Verpflichtungen vernachlässigen müßte. Nach einer Aufführung seiner Jugendkomposition, der Oper «Beatrice», war Saint-Saëns so beeindruckt, daß er ihn in Brüssel zum Studium empfahl; von dort kam er zu Ferruccio Busoni nach Berlin, wo er sich zum Pianisten ausbilden ließ.

Später, in den Orchesterproben, setzte er seine Musiker in Erstaunen, wenn sie sahen, wie in der Pause ein Rosenkranz durch seine Finger glitt und ein Kreuz an einer Kette um seinen Hals sichtbar wurde. Mit dieser Frömmigkeit ging Hand in Hand eine außerordentliche Güte, die sich zunächst in seiner Berufsarbeit zeigte, während welcher er nicht als Befehlshaber auftrat, sondern, den Taktstock vermeidend, eher als kameradschaftlicher Berater seine Musiker anleitete. Für Unvollkommenheiten der Ausführung hatte er freundliche Nachsicht, die er damit begründete, daß er sich selbst für unvollkommen und Irrtümern unterworfen hielt, womit er vielleicht mehr recht hatte, als er bereit war, Kritikern zuzugestehen.

In gewisser Weise hatte sein Stil Ähnlichkeit mit seinem berühmten Landsmann El Greco, der als Maler die Größenverhältnisse seiner Figuren und Perspektiven abweichend vom klassischen Kanon gestaltete. Vieles von dieser Charakteristik schien sich bei Dimitri Mitropoulos in den Tempi und deren Verhältnissen gegenüber klassischer Tradition zu spiegeln. Er hörte es gerne, wenn man sein ausdrucksvolles Dirigieren mit demjenigen Furtwänglers verglich, dessen nicht immer verständliche Gestik mit der seinigen verwandt schien. Beide Künstler kompensierten dieses Manko durch große Ausdruckssteigerungen, die dann, sofern eine gewisse Monumentalität des Werkes sich dazu eignete, die Vereinheitlichung des vielfältigen Orchesterapparates herbeiführten. Zarte, auf einfacher und klarer Melodieführung beruhende Kompositionen wie solche von Mozart, entsprachen diesen beiden gefühlsgeladenen Naturen weniger. Hingegen war die Oper mit ihrem Bühnengeschehen das Gebiet, auf dem Mitropoulos exzellierte. Mit dramatisch begabten Sängern und vor allem mit den von heftigen Leidenschaften getragenen Werken war Mitropoulos einer der wirkungsvollsten Kapellmeister, weil hier die Disziplin des symphonischen Zusammenspiels die Aufführung weniger bestimmt und die auf der Bühne agierend Singenden selbst zum Charakter der Improvisation beitragen; scheinbare Willkür untraditioneller Interpretation überzeugte durch die Aktion von der Bühne herab.

Mitropoulos stellte, trotz seines Nimbus als bedeutender Dirigent, sein persönliches Prestige in der Auswahl seiner Opern zurück, sehr im Gegensatz zu seinen Kollegen. Er dirigierte auf Verlangen eines musikfremden Managers in New York einmal Puccinis «Butterfly» anstelle der zur Einstudierung angesetzten «Götterdämmerung», oder die «Cavalleria» zwei Abende vor der «Elektra», und bald nach Puccinis «Tosca» den «Wozzek» von Alban Berg. Er war frei von peniblen Ansprüchen des Repertoires und der damit verbundenen Geltung. Er wußte sich im Besitz überragenden Ansehens und konnte es sich leisten, artistisch erratisch zu erscheinen.

Ähnlich unbekümmert war seine Einstellung zu materiellen Gütern. Er verschenkte den größten Teil seines Einkommens an wohltätige Stiftungen und an Bittsteller, an manche der Letzteren das Doppelte des von ihnen Erhofften, wenn er die näheren Umstände ihres Notstandes erfuhr. Aus der gleichen Neigung pflegte er seine zahlreichen Musiker zu Weihnachten zu beschenken, und als er einmal, nach längerer Krankheit, selbst in finanzieller Bedrängnis war, schrieb er an sie den folgenden Brief:

Meine lieben Freunde und Mitarbeiter!

Für die kommenden Feiertage muß ich Ihnen meine herzlichen Wünsche nur durch diesen Brief senden, was für diesmal meine einzige Gabe ist, welche mir nach meinem letzten Herzanfall möglich wird. Trotzdem ist mein krankes Herz stark genug, Euch allen glückliche Feiertage zu wünschen und zu hoffen, daß das kommende Jahr wieder unsere Zusammenarbeit wie bisher ermöglicht und weiterhin mir den kleinen Luxus erlauben wird, welcher mir lieb geworden war, Ihnen allen durch kleine Erinnerungen meine Dankbarkeit auszudrücken, welche größer ist, als die meisten von Ihnen eine Vorstellung haben. Ihr wunderbares künstlerisches Eingehen auf meine Intentionen, das sind die Momente, welche mich im Leben am meisten erfreuen. Mit frohen Wünschen für Weihnachten und Neujahr, *Ihr Dimitri Mitropoulos.*

In gleicher Weise pflegte er alle Kategorien von dienenden Menschen zu entlohnen. Nach einer Aufführung und späten Tafelrunde in einem öffentlichen Lokal waren seine munifizenten Trinkgelder am nächsten Tage das Stadtgespräch. Aus dieser Freigebigkeit resultierte eine Propagandawirkung, wie sie durch bezahlte Organisationen der Publizität schwerlich zu erreichen gewesen wäre.

Diese persönliche Haltung brachte ihn in den Ruf der Heiligkeit, mit welcher seine Aussprüche gelegentlich seltsam kontrastierten. So war er imstande, einem Orchester eine Predigt zu halten, in der er dessen Mitglieder ermahnte, ihren Beruf so bereitwillig auszuüben wie die Kurtisanen, deren oberstes professionelles Gesetz es ist, ihren Kunden zu gefallen und Vergnügen zu bereiten. Wenn er eine Brahmssymphonie mit einem traditionsbewußten Wiener Orchester probte und den Widerstand spürte, mit dem das Orchester – entgegen seiner eigenartigen Interpretation – musizierte, ermahnte er in diesem Sinne die Musiker, seine unakademische Auffassung zu verstehen und zu befriedigen. Infolge eines phänomenalen Gedächtnisses dirigierte er alles auswendig und kannte Seitenzahl, Nummern und Vortragsbezeichnungen auf das genaueste; so konnte er, in der Mitte einer Partitur, für entlegen versteckte Stimmen Vorschriften zitieren, wie das Ansetzen und Abnehmen eines Dämpfers auf den Bruchteil eines Taktes. Wenn er mit geschlossenen Augen einer solchen Stelle nachsann, nannten die Musiker den Gedankenprozeß «sein Umblättern».

In der ersten Probe eines ihm bis dahin fremden Orchesters pflegte er die Musiker damit zu verblüffen, daß er kurz vorher die Namenliste gelesen hatte und dann jeden einzelnen, zur Überraschung des Betreffenden, in familiärer Weise ansprach. Da er keines Notenpultes bedurfte und überdies zumeist ohne Taktstock dirigierte, war es den Sängern schwer möglich, ihn im Dunkel des Theaters deutlich wahrzunehmen; deshalb ließ er sich vom Boden durch Scheinwerfer anleuchten, was seinen heftigen Bewegungen einen dämonischen Ausdruck verlieh und überdies für das Publikum ein Schauspiel turbulenter Schattenbilder auf die Decke des Opernhauses zauberte, wogegen, da es von den Vorgängen auf der Bühne ablenkte, wiederholt Einspruch erhoben wurde.

Mit seiner unirdischen Güte, die eigentlich im Widerspruch zur notwendigen Befehlsgewalt des Kapellmeisters steht, war es unvermeidlich, daß Sänger-Stars zuweilen unbillige Zumutungen an ihn stellten. So konnte es geschehen, daß zu Beginn einer Generalprobe der sehr selbstbewußte Bariton Leonard Warren von der Bühne herab an Mitropoulos das Ersuchen richtete, seine besondere Rollenauffassung als «dem eigenen Gefühl entsprechend» zu akzeptieren (der Stimmriese schwelgte in Höhenlagen und Koronen, die jedes Maß von Applausprovokation überschritten). Unser Heiliger am Pult schien lächelnd zuzustimmen. Darauf meldete der populäre Tenor Richard Tucker, in leicht parodistischem Ton, den gleichen Anspruch an. Und nun hörte man die belanglose Stimme einer kleinen Sopranistin, die allen Ernstes das gleiche Recht für sich beanspruchte. Die Szene artete zu einer demokratischen Farce aus. Jetzt war es an Dimitri Mitropoulos, an die Vorredner zu appellieren, daß schließlich auch ihm die Mitbestimmung über die musikalische Gestaltung zugebilligt werden müsse. Seine milde Erwiderung löste im

Orchester spontan einen demonstrativen Applaus aus, der unserem Heldenbariton offenbar sehr zuwider war; denn in gereiztem Tone wies er von der Höhe der Bühne die Einmischung des Orchesters zurück. Dieses aber, in seltener Eintracht, verließ daraufhin demonstrativ den Orchesterraum.

In dieser unvorhergesehenen Lage erschien als Deus ex machina der Gewerkschaftsfunktionär, der die Wiederherstellung sozialer Gleichberechtigung durch Abbitteleistung des Sängers forderte. Mit dieser Zusicherung nahmen alle Beteiligten ihre Plätze wieder ein, und Mitropoulos beschwichtigte die Gemüter, indem er auf die Nervenanspannung der Künstler hinwies und den Vorfall für vergeben und vergessen erklärte. In diesem Augenblick hob sich der Vorhang, der den Gewerkschaftler in seiner sozialen Mission an der Seite unseres Heldenbaritons enthüllte; dieser, sichtlich zerknirscht, murmelte ein paar Worte des Bedauerns. Die letzte Probe verlief nun zufriedenstellend, und das hektische Geschehen wäre wohl bald vergessen gewesen, wenn nicht am nächsten Abend Verdis «Macht des Schicksals» in Szene gehen mußte, von der abergläubische Gemüter behaupten, daß darin oftmals böse Geister ihr Spiel treiben. Unser Bariton sang seine große 2. Arie im 2. Akt mit dem ihm eigenen kraftvollen Ausdruck und Schmelz, bis er in dramatischem Paroxysmus mit dem letzten Ton kerzengerade wie leblos umfiel. Seine Darstellung wirkte unübertrefflich. Er war aber wirklich tot. Die Vorstellung wurde abgebrochen. Alle Anwesenden waren schmerzlich ergriffen, allen voran der fassungslos weinende Gewerkschaftsfunktionär, der die Abbitte am Vortage herbeigeführt hatte. Vielleicht hätte Mitropoulos, ein wenig früher, mit seiner verzeihenden Geste eine andere Wendung bringen können. In der mystisch ekstatischen Atmosphäre des Opernmilieus blieb diese Vorstellung wie ein Memento mori in den Gemütern hängen.

In den letzten Jahren seiner Tätigkeit erlitt Dimitri Mitropoulos eine Reihe von Herzanfällen, und während der letzten Rekonvaleszenz mußte er überdies noch eine schwere Operation durchmachen, die er in einem Interview als geringfügige Unbequemlichkeit bezeichnete. Erfüllt von souveräner Mißachtung physischer Umstände, trank er viel Kaffee und rauchte unmäßig. Ermahnungen seiner Ärzte gegenüber verhielt er sich gleichmütig wie ein Fakir, unrealistisch gegenüber den Notwendigkeiten des Lebens. Er war ein passionierter Bergsteiger und pflegte zu sagen, daß er sich auf Berggipfeln mit dem intensivsten Lebensgefühl dem Tode nahe fühle und erwarte, sein Leben durch einen Absturz zu beenden.

Nach seiner letzten Erkrankung dirigierte er bei den Salzburger Festspielen mehrere Opern und zum Schluß Gustav Mahlers 8. Symphonie; anschließend daran, ominöserweise, in Wien wieder Verdis «Macht des Schicksals», neben philharmonischen Konzerten, die er mit einem Richard Strauss-Programm eröffnete. Für dieses Konzert wünschte er seine Gedanken über moderne Musik, Glauben und Atheismus in deutscher Sprache aufzuschreiben, wozu er sich die Korrektur durch ein Orchestermitglied erbat, da er sich in Fragen der Syntax nicht sicher fühlte. Die kleine Schrift erschien im Programmbuch seines letzten Konzertes und hat, angesichts seines baldigen Todes, den Charakter eines geistigen Testamentes, das, wie so manches an diesem seltsamen Heiligen, paradox erscheint, weil er zeitlebens die chaotischen Geräuschkombinationen moderner Richtung förderte und das ohne Vorbehalt; nicht wie etwa sein Kollege Leonard Bernstein, der vor einer solchen Erstaufführung dem aufhorchenden Publikum die Erklärung abgab, daß er nicht imstande sei, die nun folgende kurze Novität auf ihren Wert zu beurteilen. Indessen könne die Zukunft vielleicht deren genialen Inhalt verständlich machen. Aus diesem Grunde wolle er das Stück zweimal vorführen und überlasse es den Zuhörern, sich der Wiederholung eventuell zu entziehen; was in überwiegendem Ausmaß geschah.

Mitropoulos erschien auch als Zuhörer bei elektronischen Klangproduktionen, und sein Applaus verfehlte nicht, einen positiven Eindruck auf die Anwesenden zu machen. In seinen letzten Wiener Aufzeichnungen erweist sich unser karitativ-nachsichtiger Meister anderen Sinnes. Unter dem Titel: «Atheismus in der Musik» schrieb er:

Vom Beginn der musikalischen Betätigung der Menschheit bis zum heutigen Tage lassen sich drei Perioden der Entwicklung deutlich erkennen: die göttliche Periode (die Musik im Dienste der Religion), die menschliche – mit der Entwicklung ins Allzumenschliche (romantische Periode) und schließlich die mechanische, unmenschliche – man kann sogar sagen die atheistische Periode der heutigen Zeit. Der

Übergang von einer Periode zur anderen entsprang dem Bedürfnis einer Reaktion. Folgte nun der Wechsel vom Göttlichen zum Menschlichen einer natürlichen Entwicklung, so erwuchs aus dem Allzumenschlichen eine Reaktion, die zum totalen Mechanismus, zum «Athematismus», zum Atheismus führte.

Diese Erscheinung ist allen Künsten gemein. In der Malerei führte die Entwicklung des 20. Jahrhunderts zur Abstraktion. Die Musik ist nun an sich eine abstrakte Kunst, doch galt zu allen Zeiten als wesentlicher konkreter Inhalt ihrer Aussage das Thema, ohne das ein musikalisches Kunstwerk nicht denkbar war. Die heutige Avantgarde verleugnet aber das Thema und postuliert das organisierte Chaos. Diese Entwicklung in den Künsten entspricht dem Wandel der Lebensauffassung der Menschheit, der vom Polytheismus zum Monotheismus und schließlich zum Atheismus der heutigen Zeit führte – und der Künstler ist es, der stets unter dem Einfluß des Geistes seiner Zeit und der Entwicklung der Zivilisation steht. Daher weist auch die heutige Interpretation die Merkmale der Technik und des Tempos unserer Zeit auf. Dazu kommt die Entwicklung der zunehmenden technischen Beherrschung des Instrumentes, die eine Beschleunigung des musikalischen Tempos ermöglicht. Man braucht heute ja auch nur sechs Stunden, um von Amerika nach Europa zu kommen. Ebenso ist auch in der Musik das Pathetische und Romantische veraltet und das schnelle Tempo zeitgemäß.

Die Geschichte der Kunst spiegelt die Änderung der allgemeinen Lebenseinstellung der Menschheit, und die christliche Religion hat sich durch Reformen und die Aufsplitterung in verschiedene Kirchen und Sekten dahin entwickelt, daß man heute von einem Anarchismus in der Religion oder – mit den Worten der Musik – von einem «Atonalismus» reden könnte, der Komponist glaubt an ein organisiertes Chaos. Der Instrumentalist wird bei der Ausführung ihrer Kompositionen zur Maschine, die ohne Beteiligung des Gefühls oder der Persönlichkeit lediglich die Aufgabe hat, ab und zu in unendlich vielen Kombinationen einen oder zwei Töne zu spielen. Weil aber dieses organisierte Chaos zur Bewältigung der Schwierigkeiten bei der Ausführung eine Unzahl von Proben erfordert und kostspielig ist, wird das elektronische Instrument der einfachste Ausweg, diese Art von Musik zum Erklingen zu bringen. Also weg mit den Themen, weg mit den Interpreten! – Immerhin wurde aber seit Bestehen der musikalischen Kunst genug Musik komponiert, so daß die Hoffnung besteht, daß die Orchestermusiker und Dirigenten auch weiterhin noch Beschäftigung finden ...

Wie kann man aber der letzten Konsequenz dieser Entwicklung, die die völlige Mechanisierung der Musik bedeutet, ausweichen? Was ist denn die Zukunft der Menschheit, wenn es überhaupt noch eine Zukunft gibt?

Wird man vielleicht als Reaktion auf diese Entwicklung etwas Neues, Besseres finden? Ich fürchte, auf dem Punkte, wo wir jetzt stehen, ist die einzige Reaktion die vollständige Vernichtung der Menschheit – und ihrer Kunst. Doch Einstein tröstet uns, indem er sagt: «Wenn nach einer totalen Vernichtung der Menschheit noch irgendwo Menschen übrigbleiben, so werden sie eben wieder von vorne beginnen – und auch wieder ein Thema haben.»

Die Vorahnung von Dimitri Mitropoulos, er werde sein Leben durch den Absturz von einem Berggipfel beenden, erfüllte sich in seltsamer Weise: während einer Orchesterprobe in der Mailänder Scala brach er am Dirigentenpult tot zusammen.

Toscaninis Bewunderer und Gegner billigten ihm die Errichtung eines allgemein höheren Kunststandards zu. Versuche, das Phänomen Toscanini zu erklären, wurden in Radiosendungen unter dem Titel «Toscaninis Legacy» («Toscaninis Vermächtnis») nach Umfragen an Künstler gemacht, deren Beantwortungen jedoch zumeist in begeisterten Allgemeinheiten am Zentralpunkte seines Wesens vorbeiredeten.

Aus der Probenarbeit des Maestro, aus seiner «Singschule», lassen sich einige Fakten berichten, die seine ungewöhnliche Wirkung erklären, wenn auch nicht jene undefinierbare Aura, die, den Obertönen ähnlich, ein Klangbild zu esoterischer Veredlung erhöht.

Toscaninis Methode war es, dem Orchester in der Probe zunächst die Proportionen aller Teile zueinander und deren Überleitungen klar zu machen. Aus diesem Grunde spielte er das Stück (oder den Satz), ohne Unterbrechung durch, weil nur so der Zeitmaßwechsel zwischen den verschiedenen Themen innerhalb des Grundtempos am sichersten erfaßt werden kann. Eine öftere Unterbrechung resultiert im Verlieren des «filo», des durchlaufenden Fadens, an dem der musikalische Gedanke rhythmisch pulsierend durch alle Phasen führt.

Mit dem Überblick der Architektur des Werkes war der Grundriß gelegt, und nun folgten allenfalls nötige Detailkorrekturen und nach diesen manchmal eine Rekapitulation zum Zwecke der Gewißheit, die Struktur in ihren Größenverhältnissen zu fixieren. Gut gelungene Einzelheiten und Passagen wiederholte der Maestro nicht.

Es war ungemein fesselnd, die Durchführung dieses konstruktiven Prozesses zu beobachten. Der Verlauf war im Vergleich zur allgemeinen Routine der umgekehrte, sowohl in der Anordnung der Berichtigungen und des Gesamtbildes als auch im Energieaufwand. Die Herstellung des Ganzen wurde bei Toscanini in der Probe mit mehr Intensität erreicht als bei der Wiederholung in der Vorstellung. Meistens wird aus ökonomischen Erwägungen der größte Kraftaufwand für die öffentliche Aufführung aufgespart, und das Orchester versichert dem Dirigenten, erst «am Abend» alle Kräfte einzusetzen.

Toscanini dirigiert im Musikvereinssaal

Das war für Toscanini undenkbar. Freilich erkannten nur wir, die Ausführenden, den Unterschied von allem Vorangegangenen. In der Oper aber war, schon durch die Bühnenaktion und Stimmproduktion, die Intensivierung ähnlich wie in den Proben.

Ein Versuch, die strenge Auffassung des Maestro zu begründen, die trotz seines weiten Erfolges in ihrer Objektivation wenig verstanden wurde, könnte so lauten:

Die dem musikalischen Kunstwerk innewohnende Kraft des Gefühls hat in der romantischen Ära einen Form und Harmonie auflösenden Grad erreicht, in dem strikte Zeitmaßbeherrschung der Zerfallstendenz entgegenwirkt. Diese äußert sich in Polytonalität, chaotischer Rhythmik und Aleatorik (Zufallsbildung). Toscaninis übersteigerte Disziplin wirkte dieser Tendenz entgegen. Sein Ziel und Gelingen war das Gleichgewicht dieser Kräfte in der Vereinigung natürlichen Geschmacks nach dem Gesetz des Belcanto, als der Wurzel aller musikalischen Inspiration.

Wegen der Seltenheit vollkommenen Gelingens hinterließen solche Aufführungen das seltsame Gefühl eines unirdischen Erlebens. Es war die transzendierende Einmaligkeit, die einen dauernden Eindruck hinterließ, der freilich die Hoffnung auf das Wiedererleben einer solchen Erfahrung gleichfalls utopisch machte.

Der Maestro wirkte in der Aufführung als gewißenhafter Sachwalter und schien in der musikalischen Sphäre aufzugehen, wie die legendären Maler in ihre Bilder eingingen und darin entschwanden.

Nach solchen Erlebnissen sah man die alltäglich gewohnten Vorstellungen gleichsam voll dunkler Flecken, wie man sie nach einem kurzen Blick in die Sonne wahrnimmt.

Der Maestro verkörperte, über die Bewertung seiner Auffassung hinaus, eine Vereinigung überragender Fähigkeiten und elementarer Impulse, die er, in der öffentlichen Aufführung durch knappe Gesten gemildert, gewissermaßen «con sordino» zum Ausdruck brachte. Neben allen Anforderungen tadelloser Übereinstimmung war der entscheidende Faktor ethischer Natur und missionarischer Passion, die er im Geiste des Komponisten mit dem Einsatz gewaltiger Energie anstrebte. Dieser Vorgang ähnelte der Hellsichtigkeit einer sich in Trance befindlichen Person; geniale Besessenheit erklärt seinen diktatorischen Willen zur Hervorrufung aller Kräfte seines Ensembles.

Bei so ekstatischer Veranlagung ist der Kapellmeister immer ein Diktator. Die unumschränkte Führung erfordert die freiwillige Unterordnung des Orchesters. Wo Toscanini bequeme Gleichgültigkeit oder Widerstand verspürte, wurde er zum Dompteur. Die Mitwirkenden hatten nur die Wahl zwischen Gefolgschaft oder Flucht. In Konfliktfällen versagte er seine weitere Mitarbeit. Dies geschah nicht immer wegen unzulänglicher Leistung, solange er ausdauernden guten Willen erkannte. Er neigte zu drastischen Aussprüchen, wenn es sich bei selbstbewußt überheblichen Stars um Mangel an Talent oder Stimme handelte: «Ich mache heulende Hunde und Katzen singen,» war einer seiner Aussprüche und bedeutete, er suche auch mit bescheidenen Mitteln und deren bestmöglichen Leistungen zufrieden zu sein.

Zum Staunen der anfänglich Schüchternen erwies er sich pädagogisch geduldig und steigerte deren Selbstvertrauen zu Fähigkeiten, die diese sich nicht zugetraut hatten. Wiewohl er das äußerste forderte, hielt er sich für denjenigen Kapellmeister, mit dem es sich am einfachsten und sichersten musizierte. Auch nahm er niemals ein Tempo über die technische Ausführbarkeit hinaus. Manchmal demonstrierte er zum besseren Verständnis seiner Auffassung Plattenbeispiele überschnell gespielter Passagen mit dem Kommentar «Effekthascherei auf Kosten der Klarheit und polyphonen Deutlichkeit».

Ein musikalischer Fehler war für ihn auch ein moralischer, «una vergogna», eine Schande, nach der es nur Eingeständnis, Reue und Selbstverdammung gab; am schlimmsten, wenn ihm selbst eine solche «vergogna» unterlief, die seine Mitwirkenden irreleiten konnte.

Eine beklemmende Episode solcher Art erlebten wir Philharmoniker, als in der Aufführung von Mussorgsky-Ravels «Bilder einer Ausstellung» mitten in dem Stücke auf Toscaninis Einsatz-Zeichen kein Spieler mit einem Ton reagierte. Sein Zeichen blieb eine leere Geste, deren stumme Wirkung alpdruckartig über dem Orchester hing. Wie würde es weitergehen? fragte sich jeder von uns. Gleich allen Alptraumsituationen war auch diese wie zeitlos; in Toscaninis Gesicht blitzte plötzlich die Erkenntnis seines Irrtums auf, daß er eine andere Variation als die nun folgende im Sinne gehabt hatte und daß sein Irrtum, von allen als solcher erkannt, nicht befolgt wurde. Das gab ihm die Möglichkeit, den Fehler zu korrigieren. Ein vorlauter Spieler hätte eine öffentliche Bloßstellung mit vielen Kommentaren verursacht. Der Maestro war höchlichst zufrieden mit unserer Selbständigkeit, sowie auch mit der unmißverständlichen Gewißheit seiner Zeichengebung.

Im Grunde blieb er ein «uomo del teatro», ein Praktiker des Metiers, dessen Grenzen er in mehrfacher Hinsicht erweiterte. Worin er vorbildlich und zugleich unnachahmbar erschien, war das außerordentliche Maß an Energie, das er aufwendete und von allen forderte. Es war denkbar, sein partiturfreies Dirigieren (auch in den Proben) nachzuahmen; schwieriger schon, jederzeit den Beweis totaler Kenntnis aller Einzelheiten vor den mit Argusaugen und unbestechlichen Ohren folgenden Musikern demonstrieren zu können.

Da gab es Entdeckungen von Fehlern, die im Stimmgewirr überkommener Orchesterroutine unbeachtet geblieben waren und nun von dem ausländischen Gast-Kapellmeister aufgezeigt und berichtigt wurden. Altvertraute Musik erhielt neue Stellenwerte vorzüglich durch Klärung des Stimmengewebes sowie durch Verminderung unproportionierten Klanges, wodurch sich gewißermaßen helleres Hören ergab. Kontraststeigerungen durch straffe Rhythmik, vergleichbar frischbelebten Kapillargefäßen, stärkte Hörgewohnheiten für wohlbekannte Musik.

Toscanini bestand darauf, nichts hinzu zu tun, das nicht bei genauer Beobachtung als authentisch festzustellen sei, und er lehnte es ab, Nichtvorhandenes als «originelle Interpretation» anzuerkennen. Bei ähnlicher Auffassung anderer Dirigenten wirkte die seine zumeist überzeugend, das beruhte auf der eigentümlichen Ganzheit, in der er die Facetten eines Werkes vorzuführen vermochte, vergleichbar einem schön gebundenen Buch statt loser Blätter. In jedem seiner Arbeitsprozesse war der Eindruck vom Anfang bis zum Ende der einer größten Selbstanforderung, symbolisch sichtbar in der Haltung, mit der der Maestro bis in sein 87. Jahr aufrecht stehend, auch in den Proben, dirigierte. Seine Führung hatte etwas asketisch Distanziertes, oftmals eine herbe Objektivität, welche die Substanz eines Werkes unvermischt von persönlicher Zutat präsentierte.

Trotz Pultvirtuosität und Präzision herrschte der Eindruck im Sinne einer «Primadonna» selten vor. Besonders merkwürdig war die

Wirkung solcher scheinbarer Selbstentäußerung bei monumentalen Werken; sie löste, ähnlich der Katharsis im Drama, den Jubel sittlicher Erhebung aus. Mit der Enthaltsamkeit subjektiver Interpretation dominierte die Originalität als Charakteristik des Komponisten, gegenüber jener des vermittelnden Dirigenten.

Bei solcher Einstellung wird Toscaninis Abneigung gegen Beifall verständlich, dem er, als Leistungen jeder Art zugebilligtem Pauschaltribut, gleichgültig gegenüberstand. Dasselbe galt für Zeitungskritik, deren Beziehung zur Musik er, mit Bernhard Shaw, dieselbe Rolle zuschrieb wie die der Tauben zu öffentlichen Monumenten.

Zu Anfang seiner Karriere folgte Toscanini der Auffassung von Vorbildern der älteren Generation wie Hans Richter, Nikisch, Ernst von Schuch und Fritz Steinbach. Erst später entwickelte sich aus seinem Prinzip der Formenstrenge die Abneigung gegen starke Abwandlungen des Tempos. Verfremdende Effekte galten ihm als wohlfeil, und seine pantomimisch agierenden Kollegen erschienen ihm clownisch. Die idealen Bedingungen reinen Musizierens sah er im Bayreuther verdeckten Orchester, «wo man den Bajazzo nicht sieht».

Und doch habe ich bei diesem unerbittlichen Gesinnungsmenschen überraschende Wandlungen musikalischer Angleichung erlebt. Innerhalb kurzer Zeit mäßigte der Maestro die Tempi seiner in New York gemachten Platten-Aufnahmen von «Fidelio» und «Falstaff», nachdem er diese Opern in Salzburg mit stärkeren Tempo-Modifikationen dirigiert hatte. In Salzburg war er offenbar durch die theatralische Aktion seiner Sänger, durch deren Tonfall und Deklamation beeinflußt, zum «Mitspielen» bewogen worden, wie er sich ja auch im symphonischen Musizieren von Brahmswerken durch den Ausdruck des Wiener Orchesters beeinflussen ließ.

Lotte Lehmanns Leonore war dermaßen ausdrucksstark, daß Toscanini einmal, gebannt ihrem Prosa-Dialog lauschend, die darauf folgenden einleitenden Takte zu dirigieren vergaß. Erst auf das Mahnen des Konzertmeisters Rosé mit dem Geigenbogen besann er sich seiner Funktion als Kapellmeister, worauf dann der Einsatz erfolgte. Aus solchen Episoden ergibt sich, daß der Maestro bei aller Selbstkontrolle doch hin und wieder einer Gemütsanwandlung verfiel.

Ich glaube, daß Toscaninis melancholische Einsilbigkeit, besonders nach vorzüglich gelungenen Vorstellungen, auf der Betrachtung des flüchtig vergänglichen Charakters seiner Leistungen beruhte; sie waren für ihn verwehter Schall einer stets wiederkehrenden Sisyphusarbeit, die erst in seinem letzten Lebensabschnitt (und auch dann nur als Stückwerk) auf Platten erhalten blieb.

Alle dem Orchestermusiker offensichtlichen Eigenheiten des Maestros waren instinktiv auch dem Publikum bewußt und verliehen ihm einen seltsamen Nimbus, der ihn von den meisten seiner Kunstgenossen abhob. Antagonisten, die sich gleicherweise der Gunst des Publikums erfreuten, wunderten sich über die Begeisterung, die ihm zuteil wurde. In den fünf Jahren von Toscaninis Wirken in Wien und Salzburg galt als sein prominentester Gegenspieler Wilhelm Furtwängler, wenngleich dieser in Salzburg nur ganz am Schluß jener Ära in Erscheinung trat. Die Gegensätze der beiden waren in musikalischen Belangen unvereinbar. Furtwängler war der Prototyp romantisierenden al fresco-Stils; seine asymmetrisch dramatischen Gesten erzeugten primär seine dynamische Wirkung. Er konnte an Toscaninis Rigorismus keinen Geschmack finden, und beider Idiosynkrasien verstärkten sich durch die politischen Ereignisse der dreißiger Jahre.

Mit Kriegsausbruch wurde es für den Maestro gewiß, daß sein Amerikaexil von Dauer sein würde, obwohl er sich kaum bewußt zu sein schien, daß er mit der Unterzeichnung des Friedens-Manifestes von 1944 zugleich Burckhardts Grundsatz akzeptiert hatte: «Aus der Emigration kehrt keiner zurück.»

Seine Wahl fiel auf eine weiträumige Villa in Riverdale, einem Gartenbezirk der Riesenstadt New York. Der Blick, von der Höhe der Villa hinab über einen wild bewachsenen Abhang, ging auf den majestätischen Hudson-Strom, den am jenseitigen Ufer die bewaldete Felsenkette der Palisaden begleitet. In dieser Villa begann sein neues Leben, und er gab ihr den Namen seiner Mutter, Paolina.

Hier fanden sich am Ende der Saison und zu Beginn der neuen die Musiker samt ihren Frauen ein; hier wurde Weihnachten und Neujahr im Kreise alter und neuer Freunde gefeiert. Bei diesen Empfängen zeigte sich der Maestro als «padrone di casa», als umsichtiger Hausvater seiner Gäste. Manche trauten ihren Augen und Ohren nicht, den silberhaarigen, Güte ausstrahlenden Meister, nach den kürzlich auf den Proben erlebten Gewittern, jetzt mit kollegialer Anteilnahme nach ihrem Befinden und nach ihren Wünschen fragen zu hören. Es herrschte eine olympische Idylle, wie sie seinen Spielern nur aus pastoraler Musik vertraut, aber im privaten Bereich seines Heimes unvorstellbar gewesen war.

In vorgerückter Stunde erging man sich auf Gartenwegen am Flußufer im erfrischenden Abendwind und kam bei nächtlicher Kühle zurück in die Empfangshalle, von der eine Freitreppe zu seinem Studio führte. Das war der Zeitpunkt für Reminiszenzen. Schlafbedürfnis schien es nicht zu geben, auch wenn sein Familienanhang sich längst zurückgezogen hatte. In der gelösten Stimmung einer von Kaffee-Aroma und Gartenduft erfüllten Atmosphäre stell-

Toscanini mit Maria Jeritza zu seinen Füßen, seiner Frau Carla in der Mitte stehend und neben ihr die Sängerin Alda Gatti-Casazza und der Tenor Giovanni Martinelli an einer New Yorker Party

ten seine Gäste Fragen an ihn, zu denen im heissen Ringen der Probenarbeit Zeit und Mut gemangelt hatten. Es war zum Staunen, wie der Maestro aus der Perspektive des Patriarchenalters seine Jugenderlebnisse mit allen Einzelheiten zu schildern wußte. Seine Züge belebten sich, sein lückenhaft gebliebenes Englisch «italienisierte» sich mit der Rückerinnerung an seine Anfänge.

Und der Maestro erzählte: «Während meiner Jahre am Konservatorium in Parma spielte ich als Cellist im Teatro Regio. Dort war das Publikum gefürchtet; Dio mio! Alle wollten kritisch mitreden. Das ist jetzt 50 Jahre her, cinque decine! Aber noch heute sehe ich einen Zwischenfall vor mir, der dort passierte: Nach einer mißglückten Tenor-Arie hörte man plötzlich von der Galerie her dieselbe Arie von einem jugendlichen Kritiker improvisiert gesungen; wir zögerten nicht und begleiteten den Gesang mit vollem Orchester.» Er lächelte: «Noch heute bin ich stolz darauf und auch auf meine Kameraden!»

In der Öffentlichkeit hatte man Toscanini immer nur als ernst, beinahe fanatisch gekannt. Jetzt aber kam auch seine naive Vorliebe für spaßhafte Streiche zum Vorschein, die er lachend zum besten gab: «Vor einem unserer Festessen hatten wir meiner lieben ahnungslosen Gattin ein harmlos aussehendes Besteck aus biegsamem Metall vorgelegt, das sich dann bei Gebrauch zu ihrer und zur allgemeinen Verblüffung total deformierte. Corpo di bacco! Wir alle bogen uns vor Lachen.»

«Während einer ‹Aida›-Probe wurde ein Elefant im Triumphzug über die Bühne geführt, den der Kapellmeister als ‹stinkendes Biest› beschimpfte und abzuführen verlangte. Der beleidigte Elefant wendete sich um, zeigte dem erstaunten Kapellmeister seine Hinterseite und ließ deren Inhalt aus Rache in den Zuschauerraum explodieren – accidente!»

Wenn dann jemand zu früher Stunde auf die bevorstehende Probe oder Aufführung verwies, forderte der Hausherr ein tapfer verbleibendes Häuflein auf, zur Stärkung für die Arbeit mit ihm zu frühstücken, und die Probe lief nachher munter und intensiv wie eh und je vom Stapel.

Nach dem Frühstück war den Gästen das Studio mit seinen denkwürdigen Bildern und Dokumenten zugänglich. Da gab es das letzte Portrait von Richard Wagner und seiner Frau Cosima, ein

Geschenk Siegfried Wagners aus den Tagen von Toscaninis Mitwirkung in Bayreuth; auch Autographen von Verdi und anderen berühmten Meistern, mit deren Partituren. Am Fenster stand ein Doppelkäfig mit dem Elternpaar der zahlreichen Kanarienfamilie; deren nachbarliches Morgenkonzert pflegte sich zwitschernd beim Klavierspiel des Maestro erheblich zu verstärken, was ihn merkwürdigerweise im Studium nicht zu stören schien.

Viele Jahre später fand ich einen Teil der aus diesem Zimmer stammenden Sehenswürdigkeiten in Parma wieder, wo im ehemaligen Familienhaus die Schneiderwerkstätte des Vaters mit allen Nebenräumen als ein Museum eingerichtet ist und wo, zu meiner Freude, beim Eingang als erstes Dokument das Pergament der Ehrenmitgliedschaft der Wiener Philharmoniker seinen Platz hat. Im Zentrum des ehemaligen Arbeitsraumes lagen kostbare Ehrenzeichen in einem glasgedeckten Schrein, darunter der Ring der Stadt Wien, den Toscanini als einzigen Schmuck trug und dessen weisses Kreuz auf rotem Grund, in Brillanten und Rubinen eingelegt, dem Wappen seiner Vaterstadt Parma gleicht. In einem Glasschrank sieht man den Frack des jugendlichen Cellospielers, den ihm vermutlich Papa Toscanini zurechtgeschneidert hatte, nebst dem Hute, der immer wieder dieselbe bootartig aufgebogene Form behielt. Kein Taktstock war zu sehen; der Grund hiefür vielleicht, daß jeder früher oder später in Splitter gegangen war, wenn seine Funktion als Deuter von Zeitmaß und Vortrag bei einer subtilen Überleitung versagt hatte, als erstes Opfer oftmaliger Selbstverdammung. Als mitschuldig an einem verfehlten Tempo pflegte dann, neben Partitur und Pult, das Chronometer zu folgen, das schließlich, weil irreparabel, durch eine Reserve an billigen Stahluhren, das Stück zu $ 1.–, ersetzt werden mußte.

In der Werkstatt des Vaters war es Sitte gewesen, zur Arbeit zu singen, wodurch der kleine Arturo seine ersten Opernkenntnisse erwarb. Später war er verwundert, wie abweichend davon dieselben Arien sich im Theater anhörten; denn seinem frühen Gedächtnis hatten sich die daheim gesungenen Melodien so scharf eingeprägt wie nachher alles Gehörte, das lebenslang unauslöschbar blieb.

An sein Studium als Zögling des Konservatoriums in Parma dachte der Maestro immer mit Nostalgie zurück als an jene entschwundenen Zeiten, an das liebende Kennenlernen der Musen.

Darin war Toscanini keine Ausnahme, wenngleich er schon damals von seinen Mitschülern als «genio» bewundert wurde. Schon damals zeigte er die für ihn charakteristische Abneigung gegen Lob. Er mied jeden offiziellen Empfang, wo nach seinem Auftreten solche Würdigungen drohten.

Sicherlich war einer der Gründe, warum er sich in Wien und Salzburg so wohl fühlte, daß mit uns Philharmonikern solche Umstände nicht in Betracht kamen; im Gegensatz zu Amerika, wo alle Konzert- und Opernproduktionen durch Subventionen reicher Mäzenaten zustande kamen, deren begreiflicher Ehrgeiz sich in gesellschaftlichen Veranstaltungen auslebt. Bei einer unvermeidlich gewordenen Danksagung für die Philharmoniker bemerkte ich seine verlegen-irritierte Miene und kürzte die Zeremonie einfach durch eine Umarmung ab, die er mit einem Kuß erwiderte. Er änderte auch in der weiten Welt seine Haltung in dieser Hinsicht nicht, was man ihm oft verübelte und was manche europäische Künstler enttäuscht hätte, die den ihnen gebührenden Tribut erwarteten.

Im Freundeskreise in Riverdale wußte er sich vor solchem Unbehagen sicher und war bereit, auf Fragen einzugehen, die sein Metier betrafen. Freilich konnte eine unbedachte Erkundung einen kritischen Effekt hervorrufen, wenn etwa ein Vergleich seine Kritik provozierte. Er spielte dann Platten des betreffenden, von anderen Dirigenten produzierten Werkes vor, die oft aus den Anfängen der Grammophonindustrie stammten, die jedoch trotz aller Mangelhaftigkeit Tempo und Zusammenspiel deutlich zeigten. Da gab es dann unverblümte Urteile, die von der Abwertung einzelner Leistungen bis zu pauschalen Verdammungen gingen. «Cani», «ignoranti», «Santo Dio e Madonna accidente» und die Anrufung aller Heiligen gehörten zu seinem üblichen Vokabular. Diese Hemmungslosigkeit des Maestro stammte aus der Atmosphäre, in der er aufgewachsen war. Aber schließlich schrieb auch der Ire G. B. Shaw in seinen Musikkritiken, daß er eine schlechte Leistung als persönliche Beleidigung und als Tortur empfinde und dementsprechend tadle; um wieviel mehr kann man das von einem Verdianer aus dessen Heimat verstehen. Und Toscanini war auch ungehemmt in seinen Anerkennungen, auch da ein echter Parmigiano. Seiner Ansicht nach war etwa Segovia der größte Virtuose, da er mit der Gitarre, einem zarten Instrument, tausende Zuhörer zu fesseln wußte; ähnliches Lob spendete er Bottesini, dem Dirigenten der «Aida»-Premiere, der auf seinem Kontrabaß Tartinis «Teufelstriller»-Sonate mit ätherisch edlem Ton als Vortragsstück spielte.

Gerne erinnerte sich der Maestro auch an die Insel San Giovanni im Lago Maggiore, wo er so oft die Ferien verbracht hatte. Dort, auf seiner «Isolina», gegenüber Palanza, wohnte er in dem einzigen Gebäude der Insel, einem ehemaligen Kloster aus dem 11. Jahrhundert, das bequem für Familie und Gäste ausgestattet war.

In den Jahren seines Wirkens in Österreich hatten dort unsere Beratungen über Repertoire und Programmgestaltung stattgefunden, fern vom hektischen Betrieb des Berufes und den täglichen Ansprüchen moderner Massenmedien. Diesen verstand es Toscanini wie kein anderer berühmter Zeitgenosse zu entrinnen. Sein privates und Familienleben war auf diesem paradiesischen Eiland dem Gelärme um den ebenso umstrittenen wie umworbenen Maestro entrückt. Obwohl er das Thema vieler Publikationen war, schien er das ganze Treiben von Prominenz und Sensation zu ignorieren. Auch von seinem Hause in Mailand, in der Via Durini, war publizistischer Lärm gebannt.

Gerne führte er seine Gäste auf die benachbarte Isola di Pescatori, wo ein alter Musiker und Freund, der Quartettgeiger Ugo Ara, als Einsiedler in einer Fischerhütte hauste, als Helfer der Armen tätig. Sein Leben war das eines bedürfnislosen Missionars, und Toscanini erklärte dies als die wahre menschenwürdige Existenz. Das stand allerdings in scharfem Kontrast zu der Prominenz und den Ansprüchen seiner Familie. Auf der Isolina herrschte in Toscaninis Heim überwiegend italienische Geselligkeit und Unterhaltung. Seine eigenen Lebensgewohnheiten waren bescheiden und unauffällig. Als sein Gast hörte ich ihn am frühen Morgen auf dem Kiesweg im Garten gehen und sah vom Balkon, wie er sorgsam seine Schuhe auf Glanz polierte, anstatt sie der Dienerschaft zu überlassen, die er wenig in Anspruch nahm.

Den philharmonischen Besucher berührte es merkwürdig, den Maestro daheim in südlich aufgeregter Debatte von Allerweltstypen und ihresgleichen opponiert zu sehen, aber in seinem Hause galten alle Anwesenden als gleichwertig.

Mit Kunstgenossen konnte sich Toscanini freilich erhitzen, sei es über Aktuelles oder Vergangenes. Eine taktisch richtig gestellte Frage öffnete Schleusen der Beredsamkeit. Einmal fragte ihn einer der Gäste: «Maestro, gibt es Ihrer Meinung nach wirklich den gefürchteten Mann mit dem bösen Blick?»

«Ma sì, è vero!» erwiderte der Maestro. «Sicherlich gibt es ihn. Mir selbst widerfuhr seine unheimliche Macht. Am Tage der Scala-Premiere von Webers ‹Euryanthe› höre ich, schon nahe dem Bühneneingang, von der gegenüberliegenden Straßenseite einen lauten Gruß, und zugleich kommt ein Mann zu mir herüber, um mir die Hand zu drücken, mit ‹Buona sera› und Erfolgswünschen für den Abend. Dieser Mann war ein Jettatore, Träger des ‹malocchio›, des Bösen Blickes. Ich ahnte Schlimmes.

Diese Oper hatte nie dauernden Erfolg gehabt; gleich die Ouvertüre enthält technische Risiken im Beginn der Violinpassagen in Oktaven, die gegen massive Viertelnoten der Bläser und Timpani schwer in richtiger Balance zu dirigieren sind. Aber die schwierigste Stelle gelang vorzüglich! Mit dem losbrechenden Jubel schien der Bann des Bösen gebrochen. Aber nein! Der frenetische Applaus wollte nicht enden; die Rufe ‹bis› (da capo) tönten immer lauter und forderten die Wiederholung. Ich gab nicht nach, weil die Abschaffung dieser Unsitte eine meiner wichtigsten Reformen war. Weiterspielen wurde unmöglich, mein erhobener Taktstock erhöhte nur den Tumult. Der Jettatore hatte gesiegt. Ich verließ das Podium, die weitere Vorstellung unterblieb.»

Den Verlust der Abendeinnahme ersetzte Toscanini aus eigenen Mitteln, im Gegensatz zu jenen Dirigenten, welche solche Exzesse dem Budget anlasten.

Wir Zuhörenden nickten nur in stummem Verstehen. Toscaninis Erzählung erinnerte an die theatralische Wucht der «maledizione» in Verdis «Rigoletto» und wirkte, im Kontrast zu der sonstigen Urteilsschärfe des Maestro, wie ein Mangel kritischen Verstandes, dessen er sich nicht bewußt war.

Er kämpfte dagegen an. Als man ihm auf einer Auslandtournee abriet, Saint-Saëns «Totentanz» zu dirigieren, weil der Aberglaube einen dadurch provozierten Unfall voraussagte, schob er solche Bedenken fort und wollte von einer Programmänderung nichts wissen. Als er aber nachträglich erfuhr, daß am Tage jener Vorstellung ein Orchestermitglied tödlich verunglückt war, erschütterte es ihn tief. Er schloß sich zerknirscht tagelang in sein Zimmer ein.

Auch kleineres Mißgeschick konnte heftigen Kummer für ihn und Folgen für einen daran Schuldigen auslösen; etwa eine im Konzert verfehlte Stelle, die er, als sie vorfiel, mit stoischer Beherrschung zu ignorieren schien; als er jedoch nachher durch das Fenster eines Restaurants den schuldigen Musiker sich gütlich tun sah, trat er ein, ging an den Tisch des Betroffenen und fragte: «Wie können Sie, nach dem, was Ihnen passiert ist, noch Lust zu essen haben?» Denn dem Maestro war der Appetit vergangen.

Man erfuhr solche Verstimmungen bald, denn der gewöhnlich nachher von Freunden erwartete Maestro hielt sich von diesen fern, wenn auch nur die kleinste Unregelmäßigkeit im Konzert geschehen war. Es bestand ein Nachrichtendienst der Freunde, die einander verständigten, wenn im Künstlerzimmer so eine Störung ersichtlich wurde. War alles gut abgelaufen, erfolgte die Begrüßung daheim mit einem Glas Champagner, das dem Erschöpften das erste Labsal wurde. Da konnte es geschehen, daß ein neuer Gast, meist ein mitwirkender Künstler, die Gelegenheit für gegeben hielt, den Maestro um ein Autogramm, womöglich mit einem Photo, zu bitten. Schließlich erhielt er es auch, nicht aber, bevor Toscanini in eine Philippika gegen diesen «Unfug» ausgebrochen war und erwähnt hatte, daß er selbst keines von Verdi besitze. Einmal im Zuge, tadelte er auch die ihm unverständlichen genießerisch üppigen Mahlzeiten, wo doch ein Teller Minestra mit einem Stück Brot und einem Glas Wein völlig genüge.

Die Erwähnung Verdis gab einem Kenner der Situation das Stichwort, wie sich sein Verkehr mit dem Komponisten gestaltet habe, und Toscanini durchschaute nie die fromme List solcher Fragen. Er sagte: «Ja, ich habe diesen großen Mann im ganzen nur dreimal gesprochen. Wie sehr hätte ich es öfter und länger gewünscht, aber eine unüberwindliche Scheu hielt mich zurück; so kam es, immer nur aus beruflichen Anlässen, zu den drei kurzen Begegnungen.

Das erste Mal, als die Proben zur Erstaufführung von ‹Otello› in der Scala im Beisein Verdis gespielt wurden, war ich schon Kapellmeister; kam aber bei diesem Ereignis als Cellist nochmals ins

Orchester, um die zweite Stimme im Cello-Quartett am Ende des ersten Aktes zu spielen. Da geschah es, daß Verdi mich ermahnte, lauter zu spielen; ich hatte nämlich das vorgezeichnete Pianissimo wörtlich befolgt, während der Komponist erklärte, das ‹sonare naturale› müsse dem Raum angemessen sein, mit größerer Tongebung im größeren Saal. Ich habe diese Regel später immer wieder hervorgehoben, wie es die Stimmen und die Akustik jeweils erfordern. Ebenso wie nach einem Fortissimo ein plötzliches (subito) piano besser als mezzoforte zu spielen ist.

Das zweite Mal sprach ich Verdi, als ein Tenor die Partie des Othello meiner Meinung nach zu langsam sang und behauptete, unter dem Komponisten das Tempo so gesungen zu haben. Wir führten die Stelle Verdi vor, und er gab mir recht; zu mir gewendet fügte er hinzu: ‹Man weiß ja, wie es in den Köpfen der Sänger zugeht.›

Das letzte Mal waren es die ‹Quattro Pezzi Sacri›, Verdis letzte Komposition, die ich aus der Taufe hob und ihm vorspielte, um Tempo und Vortrag zu überprüfen. Gegen Schluß wagte ich ein Ritardando, das ihm gefiel, obgleich es nicht vorgeschrieben war. Ich fragte ihn, weshalb es nicht eingeschrieben sei, und erhielt von dem altersweisen Meister die Aufklärung, er habe mit dieser Vorschreibung eine Übertreibung des Ritardandos mehr gefürchtet als das Unterbleiben dieser Nuance, wie er andererseits, um ein wirkliches Pianissimo zu erhalten, fünfmal ‹pianissimo› anzeichne.

Verdi war groß und gut, seine Musik wie sein Charakter blieb lebenslang ehrlich und stark; er war ein ‹contadino›, ein Bauer, wie auch ich es geblieben bin.»

Wir Zeitgenossen des Maestro dürfen vermuten, daß Verdi, bei gleicher Überzeugung, etwas weniger heftig und widersprüchlich war als Toscanini. Keinem Verfasser der bisher veröffentlichten Biographien gelang es, seine Lebensgeschichte mit romantischen Verwicklungen auszuschmücken. Er war ein Familienvater, der seine Freizeit daheim verbrachte. Die Öffentlichkeit und das gesellschaftliche Leben mußten zu ihm kommen, um ihn zu finden. Selten nahm er außerhalb seines Heimes an Einladungen teil und wenn er daran teilnahm, dann blieb er meistens verschlossen und einsilbig.

Als ihn die Cembalo-Virtuosin Wanda Landowska mit exaltierter

Rede zu kaptivieren hoffte: «Maestro, ich würde glücklich sterben, wenn ich vorher *ein*mal mit Ihnen konzertiert hätte!», erwiderte er: «Madame, es ist besser, Sie *leben* glücklich, ohne mit mir gespielt zu haben!» Weniger galant war er im Feuer seiner Probenarbeit, als er in Luzern in Verdis Requiem der Sopranistin, nach einem Fehler auf ihren wogenden Busen zeigend, sagte: «Oh, wenn das alles doch nur Gehirn wäre!» Noch drastischer wies er eine Sängerin zurecht, die ihn nach einem Tadel während der Bühnenprobe mit dem vertraulichen «Ma, caro Arturo . . .!» besänftigen wollte; er entgegnete: «Jetzt und hier bin ich der Maestro; Arturo bin ich im Bett.»

In den Kriegsjahren dirigierte Toscanini, außer seinen NBC-Verpflichtungen, viele Wohltätigkeits-Veranstaltungen, darunter ein Mammutkonzert zugunsten des Roten Kreuzes, das mit dem Ertrag von $ 100 000.– alle Rekorde übertraf.

Im Juli 1943, kurz nachdem Toscanini seine NBC-Saison mit dem Choral «Wir setzen uns mit Tränen nieder» aus Johann Sebastian Bachs Matthäuspassion beendet hatte, traf die Nachricht vom italienischen Waffenstillstand ein. Sogleich erschienen an der Hausfront der Mailänder Scala Spruchbänder mit den Worten «Evviva Toscanini! Ritorna Toscanini!»

Von nun an beherrschte ihn der Gedanke des Wiederaufbaus der musikalischen Heimstätte Verdis. Bald nach dem Waffenstillstand flammte die Kriegsfurie von neuem auf und steckte das Opernhaus in Brand. Endlich, im April 1946, konnte Toscanini wieder nach Italien kommen. Er fand sein Haus in der Via Durini kriegsbeschlagnahmt und bezog unweit von Mailand Quartier, wo er ungeduldig eine weitere Verständigung erwartete. Als er sich dann plötzlich zu einem Besuch in Mailand entschloß, hielt man im Baubetrieb der Scala sein Kommen für verfrüht.

Unerwartet betrat er allein den finsteren Saal und tastete sich ins Zentrum des Mittelganges, wo er zur Erprobung der Akustik in die Hände klatschte. In diesem Augenblick erstrahlte das Haus, wie auf ein Zauberwort, im Glanze aller Lichter; man hatte, gerade als der Maestro die Gehörprobe machte, die neue elektrische Anlage ausprobiert. Nun fand man, daß auch die edle Akustik des berühmten Hauses erhalten geblieben war.

Am 11. Mai 1946 eröffnete Toscanini das wiederhergestellte

Opernhaus mit Verdis Freiheitschor aus «Nabucco» und mit dem Tedeum. Im zweiten Teile des Programmes folgte der 3. Akt aus Puccinis «Manon» und Boitos Prolog zu seiner Oper «Mefistofele». Der Platz vor der Scala und der des nahen Domes waren mit Lautsprechern versehen worden, die das Volk mit Kind und Kegel umlagerte und andächtig zuhörte.

Zugleich mit den Festen und Empfängen ergaben sich neue Konflikte. Die Heimat wollte ihrem berühmten Maestro Ehrungen, Titel und Ämter darbringen, die er jedoch nicht anzunehmen gewillt war. Er hatte es immer abgelehnt, Senator oder Präsident der Scala zu werden; im Taumel der Befreiungsfeste hoffte man, ihn gefügiger zu finden als in der Vergangenheit. Darin aber, wie in allen Fragen prinzipieller Natur, hatte er sich nicht geändert.

Seine merkwürdig widerspruchsvolle moralische Dogmatik wendete er sogar auch seinen alten Freunden gegenüber an. Einer seiner unabänderlichen Grundsätze war: «Man kann nur eine einzige Gattin haben, und diese über den Tod hinaus»; auch für Witwer dürfe es keine zweite Ehe geben. Mätressen, ja, gewiß, weil die Monogamie dem Manne zuwiderläuft; dafür ist Abhilfe zulässig, nicht aber eine Nachfolge des heiligen Ehestandes. Adolf Busch, Stefan Zweig und andere büßten deshalb seine Freundschaft ein.

Mit dieser starren Haltung und mit der Zurückweisung von öffentlichen Ehrungen schockierte Toscanini erneut seine Landsleute. Dem Achtzigjährigen selbst bedeuteten solche Mißklänge nicht viel; er hatte sie lebenslang erfahren und es oft verstanden, sie harmonisch aufzulösen. Seine Beratung wurde immer wieder gesucht, und er wendete besondere Aufmerksamkeit der jungen Künstlergeneration zu. Er residierte einen Teil des Jahres wieder in Italien und verlebte die Ferien auf der geliebten «Isolina» im Lago Maggiore, wo sich ein ständiger Freundeskreis eingefunden hatte.

Im Jahre 1948 ereignete sich die erste Fernseh-Übertragung eines Orchesterkonzertes, dessen Programm aus Musik von Wagner bestand; ein Jahr später dirigierte Toscanini die erste vom Fernsehen übertragene Opernvorstellung und zwar «Aida». Daran schloß sich eine sechswöchige Tournee mit seinem NBC-Orchester, das bis dahin nur eingeladenen privilegierten Gästen zugänglich gewesen war und das sich nun als öffentlich auftretendes Orchester präsentierte. Zugleich gelangte die Langspielplatte ins Musikleben und mit ihr das vergrößerte Interesse des ständig wachsenden Massenkonsums.

Es gibt in den USA 350 Orchestervereinigungen, davon galten 5 als führend, und nun gesellte sich das NBC außerhalb des Radiostudios dazu. Die vom NBC besuchten Städte kündigten den jeweiligen Tag ihres Konzertes als «Toscanini-Tag» an.

Er lebte nun, nach einer langen sturmbewegten Zeit, im wiedergewonnenen Frieden seiner Heimat, im Kreise seiner Familie und vieler zurückgekehrter Freunde. Seit jeher war er Fragen daheim zugänglicher als nach einer Vorstellung, mit journalistischer Forschung konfrontiert, von der seine Antworten oft mißverständlich kolportiert wurden. Jetzt, in der Stille seiner Altersruhe, schien er gelöster und williger, auf Erörterungen einzugehen, die er früher ungeduldig abgewiesen hätte.

Er zeigte auch lebhaftes Interesse an den Berichten über die Lage und die Wiederherstellung der beiden berühmten Festspielorte Salzburg und Bayreuth. Von beiden waren Einladungen eingetroffen; er leistete jedoch keiner von ihnen Folge. Seine Absage an Salzburg beruhte auf der schmerzlichen Erfahrung, die ihm der politische Enthusiasmus für den Anschluß an Deutschland verursachte, nachdem er im Jahre 1934, gegenüber dem versuchten Staatsstreich gleicher Tendenz, durch sein Erscheinen den neuerlichen Aufschwung der Festspiele mitherbeigeführt hatte. Die Anschlußbereitschaft war in seinen Augen ein Verrat. Salzburg hatte ihn mehr enttäuscht als Bayreuth. Der handgeschriebene Einladungsbrief Wieland Wagners vom «31. September» erschien ihm als Ausdruck eines unaufrichtigen Opportunismus.

Als ich meinen Besuch bei Richard Strauss in Montreux 1948 erwähnte, wollte er Näheres über die Umstände des exilierten Komponisten wissen. Im Zusammenhange mit diesem Gespräch erzählte er mir eine Episode, die typisch für seine Neigung zu drastischen Stellungnahmen war. «Richard Strauss hatte mir die Zusage gemacht, mir die italienische Erstaufführung seiner ‹Salome› in der Scala zu überlassen. Da lese ich in der Zeitung, Strauss selbst werde zu einem früheren Termin das Werk in Turin dirigieren. Santo Dio, che sorpresa! Was für eine Überraschung! Ich fuhr mit dem nächsten Zug nach Berlin, um den Sachverhalt von Strauss selbst zu erfahren.

Er gab mir eine umständliche Erklärung; ich kürzte sie mit der Frage ab: ‹Beruht die Meldung auf Wahrheit, ja oder nein?› Ich erfuhr nun, daß sein Verleger Fürstner dem Teatro Regio in Turin die Premiere kontraktlich zugesichert habe. ‹Allora – dann also ist es für mich *nein!*› Ich verließ den Komponisten mit den Worten: ‹Vor Ihrer Musik nehme ich den Hut ab. Aber für Ihr Verhalten setze ich ihn wieder auf!›»

In einer der Toscanini-Biographien wird dieser Vorfall in einer anderen Version dargestellt; der praktische Richard Strauss habe den Vorschlag gemacht, durch eine Abzahlung an Turin die Premiere für die Mailänder Scala freizumachen; Toscanini aber habe einen solchen «Schacher mit dem gegebenen Wort» entrüstet zurückgewiesen. Gleichwohl blieb der Maestro auf seine Weise Sieger in der Sache; er setzte für den Vortag der Turiner Aufführung seine eigene Generalprobe in der Scala an, zu der er alle Notabilitäten und die Presse einlud; gegen diese geschlossene Vorstellung für geladene Gäste gab es keinen Einwand, und er erreichte damit den vollen Effekt einer Erstaufführung.

Toscaninis beschaulich gewordener Lebensabschnitt erlitt eine kummervolle Trübung durch die Erkrankung seiner Gattin. Signora Carla war zehn Jahre jünger als er, aber jetzt von einer Herzattacke heimgesucht. Sie verblieb zur Behandlung in Italien, während der Maestro nach New York reiste, um die NBC-Saison zu dirigieren, nach deren Abschluß er mit dem ersten Flugzeug an das Krankenlager seiner Frau zurückkehrte. Ihr gebessertes Befinden bescherte beiden schöne Sommerwochen am Lago Maggiore; nach deren Ende erwachte Frau Carla eines Morgens nicht mehr aus ihrem Schlaf.

Der gramgebeugte Maestro glaubte, nun sei auch für ihn alles zu Ende. Auch bei ihm stellten sich Beschwerden ein, verschärft durch seine Melancholie. Eine Schwäche im Knie ließ ihn befürchten, er würde nicht mehr stehend dirigieren können, die einzige Haltung, von der er selbst in den Proben niemals abging. Durch Monate schloß er sich in Düsternis völlig von der Welt ab und lebte vereinsamt in seiner heißen Stadtwohnung.

Endlich raffte er sich aus dieser Apathie auf, um zugunsten des Scala-Orchesters eine Plattenaufnahme von Verdis «Traviata»-Vorspielen zu dirigieren. Die Wehmut dieser Musik sagte seiner Stimmung zu und erweckte, erleichtert durch den Ausschluß der Öffentlichkeit, schließlich wieder seine musikalische Energie. Nun schien ihm auch der Vorschlag annehmbar, Beethovens «Missa Solemnis» in New York zu dirigieren. Er erwog, damit im Jahre 1953 seinem Berufe endgültig zu entsagen. Die Familie, durch diese positive Wendung ermutigt, hoffte auf weitere gesundheitliche Besserung.

Jetzt wurde es in der Villa Paulina in Riverdale am Hudsonstrom wieder lebendig und gesellig. Detailproben mit Solisten und Chor übten eine Wirkung der Stärkung und des Trostes aus, nervöse Energie und Gedächtnis wurden wieder offenkundig und sicher, so daß seine Zweifel an der Möglichkeit weiterer Tätigkeit dem Entschluß wichen, die oft geplante Plattenaufnahme von Verdis «Maskenball» zu verwirklichen.

1954 wurde für ihn ein schicksalsträchtiges Jahr. Vor einer Probe meinte er plötzlich, sich des Operntextes nicht entsinnen zu können, und sagte alles ab. Am nächsten Morgen war ihm alles wieder gegenwärtig, und die Aufnahmen verliefen zufriedenstellend. Sein besorgter Sohn riet ihm ab, weitere Risiken zu wagen. Der Maestro stimmte zu und entschied sich zu einem Abschiedskonzert mit einem Wagnerprogramm. Die hiefür geplante «Tristan»-Musik änderte er im letzten Moment und wählte das «Tannhäuser»-Bacchanal.

Am 4. April herrschte in der Carnegie Hall die wortlose Sensation der Erwartung des Abschiedes von dem legendär gewordenen Orchester- und Publikumsbeschwörer. Die Spannung eines bevorstehenden Dramas erfüllte die Gemüter, sowohl im Saale als auch vor den angeschlossenen Radioapparaten. Nach dem alle dynamischen Grenzen sprengenden Bacchanal schwebte, von unsichtbaren Geigen gespielt, die sehnsuchtsvolle Melodie lockender Sirenen heran, als das Unerhörte geschah: die mystischen Stimmen verwirrten sich in trüben Dissonanzen.

Kapellmeister Guido Cantelli, der im Kontrollraum der Radiosendung mit Entsetzen an einer unsicheren Armbewegung das plötzliche Versagen des dirigierenden Maestro erkannte, schaltete die «Tannhäuser»-Sendung ab und an deren Stelle Brahms 1. Symphonie ein, deren Anfang abrupt in die Vorstellung einbrach, um gleich darauf in die wieder geordneten Klänge des Sirenengesanges «Naht euch dem Strande» überzugehen. Nach dem Alptraum endloser Sekunden eines irrealen Chaos setzte dann unmittelbar die Schlußnummer des Programmes, das «Meistersinger»-Vorspiel, ein. Das Stück verlief in mechanischer Kompetenz; während der letzten Akkorde entglitt jedoch dem Maestro der Stab, und wankenden Schrittes verließ er das Podium. Das verwaiste Orchester spielte die Schlußakkorde zu Ende.

Damit endete auch die Existenz des «Toscanini-Orchesters», das durch siebzehn Jahre bestanden hatte und vor jedem seiner Konzerte mit Stolz als solches angesagt wurde.

Zu einem persönlichen Abschied konnte er sich nicht entschließen. Seine Schwermut war zu tief, um sich in seiner Villa bei einem Empfang für alle als Hausherr zu zeigen; er weinte heimlich aus Kummer über die bevorstehende Auflösung dieser prächtigen Künstlerschar.

Seine nächste Umgebung befürchtete abermals das Versiegen seines Lebenswillens und er selbst, einem heimatlichen Aberglauben gemäß, meinte, das Leben eines Mannes sei mit der Erreichung des Alters seiner Mutter zu Ende.

Indessen gab es eine letzte umfassende Mission für ihn: die Klangkorrekturen zahlloser Band- und Plattenaufnahmen aus den 17 Jahren seines NBC-Dirigierens, und es war zu entscheiden, welche davon der Öffentlichkeit zukommen sollten. Sein Sehvermögen erlosch allmählich ganz, aber sein Gehör blieb intakt. Mit einem Stab spezialisierter Techniker wurden musikalisch einwandfrei gelungene Übertragungen von störenden Nebengeräuschen gereinigt und auf neue Langspielplatten übertragen. Versuche, die inzwischen erfundene Stereophonie einzubauen, scheiterten. Im Zeitalter schnellebigen Fortschritts galt die bisherige monorale Wiedergabe als veraltet, wenngleich die entscheidenden Qualitäten balancierten Zusammenklanges, wie jede musikalische Vielstimmigkeit, im Stereo-Verfahren ebenso problematisch sind.

Solche Erwägungen im Rahmen des Klangspektrums beschäftigten Toscanini täglich. Daneben hatte er noch eine Aufgabe im Bereich musikalisch-menschlicher Beziehungen zu erfüllen. Seit einiger Zeit förderte er in der Person des jungen Kapellmeisters Guido Cantelli einen künstlerischen Erben; in ihm sah er das Abbild seiner eigenen Jugend. Was Toscanini in der spartanischen Kargheit kurzfristigen

Stagionebetriebes im 19. Jahrhundert erworben hatte, wendete er dem brillanten Talent Cantellis zu, der damit eine große Hoffnung italienischer Opernkunst wurde. Er weihte ihn in die Esoterik des eigenen Musizierens ein, es war die Form sachlich ehrlicher Wiedergabe des Genies. Dieser hohe Plan einer Nachfolge sollte jedoch nicht gelingen. Gegen Ende des Jahres 1956 wurde der junge Kapellmeister aus Italien zurückerwartet. Aus Rom kommend, traf er bei einer Zwischenlandung in Paris eine Bekannte, die auf einem Parallelflug nach New York war und die ihn aufforderte, gemeinsam mit ihr weiterzufliegen; das aber hätte ein Umsteigen erfordert, das Cantelli ablehnte. Es wurde ihm zum Verhängnis; das Flugzeug, das er nicht verlassen wollte, stürzte ab.

Zunächst gelang es der Familie, dem nachforschenden Maestro die Unglücksbotschaft zu verheimlichen, die er in seiner Erblindung nicht aus den Zeitungen erfahren konnte. Man wollte ihn bis zum Neuen Jahre mit der schmerzlichen Wahrheit verschonen, indem man ihm einen Aufschub der Reise Cantellis vorspiegelte.

So verlebte Toscanini die Weihnachtsfeiertage in heiterer Stimmung. Am Vorabend des Festes besuchte ich ihn in Begleitung Ionel Perleas, einer der seltenen bedeutenden Kapellmeister, der sich trotz großer beruflicher Anerkennung in unauffälliger Würde zu bescheiden wußte. Der Maestro stand bei unserem Eintreten lächelnd gegen das Licht, mit den weit geöffneten Augen eines blinden Sehers, die Silhouette der Besucher, wie er sagte, wahrnehmend. Perlea, der sowohl in der Scala als auch in der Met dirigiert hatte, konnte Toscaninis Wißbegierde gut befriedigen. Unser Trio erging sich mit dem lebhaft anteilnehmenden Maestro in gemeinsamen Erinnerungen, bis in die nahe Zukunft seines 90. Geburtstags.

Einige Mitteilungen über geplante Feiern waren ihm zugekommen, die er, im Gegensatz zu seiner früheren ablehnenden Haltung, zum erstenmal in naiver Freude begrüßte. In solcher Erwartung verbrachte er noch die Silvesternacht bei Gläserklang.

Einige Stunden später fiel er in Bewußtlosigkeit, aus der er für kurze Zeit erwachte, und dann, am 16. Januar 1957, sank er in den letzten Schlaf.

Das Diplom eines der ihm verliehenen Doktorate spricht in drei Worten seine Bedeutung klarer aus als seine musikalische Hinterlassenschaft, die nur einen blassen Abglanz der mehrdimensionalen Wirkung des lebenden Maestro und seines reproduzierenden Genies für die Nachwelt bewahrt. Die drei Worte sind: «Magister Magistrorum Musicae». Für diesen «Meister aller Meister» spielte das NBC-Orchester, welches den Verlust seines Maestro nicht überdauern konnte, ein Abschiedskonzert, das sich in einer einzigartigen Gedenkfeier manifestierte: Vor dem leer bleibenden Kapellmeisterpodium spielten die Musiker Antonín Dvořáks Symphonie «Aus der Neuen Welt» getreulich so, wie es Toscanini ihnen eingeprägt hatte. Die Abwesenheit des Maestro machte seinen Geist fühlbarer denn je. Im Saal vibrierte die von Toscaninis Stab geformte Musik, wie sie das Orchester durch siebzehn Jahre über viele Länder ausgestrahlt hatte.

Wenn die Legende von Arthur Nikisch behauptete, daß er allein auf dem Kapellmeisterpodium stehend, mit seinen schmalen, blassen Händen – ohne Orchester – Musik vorzaubern könne, so war es jetzt das Orchester, das für die ergriffen lauschenden Zuhörer den Geist des abwesenden Maestro auf das leere Podium zu zaubern schien. Es war, als ob sein Genius weiterleuchte über Horizonte, den Klängen der Sphären entgegen; ein entweichendes Gestirn nach Sonnenuntergang.

«Viel ist hingesunken uns zur Trauer
Und das Schöne zeigt die kleinste Dauer»

Heimito von Doderer;
Strudlhofstiege

Isolino S. Giovanni, Pallanza
Toscaninis Sommerrresidenz

ABBILDUNGEN

Bildernachweis

Fotos: Stiffel, München (29); Ellinger, Salzburg (32, 43, 195); Trude Fleischmann, Lugano (35, 145, 148); Robert Haas, New York (51, 205); «Alpenland», Wien (68/69); Lotte Meitner-Graf, London (140 oben); Otto Skall, Wien (140 unten); Fayer, Wien (184).
Vorlagen: H. Kralik, Das große Orchester, S. 195, Wien 1952 (93); Archiv der Salzburger Festspiele (123); Archiv der Gesellschaft der Musikfreunde, Wien (7, 29, 184). Alle übrigen Fotos und Vorlagen befinden sich im Besitz des Autors.

NAMENREGISTER

Kursive Zahlen beziehen sich auf die Abbildungen. Musikwerke werden unter dem Namen ihres Komponisten aufgeführt.

INHALT